山陰の戦国史跡を歩く

島根編

ハーベスト出版

はじめに

島根県の戦国武将と聞くと思い浮かべるのは尼子氏ではないだろうか。しかし県西部の石見地域には益田氏や石見小笠原氏など有力な領主がおり、隠岐地域には隠岐氏などがいた。尼子氏の本拠地・出雲地方でさえ攻め込んで来た外来の勢力と地元の三沢氏・松田氏などが手を結んで尼子氏と戦っており、県内は決して尼子氏一色ではなかった。

私も数年前まで島根県の戦国時代に興味がなく数家を知る程度だったが、平成二十七（二〇一五）年に石見地方を廻った際に多彩な領主が県内を治めていたことを知り次第に興味を持った。しかし城に関する本はあっても寺社仏閣や古戦場などについて県内に絞ってまとめてあるものがなく史跡を探すのに苦労した。そこで鳥取県と合わせてガイドブックを作成すれば同じような思いをしている方の役に立つのではないかと考え出版に至ったというわけである。

本書は尼子氏や益田氏など在地の領主はもちろんのこと、島根県に侵攻し支配した毛利氏や大内氏などの史跡も載せている。当初は四〇〇ヶ所前後を掲載したいと考えていたが、平成三十（二〇一八）年に出版した鳥取編との兼ね合いで二五七ヶ所に削った。
本書が少しでも県の内外を問わず戦国時代に興味のある方のお役に立てば幸いである。また本書と鳥取編で島根・鳥取の両県に興味を持ってもらえればこれ以上嬉しいことはない。

加賀康之

山陰の戦国史跡を歩く【島根編】　目次

はじめに……1
目次……3

島根県出雲地域

史跡位置図……12
1 十神山城……22
2 宗見寺……24
3 清水寺〈安来市〉……25
4 雲樹寺……26
5 長台寺城（安田要害・新山要害）……27
6 立原久綱の五輪塔……28
7 洞光寺〈安来市〉……29
8 布部合戦古戦場……30
9 布部要害山（布部城・布弁城）……31
10 品川大膳の墓〈安来市〉……32
11 毛利元秋の墓……33
12 宗松寺……34
13 城安寺……35
14 塩冶掃部介の墓……36
15 尼子（塩冶）興久の墓……36
16 山中公一騎討之處の碑……37
17 新宮党館跡……38
18 山中鹿介幸盛屋敷跡……39
19 興福寺……40
20 月山富田城……41
21 勝山城（滝山城）……43
22 蹄の滝……45
23 尼子晴久の墓……45
24 巌倉寺……46
25 十二所神社……47
26 三笠山城……48
27 平浜八幡宮……49
28 長源寺……50
29 迎接寺……51
30 常福寺……52
31 洞光寺〈松江市〉……53
32 信楽寺……53
33 安国寺……54
34 亀井塚……56
35 末次城（末次土居）……56
36 八重垣神社……58
37 神魂神社……59
38 白鹿城（白髪城）……61
39 真山城（新山城）……62
40 洗合城（荒隈城・洗骸城・天倫寺）……63
41 満願寺城（満願寺）……65
42 カラカラ橋……66
43 和久羅城（羽倉城）……67
44 清安寺……69
45 美保関（仁保関・三尾関）……70
46 美保神社……71
47 忠山城……72
48 万福寺〈松江市〉……73
49 森山城（横田山城）……74
50 大内神社……75
51 揖夜神社（揖屋神社）……76
52 京羅木山（出雲金刀比羅宮）……77
53 見徳寺……78
54 加賀城……79
55 応海寺……81
56 加賀神社……82
57 佐太神社……83
58 報恩寺……85
59 玉造要害山城（湯ノ要害）……86
60 豊龍寺……87
61 金山要害山城……88
62 宍道要害山城……90
63 常栄寺……90
64 熊野城……91
65 かがち谷の古戦場跡……93
66 尼子塚……93
67 全隆寺城（波入城）……94
68 鳶ヶ巣城……95

69 姉山城……97
70 朝山八幡宮……97
71 栗栖城……99
72 明顕寺……100
73 霊雲寺……101
74 長浜神社……102
75 神西城……103
76 十楽寺……104
77 大就寺……105
78 神西八幡宮……106
79 観音寺……107
80 法王寺……108
81 戸倉城（十蔵城・十倉城）……109
82 上向寺……110
83 高島城（十六島城）……111
84 大林寺……112
85 鰐淵寺……113
86 一畑薬師（一畑寺）……115
87 興源寺……116
88 平田城（手崎城・薬師城）……117
89 高瀬城……118
90 学頭諏訪神社（学頭宮）……119
91 西光院……120
92 西念寺（出雲市）……121
93 荘厳寺……121
94 蓮台寺……122
95 日御碕神社……123
96 宇龍浦（宇龍城）……124
97 出雲大社……126
98 日出城……128
99 鶴ヶ城（田儀城）……128
100 須佐神社……130
101 高櫓城……131
102 久光寺（熊谷広実の墓）……132
103 三澤神社……133
104 諏訪神社……133
105 大領神社（郡の宮）……134
106 湯野神社……135
107 三沢城（鴨倉城）……136
108 蔭涼寺……137
109 阿井八幡宮……138
110 覚融寺……139
111 青龍寺跡……140
112 亀嵩城……141
113 横田八幡宮（馬場八幡宮・中村八幡宮・仁多大社）……142
114 岩屋寺……143
115 藤ヶ瀬城……144
116 晋叟寺……146
117 夕景城（矢筈城・馬来城・感目城）……147
118 梅窓院（同安寺跡）……148
119 峯寺……149
120 三刀屋城（天神丸城・尾崎城・城山城）……150
121 浄土寺……151
122 海潮神社……152
123 牛尾城（三笠城・三笠山城）……153
124 弘安寺……154
125 佐世城……155
126 源入寺……156
127 狩山八幡宮……157
128 阿用城（阿与城）……157
129 野田の五輪塔（光永中務少輔の墓）……158
130 高麻城（高佐城・大西城）……159
131 八畦古戦場……160
132 日倉山城……161
133 狭長神社……162
134 宗円寺……163
135 熊谷直続の墓……164
136 烏田権兵衛勝定之碑……165
137 突根尾原古戦場……166
138 赤名古戦場……167

139 大光寺……168
140 赤穴八幡宮……169
141 西蔵寺……170
142 瀬戸山城
（赤穴城・衣掛城・藤釣城）……171
143 賀田城……172
◆コラム
月山富田城攻防戦……174

島根県石見地域

史跡位置図……178
144 岩山城……186
145 円光寺……187
146 長福寺……188
147 鶴岡南八幡宮
（鶴岡八幡宮・南八幡宮）……189
148 喜多八幡宮（北八幡宮・北の宮・
大田八幡宮）……191
149 石見銀山……192
150 城上神社（大森明神）……193
151 佐毘賣山神社……194
152 豊栄神社……195
153 大安寺跡……196
154 山吹城……197
155 清水寺〈大田市〉……198
156 矢滝城……199
157 物部神社……200
158 石清水八幡宮……201
159 石見八幡宮……202
160 石見城……203
161 鞆ヶ浦……204
162 温泉城……205
163 不言城（物不言城・福光城）……206
164 楞厳寺……207
165 温泉津（沖泊）……208
166 鵜丸城……210
167 櫛山城（串山城・櫛島城）……211
168 浄光寺……212
169 厳島神社……212
170 高野寺……213
171 七騎坂……214
172 七曲り……215
173 恵珖寺……216
174 愛宕神社……216
175 海蔵寺跡……217
176 西楽寺……218
177 西念寺〈大田市〉……219
178 温泉氏の墓……219
179 亀山城……220
180 普済寺……221
181 東光寺……222
182 松山城（川上城・河上城）……222
183 福城寺……224
184 本明城（乙明城）……225
185 甘南備寺……227
186 浜田城……228
187 長浜港・浜田港……229
188 訂心寺……230
189 天満畷古戦場……231
190 聖徳寺……232
191 周布城（鳶巣城）……233
192 洞泉寺……234
193 大麻山神社（尊勝寺跡）……235
194 三隅悪五郎国定の墓……236
195 龍雲寺……237
196 針藻城
（針藻山鐘尾城・針藻島鐘尾城）……238
197 高城（三隅城・三隅高城）……239
198 厄よけ石……241
199 永昌寺……242
200 安楽寺……243
201 温湯城（温井城・河本城）……244
202 長江寺……245
203 丸山城……246

204 武明八幡宮（三原郷八幡宮・御氏八幡宮・河上御八幡）……247
205 広汲寺跡……248
206 大竜寺跡……249
207 金洞寺……250
208 光宅寺……251
209 尼子陣所……252
210 余勢城（中村要害）……253
211 宝光寺……254
212 賀茂神社……255
213 高橋興光の墓……256
214 藤掛城（藤根城）……256
215 宗林寺……257
216 琵琶甲城（矢羽城）……259
217 宮尾山八幡宮……260
218 西蓮寺……260
219 別当城……261
220 久喜・大林銀山（天下墓、高橋弾正盛光の墓）……262
221 二ツ山城（出羽城）……265
222 本城……266
223 妙義寺……267
224 益田藤兼の墓……268
225 益田兼堯の墓（大雄庵跡）……269
226 東伝寺……270
227 普月城……270
228 染羽天石勝神社……271
229 万福寺〈益田市〉……272
230 医光寺……273
231 三宅御土居……274
232 七尾城（益田城）……276
233 四ツ山城……277
234 品川大膳の墓〈益田市〉……278
235 永明寺……280
236 津和野城（一本松城・三本松城）……281
237 本性寺……283
238 光明寺……283
239 永太院……285
240 津和野神社……285
241 弥栄神社……287
242 鷲原八幡宮……288
243 正楽院の墓……289
244 同泉寺……290
245 冨長山八幡宮（中曽野八幡宮）……291
246 徳永城……292
247 御嶽城……293
248 下瀬山城（横山城）……294
249 李郎子の墓……295

◆コラム
石見銀山争奪戦……297

島根県隠岐地域

史跡位置図……300
250 国府尾城……301
251 護国寺……302
252 玉若酢命神社（惣社大明神）……303
253 東山神社……304
254 奈森城（都万城）……305
255 都万豊前守宗林の墓……306
256 那久城（高尾城）……307
257 因屋城（森城）……308

◆コラム
中務大輔家久公御上京日記〈島根県編〉……310
九州道の記……313

資料
略年表……318
参考文献……366
人物事典……378

あとがき……390

索引

あ

阿井八幡宮　138
赤名古戦場　167
赤穴八幡宮　169
朝山八幡宮　97
愛宕神社　216
姉山城　97
尼子（塩冶）興久の墓　36
尼子陣所　252
尼子塚　93
尼子晴久の墓　45
阿用城（阿与城）　157
洗合城（荒隈城・洗骸城・天倫寺）　63
安国寺　54
安楽寺　243
医光寺　273
出雲大社　126
一畑薬師（一畑寺）　115
厳島神社　212
揖夜神社（揖屋神社）　76
巌倉寺　46
石清水八幡宮　201
石見銀山　192
石見城　203
石見八幡宮　202
岩屋寺　143
岩山城　186
因屋城（森城）　308
蔭涼寺　137
牛尾城（三笠城・三笠山城）　153
海潮神社　152
鵜丸城　210
宇龍浦（宇龍城）　124
雲樹寺　26
永昌寺　242
永太院　285
恵珖寺　216
円光寺　187
塩冶掃部介の墓　36
応海寺　81
大内神社　75

か

海蔵寺跡　217
加賀城　79
加賀神社　82
かがち谷の古戦場跡　93
鰐淵寺　113
学頭諏訪神社（学頭宮）　119
覚融寺　139
賀田城　172
月山富田城　41
勝山城（滝山城）　43
金山要害山城　88
亀井塚　56
亀嵩城　141
亀山城　220
賀茂神社　255
神魂神社　59
カラカラ橋　66
烏田権兵衛勝定之碑　165
狩山八幡宮　157
甘南備寺　227
観音寺　107
城上神社（大森明神）　193
喜多八幡宮（北八幡宮・北の宮・大田八幡宮）　191
久光寺（熊谷広実の墓）　132
京羅木山（出雲金刀比羅宮）　77
清水寺（安来市）　25
金洞寺　250
久喜・大林銀山　262
櫛山城（串山城・櫛島城）　211
熊谷直続の墓　164
熊野城　91
栗栖城　99
見徳寺　78
源入寺　156
弘安寺　154
広汲寺跡　248
興源寺　116
迎接寺　51
光宅寺　251
国府尾城　301
興福寺　40
光明寺　283
護国寺　302

さ

西光院　120
西蔵寺　170
西念寺（出雲市）　121
西念寺（大田市）　219
西楽寺　218
西蓮寺　260
佐世城　155
佐太神社　83
狭長神社　162
佐毘賣山神社　194
七騎坂　214
品川大膳の墓（安来市）　32
品川大膳の墓（益田市）　278
下瀬山城（横山城）　294
十二所神社　47
十楽寺　104
宗林寺　257
城安寺　35
常栄寺　90
上向寺　110
浄光寺　212
荘厳寺　121
聖徳寺　232
浄土寺　151
常福寺　52
正楽院の墓　289
白鹿城（白髪城）　61
信楽寺　53
新宮党館跡　38
神西城　103
神西八幡宮　106
宍道要害山城　90
晋叟寺　146
真山城（新山城）　62
末次城（末次土居）　56
須佐神社　130
周布城（鳶巣城）　233
諏訪神社　133
清安寺　69
清水寺（大田市）　198
青龍寺跡　140
瀬戸山城（赤穴城・衣掛城・藤釣城）　171
全隆寺城（波入城）　94
宗円寺　163
宗見寺　24
宗松寺　34
染羽天石勝神社　271

た

大安寺跡　196
大光寺　168
大就寺　105
大麻山神社（尊勝寺跡）　235
大竜寺跡　249

大領神社（郡の宮） 134
大林寺 112
高麻城（高佐城・大西城） 159
高島城（十六島城） 111
高城（三隅城・三隅高城） 239
高瀬城 118
高野寺 213
高橋興光の墓 256
高櫓城 131
武明八幡宮（三原郷八幡宮・御氏八幡宮・河上御八幡） 247
立原久綱の五輪塔 28
玉造要害山城（湯ノ要害） 86
玉若酢命神社（惣社大明神） 303
忠山城 72
長源寺 50
長江寺 245
長台寺城（安田要害・新山要害） 27
長福寺 188
突根尾原古戦場 166
都万豊前守宗林の墓 306
鶴岡南八幡宮（鶴岡八幡宮・南八幡宮） 189
鶴ヶ城（田儀城） 128
津和野城（一本松城・三本松城） 281
津和野神社 285
訂心寺 230
天満畷古戦場 231
洞光寺（安来市） 29
洞光寺（松江市） 53
東光寺 222
洞泉寺 234
同泉寺 290
東伝寺 270
十神山城 22
徳永城 292
戸倉城（十蔵城・十倉城） 109
鳶ヶ巣城 95
冨長山八幡宮（中曽野八幡宮） 291
鞆ヶ浦 204
豊栄神社 195

な

長浜港・浜田港 229
長浜神社 102
那久城（高尾城） 307
七尾城（益田城） 276
七曲り 215
奈森城（都万城） 305
温湯城（温井城・河本城） 244
野田の五輪塔（光永中務少輔の墓） 158

は

梅窓院（同安寺跡） 148
浜田城 228
針藻城（針藻山鐘尾城・針藻島鐘尾城） 238
東山神社 304
日倉山城 161
蹄の滝 45
日出城 128
日御碕神社 123
平田城（手崎城・薬師城） 117
平浜八幡宮 49
琵琶甲城（矢羽城） 259
福城寺 224
普月城 270
不言城（物不言城・福光城） 206
普済寺 221
藤掛城（藤根城） 256
藤ヶ瀬城 144
二ツ山城（出羽城） 265
布部合戦古戦場 30
布部要害山（布部城・布弁城） 31
別当城 261
法王寺 108
報恩寺 85
宝光寺 254
豊龍寺 87
本城 266
本性寺 283
本明城（乙明城） 225

ま

益田兼堯の墓（大雄庵跡） 269
益田藤兼の墓 268
松山城（川上城・河上城） 222
丸山城 246
満願寺城（満願寺） 65
万福寺（松江市） 73
万福寺（益田市） 272
三笠山城 48
三沢城（鴨倉城） 136
三澤神社 133
三隅悪五郎国定の墓 236
御嶽城 293
三刀屋城（天神丸城・尾崎城・城山城） 150
峯寺 149
美保神社 71
美保関（仁保関・三尾関） 70
宮尾山八幡宮 260
三宅御土居 274
妙義寺 267
明顕寺 100
毛利元秋の墓 33
物部神社 200
森山城（横田山城） 74

や

八重垣神社 58
厄よけ石 241
弥栄神社 287
矢滝城 199
八畦古戦場 160
山中公一騎討之處の碑 37
山中鹿介幸盛屋敷跡 39
山吹城 197
夕景城（矢筈城・馬来城・感目城） 147
温泉氏の墓 219
温泉城 205
湯野神社 135
温泉津（沖泊） 208
永明寺 280
横田八幡宮（馬場八幡宮・中村八幡宮・仁多大社） 142
余勢城（中村要害） 253
四ツ山城 277

ら

龍雲寺 237
楞厳寺 207
李郎子の墓 295
霊雲寺 101
蓮台寺 122

わ

和久羅城（羽倉城） 67
鷲原八幡宮 288

注意事項

- 戦国時代の定義については様々な説があるが、本書では応仁の乱（応仁元（一四六七）年）〜大坂夏の陣（慶長二十（一六一五）年）までの史跡を扱っている。一部、その前後の史跡もある。
- 和暦と西暦の対応は『国語大辞典　新装版』（小学館　一九八八）を参考にした。史料に記載のある和暦とは異なる場合もある。
- 時代によって姓名や通称が変わる人物もいるが名称は統一した（例：羽柴秀吉・木下藤吉郎→時代を問わず豊臣秀吉と記載）。
- ページ数の関係で複数説がある史跡も一つの説しか解説していない場合がある。著者の独自解釈が含まれていることもある。
- 扱う史料や伝承の内容によっては史跡ごとに矛盾が生じることもある。
- 島根県は公共交通機関が発達していないため記載は省略した。
- 駐車場は訪問した当時のものである。変更されている可能性もあるため必ず確認すること。
- 史跡は個人の敷地の場合もあるので訪問の際は自己責任となる。
- 人物事典は島根編と共通の内容とした。

島根県出雲地域

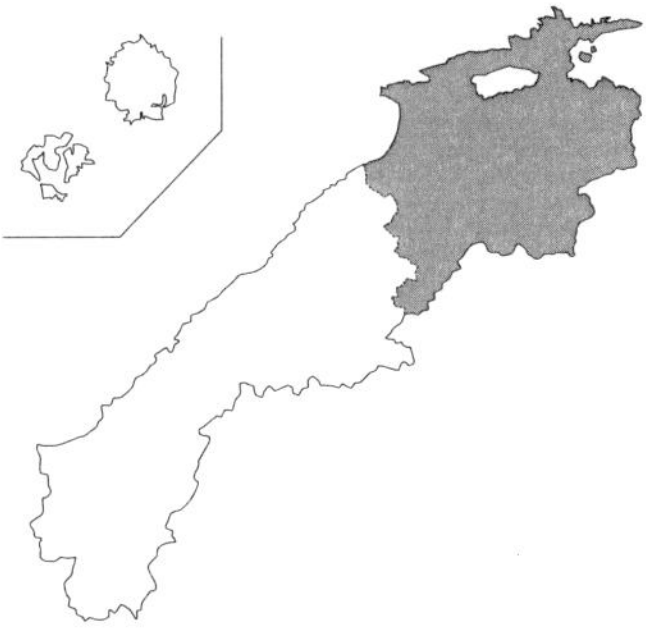

安来市
松江市
出雲市
仁多郡奥出雲町
雲南市
飯石郡飯南町

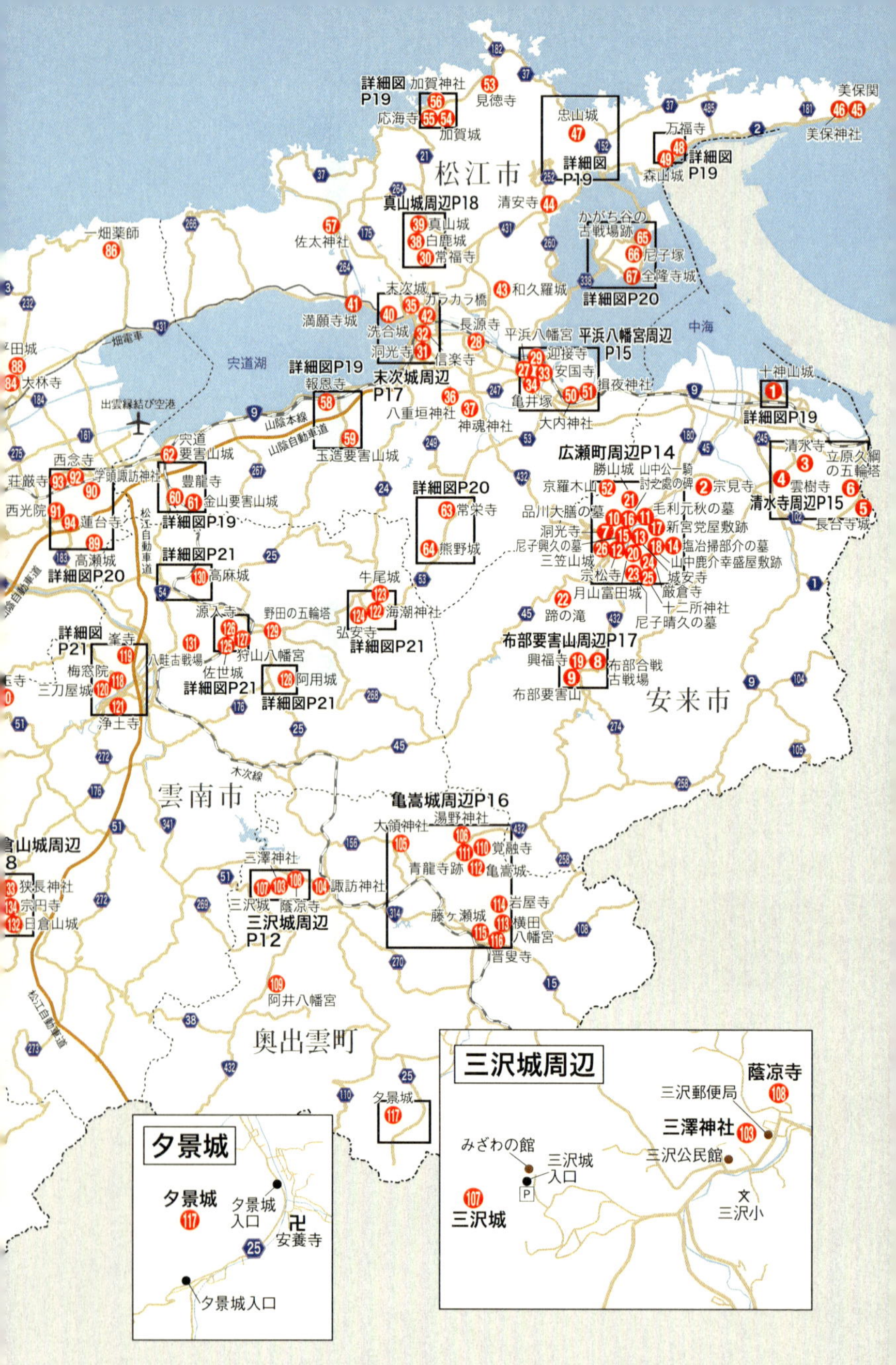

詳細図
P19
加賀神社
56
応海寺
55
54
加賀城
53
見徳寺
忠山城
47
詳細図
P19
万福寺
48
49
森山城
詳細図
P19
美保関
46
45
美保神社
松江市
真山城周辺P18
39
真山城
38
白鹿城
30
常福寺
清安寺
44
かがち谷の
古戦場跡
65
66
尼子塚
67
全隆寺城
詳細図P20
一畑薬師
86
57
佐太神社
43
和久羅城
末次城
35
カラカラ橋
41
満願寺城
40
42
洗合城
32
洞光寺
31
信楽寺
長源寺
28
平浜八幡宮
平浜八幡宮周辺
P15
中海
一畑電車
宍道湖
29
迎接寺
27
33
安国寺
34
亀井塚
50
51
揖夜神社
大内神社
十神山城
1
詳細図P19
田城
88
84
大林寺
詳細図P19
報恩寺
58
末次城周辺
P17
36
八重垣神社
37
神魂神社
出雲縁結び空港
山陰本線
山陰自動車道
59
玉造要害山城
宍道
62
要害山城
広瀬町周辺P14
勝山城
山中公一騎
討之處の碑
2
宗見寺
清水寺
3
立原久綱
の五輪塔
4
雲樹寺
6
清水寺周辺P15
5
長台寺城
西念寺
荘厳寺
93
92
学頭諏訪神社
90
西光院
91
94
蓮台寺
89
高瀬城
詳細図P20
豊龍寺
60
61
金山要害山城
詳細図P19
松江自動車道
詳細図P20
63
常栄寺
64
熊野城
京羅木山
52
21
品川大膳の墓
10
16
11
毛利元秋の墓
洞光寺
7
15
13
17
新宮党屋敷跡
尼子興久の墓
26
12
20
18
14
塩冶掃部介の墓
三笠山城
24
山中鹿介幸盛屋敷跡
宗松寺
23
25
城安寺
厳倉寺
22
月山富田城
十二所神社
跡の滝
尼子晴久の墓
詳細図P21
130
高麻城
牛尾城
123
124
122
海潮神社
弘安寺
詳細図P21
源入寺
126
野田の五輪塔
129
125
127
狩山八幡宮
131
八畦古戦場
佐世城
詳細図P21
128
阿用城
詳細図P21
布部要害山周辺P17
興福寺
19
8
布部合戦
古戦場
9
布部要害山
安来市
詳細図
P21
峯寺
119
梅窓院
118
三刀屋城
120
121
浄土寺
雲南市
木次線
亀嵩城周辺P16
湯野神社
大領神社
105
106
111
110
覚融寺
青龍寺跡
112
亀嵩城
三澤神社
107
103
108
104
諏訪神社
三沢城
蔭涼寺
三沢城周辺
P12
114
岩屋寺
藤ヶ瀬城
113
横田
八幡宮
115
116
晋叟寺
倉山城周辺
8
狭長神社
宗円寺
日倉山城
133
134
132
109
阿井八幡宮
奥出雲町
松江自動車道
夕景城
117
夕景城
夕景城
117
夕景城
入口
安養寺
25
夕景城入口
三沢城周辺
蔭涼寺
108
三沢郵便局
三澤神社
103
みざわの館
三沢城
入口
三沢公民館
107
三沢城
三沢小

島根県出雲地域 史跡位置図

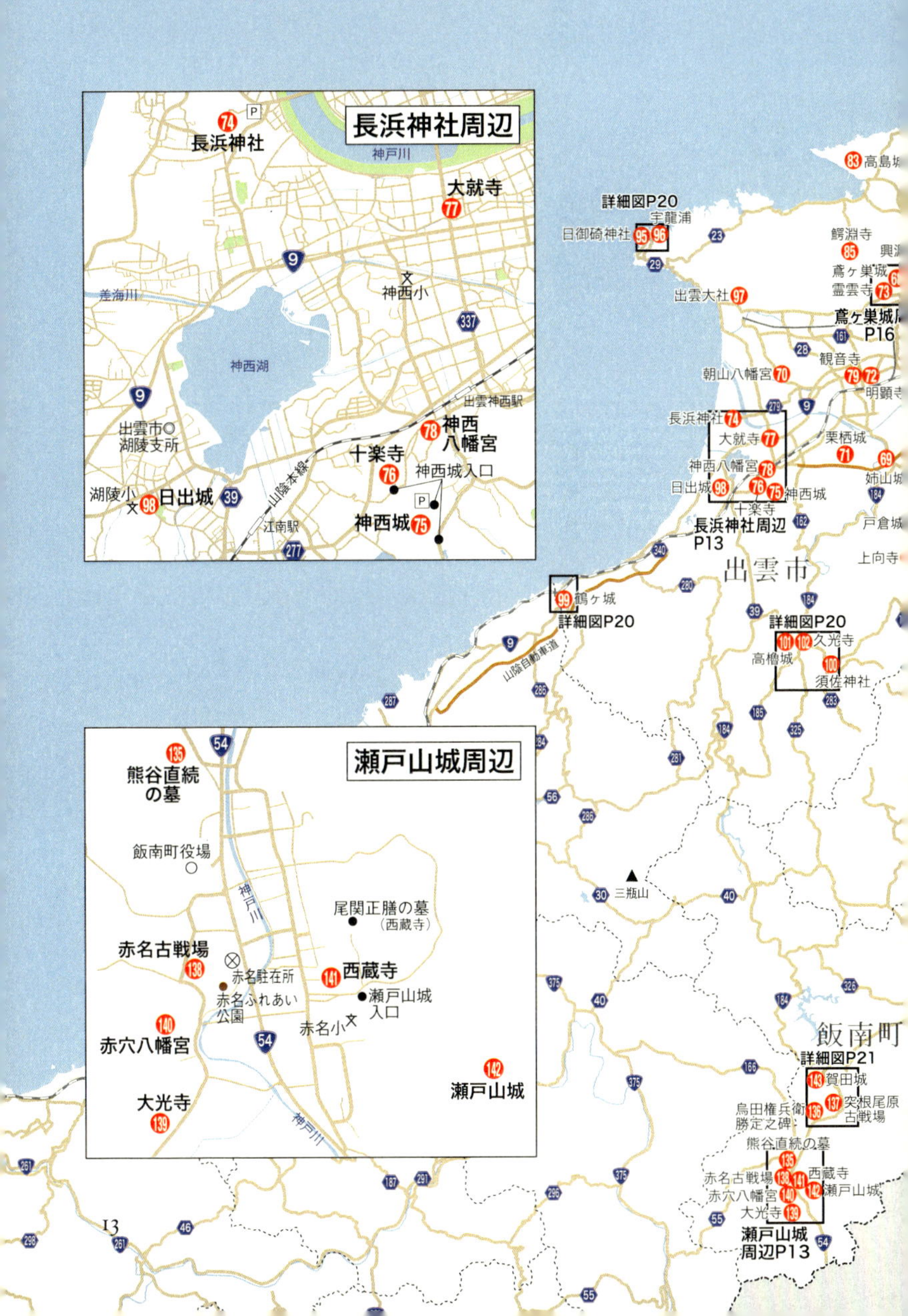

広瀬町周辺
至 出雲金比羅宮
52 京羅木山
21 勝山城
勝山城入口
足立美術館
45
山中公一騎討之處の碑
品川大膳の墓 10
16
安来市立病院
洞光寺 7
洞光寺入口
宗松寺 12
432
文広瀬小
飯梨川
毛利元秋の墓 11
毛利元秋の墓入口
道の駅 広瀬・富田城
安来市立歴史資料館
15 尼子興久の墓
13 城安寺
新宮党館跡 17
18 山中鹿介幸盛屋敷跡
新宮党館跡入口
24 巌倉寺
十二所神社入口
14
十二所神社 25
塩冶掃部介の墓
山中御殿登山道入口
三笠山城 26
広瀬中央公園
三笠山城入口
三笠山城経由地
広瀬中央公園野球場
月山富田城 20
富田山荘
23 尼子晴久の墓
文広瀬中

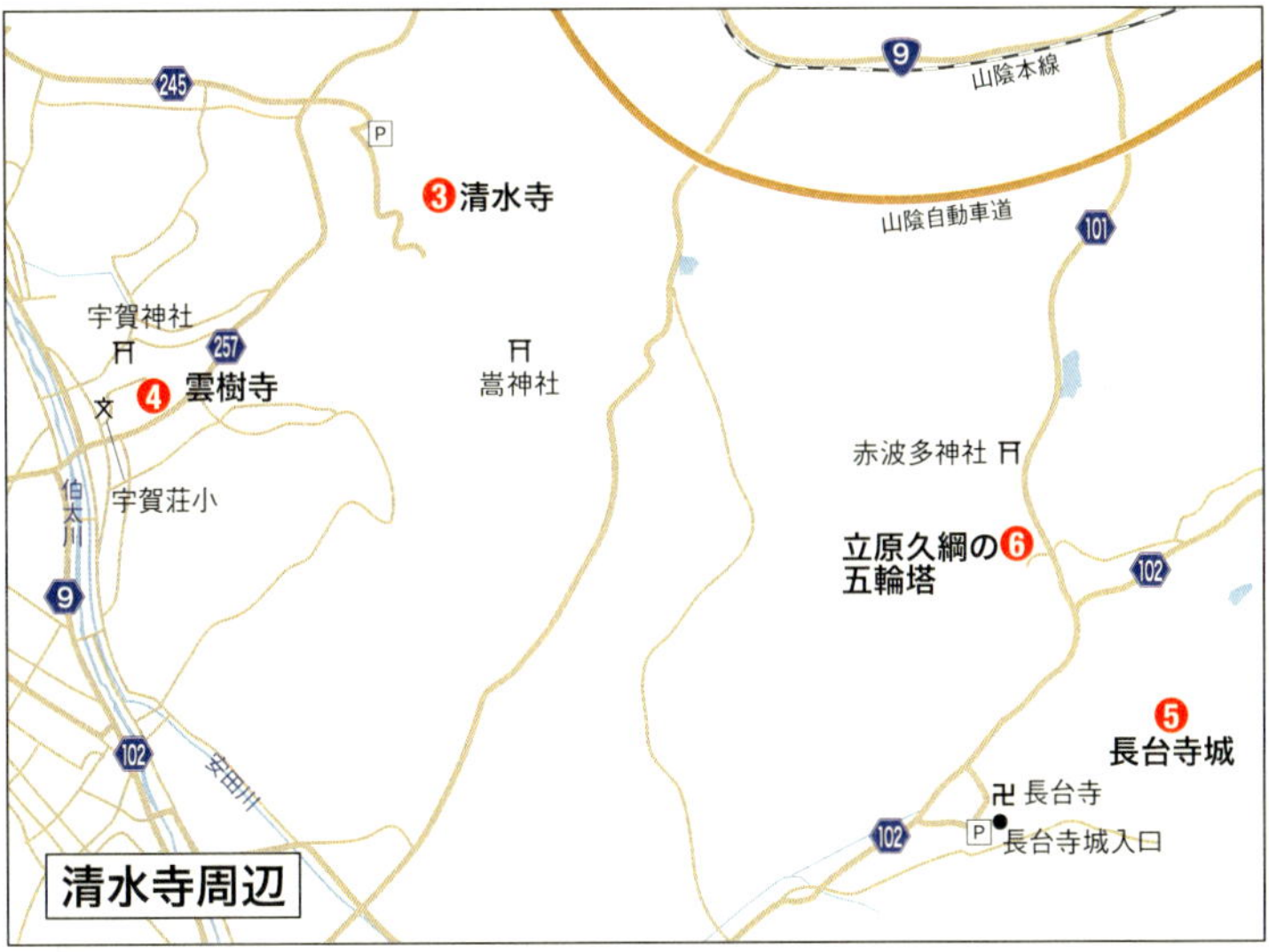
清水寺周辺
3 清水寺
4 雲樹寺
宇賀神社
嵩神社
宇賀荘小
伯太川
安田川
山陰本線
山陰自動車道
赤波多神社
立原久綱の五輪塔 6
5 長台寺城
長台寺
長台寺城入口
245
257
9
102
101

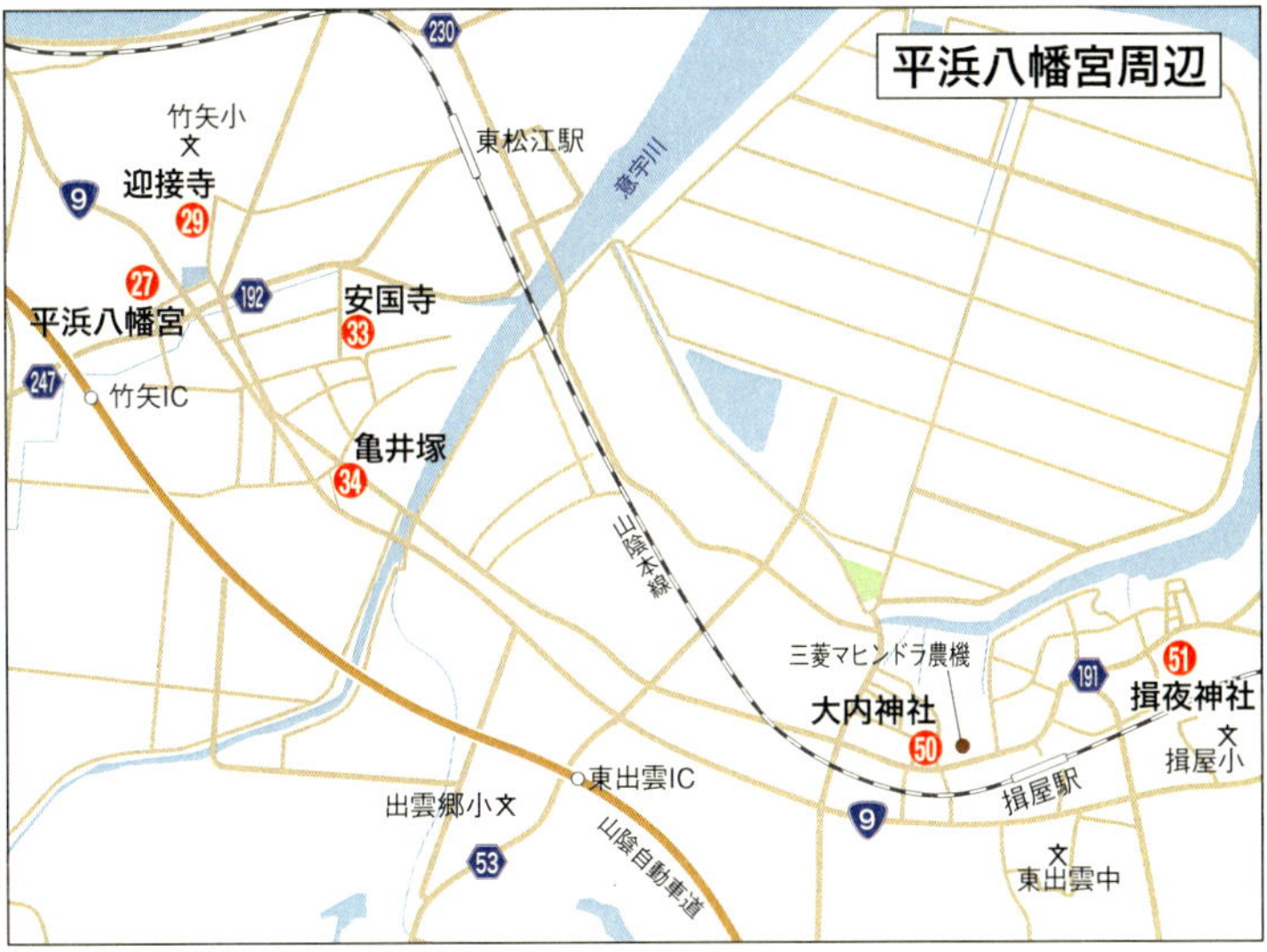
平浜八幡宮周辺
竹矢小
迎接寺 29
27 平浜八幡宮
安国寺 33
亀井塚 34
竹矢IC
東松江駅
意宇川
山陰本線
三菱マヒンドラ農機
大内神社 50
51 揖夜神社
揖屋小
揖屋駅
東出雲中
東出雲IC
出雲郷小
山陰自動車道
230
9
192
247
191
53

鳶ヶ巣城周辺
興源寺 87
小早川正平
の供養塔
円光寺
玉泉寺
大寺薬師
68
鳶ヶ巣城
431
73 霊雲寺
鳶ヶ巣城
駐車場 P
431
鳶巣幼稚園
大寺駅
一畑電車北松江線
159
431
斐伊川

河川公園
105 大領神社
湯野神社 106
P
亀嵩城周辺
玉峰山荘
青龍寺跡
111 110 覚融寺
亀嵩郵便局
432
112
亀嵩城
玉峰山森林公園
156
亀嵩駅
木次線
156
114
岩屋寺
岩屋寺入口
横田
八幡宮 113
藤ヶ瀬城
晋叟寺
116
斐伊川
314
258
115
藤ヶ瀬城入口
木次線

布部要害山周辺
興福寺
19
尼子本陣の名水
432
8
布部合戦古戦場
加納美術館
飯梨川
257
9
布部要害山
布部小
布辨神社
布部要害山
入口
布部郵便局

末次城周辺
21
松江護國神社
末次城
35
431
内中原小
260
島根県庁
松江市役所
カラカラ橋
42
洗合城
40
大橋川
松江しんじ湖温泉駅
一畑電車北松江線
37
431
白潟公園
松江駅
白潟天満宮
中央小
32
信楽寺
宍道湖
山陰本線
9
21
雑賀小
31
洞光寺
9

真山城周辺
39
真山城
21
真山城入口
38
白鹿城
テクノアーク
しまね
白鹿城入口
白鹿城入口
白鹿城入口
P
白鹿ホタルの里
公園
30常福寺

日倉山城周辺
133
狭長神社
文立掛合小
掛合中文
三刀屋高校
掛合分校
吉田川
54
三刀屋川
多賀山道定と
殉死者の墓
宗円寺134
卍専正寺
38
日倉山城駐車場P
日倉山城入口
132
日倉山城

47 忠山城

1 十神山城

54 加賀城・55 応海寺・56 加賀神社

48 万福寺・49 森山城

60 豊龍寺・61 金山要害山

58 報恩寺・59 玉造要害山城

八束町

63常栄寺・64熊野城

95日御碕神社・96宇龍城

高瀬城周辺

100須佐神社・101高櫓城・102久光寺

99鶴ヶ城

122 海潮神社・123 牛尾城・124 弘長寺

三刀屋城周辺

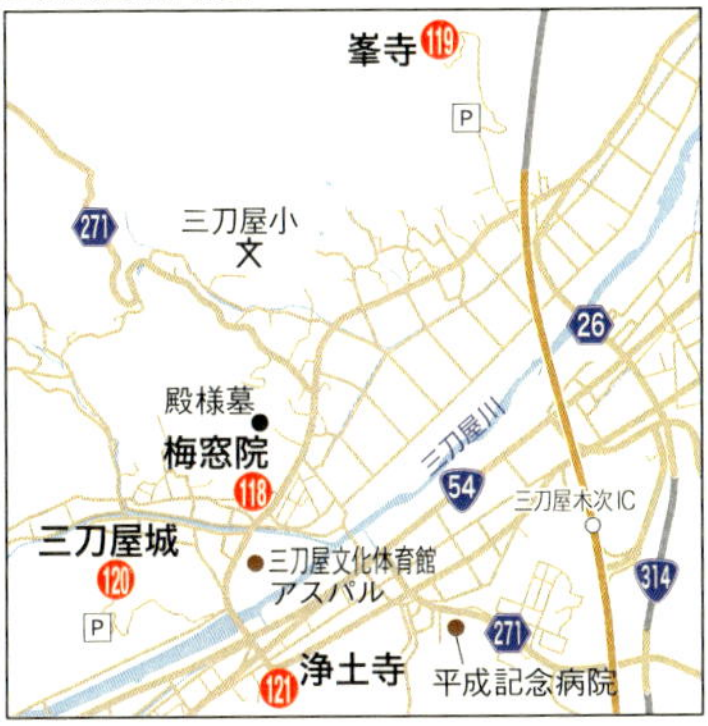

128 阿用城

125 佐世城・126 源入寺・127 狩山八幡宮

136 烏田権兵衛勝定之碑・137 突根尾原古戦場・143 賀田城

130 高麻城

1 十《と》神《かみ》山《やま》城《じょう》

尼子十砦《じっさい》*1の一つ。中海に突き出た水城で近世初期までは島だった。築城年代は不明だが、眼下の安来港が隠岐や美保関*2などと繋がり伯耆の日野郡*3や奥出雲の鉄を輸出していたため、港を守るために築城されたと思われる。城主・松田氏は承久の乱の恩賞で地頭に任ぜられて以来、一貫して当地を支配し、出雲東部の水上交通を掌握して朝鮮との交易も行っていたことから勢力を誇った。

応仁の乱で庶子家と思われる松田備前守が西軍に付いたため、東軍の出雲守護・京極氏や守護代・尼子清貞と対立。これに美保関を巡る争いが絡み、応仁二（一四六八）年六月には清貞のいた月山富田城*4の近くまで備前守が攻め

十神山城全景

込み、翌月には逆に清貞が備前守を攻めるという激しい戦いが繰り広げられる。最終的に尼子氏が備前守を屈服させたが、今度は松田氏の宗家で同じ東軍だった三河守と清貞が備前守の闕所*5を巡って争った。その後、松田氏は尼子氏と婚姻関係を結び家臣となる。その際、当城は明け渡したようで天文年間（一五三二～五五年）には松尾氏が入った。

十神山城曲輪

雲芸攻防戦では富田城の兵糧輸送の中継地として重視されたが、永禄八（一五六五）年に毛利軍の攻撃によって落城した。第一次尼子再興戦*6でも元亀元（一五七〇）年に当城を巡る争奪戦が起きている。

十神山なぎさ公園の駐車場からだと山頂に行きやすい。

＊1　月山富田城の支城
＊2　美保関（70頁）
＊3　鳥取県日野郡
＊4　月山富田城（41頁）
＊5　罪を犯して没収されるなどして知行者が不在となり守護などの直轄領となった土地のこと
＊6　人物事典：尼子再興軍（378頁）

所在地／安来市安来町
駐車場／南にある専用の駐車場か、北の十神山なぎさ公園の駐車場を利用
遺構／曲輪
標高／93m　比高／90m

2 宗見寺《そうけんじ》

曹洞宗。創建年代は明徳年間（一三九〇～九四年）前後だと推測されている。当地は塩治興久*1の幼少期の館だったとも伝わる。尼子晴久が中興し菩提寺となり位牌が安置されている。当寺は飯生城《いなりじょう》の一角にあたり、尼子氏と毛利氏の合戦があった。

宗見寺山門

山門の向かって右側に尼子興久公館跡の碑がある。境内には平成二十一（二〇〇九）年の四百五十回忌に建てられた尼子晴久公宝篋印塔がある。

尼子晴久公宝篋印塔

*1　尼子興久の墓（36頁）

所在地／安来市飯生町485
駐車場／あり

3 清《きよ》水《みず》寺《でら》〈安来市〉

天台宗。「せいすいじ」とも呼ばれる。用明天皇二（五八七）年の創建だと伝わる。平安時代には僧坊四八を数える霊場として栄えた。戦国時代には尼子氏の保護を受け月山富田城法席座次論争＊1では間接的に尼子晴久が支持をしている。永禄～元亀年間初め（一五五八～七一年）の尼子氏と毛利氏の戦いでは毛利軍の兵火で根本堂《こんぽんどう》（国指定重要文化財）以外を焼失した。永禄八（一五六五）年、尼子義久が社領を寄進している。翌年、義久が降伏すると毛利氏の保護を受けた。

清水寺根本堂

清水寺三重塔

永禄十三（一五七〇）年、第一次尼子再興戦＊2の最中に当寺の大宝坊が毛利氏の依頼を受けて再興軍の秋上伊《い》織介《おりのすけ》を懐柔し、戦闘にも参加している。この功により毛利元就・輝元・元秋＊3から太刀や銀子などが、吉川元春・小早川隆景からは寺領が寄進された。近世には松江藩の保護を受ける。

根本堂には尼子氏の家臣・深田吉信の後裔である車尾《くずも》村＊4の深田之信が奉納した尼子十勇

士の絵馬があり、三重塔（県指定文化財）の奥には山中鹿介の槍砥石と伝わるものがある。境内に建つ蓮乗院には尼子氏が寄進した月山富田城内*5にあった格子障子がある。毘沙門堂の本尊は中村一忠*6が奉納したものと伝わる。寺宝には木造十一面観音立像（国指定重要文化財）などがある。

山中鹿介槍砥石

*1　詳細は鰐淵寺を参照(113頁)
*2　人物事典:尼子再興軍(378頁)
*3　毛利元秋の墓(33頁)
*4　鳥取県米子市車尾
*5　月山富田城(41頁)
*6　人物事典:中村一忠(383頁)

所在地／安来市清水町528
駐車場／あり

4 雲樹寺《うんじゅじ》

臨済宗。元亨二（一三二二）年に創建されたと伝わる。南北朝時代には北朝・南朝の双方から寄進を受け塔頭《たっちゅう》が二十余りある大寺院となる。戦国時代には尼子氏の保護を受け、文亀元（一五〇一）年に尼子経久が諸役免除については先例に従うことを承認。大永六（一五二六）年、長男・政久の菩提を弔うため寺領の寄進を行っている。弘治二（一五五六）年と永禄四（一五六一）年には尼子晴久と義久が経久と同様の承認をした。永禄三（一五六〇）年に家臣の福山綱信が、翌年には同じく尼子氏の家臣・吉田久隆が寄進を行っている。永禄十二（一五六九）年、出雲に侵攻した尼子再興軍*1の尼子勝久は毛利氏が過去の住職任命の辞令を無視したことを「前代未聞の非道な行い」と非難し、義久以前の書状の内容を追認した。

雲樹寺四脚門

再興軍が去ると毛利氏の保護を受け、元亀四（一五七三）年に吉川元春が、天正三（一五七五）年には小早川隆景が境内での濫妨狼藉などに対しての禁制を出している。天正七（一五七九）年には毛利輝元が諸役については先例に従うことを承認している。近世は松江藩の保護を受けた。四脚門（大門）・絹本著色三光国師像などが国の重要文化財に指定されている。

＊1 人物事典：尼子再興軍（378頁）

所在地／安来市清井町281
駐車場／あり

5 長《ちょう》台《だい》寺《じ》城《じょう》（安《やす》田《だ》要《よう》害《がい》・新《にい》山《やま》要《よう》害《がい》）

安来市側は長台寺城や安田要害、米子市側は新山要害と呼んでいるが、同時代史料には「長台寺」とある。出雲と伯耆をまたぐ要衝で古くから利用されていたようである。戦国時代に尼子経久の家臣・安井光照が築城したという。

長台寺城曲輪

永禄年間（一五五八～七〇

長台寺城登山口の祠

年）の雲芸攻防戦の際は福山綱信・源五郎父子が守備しており、一度は毛利元就に従ったが永禄五（一五六二）年に本城常光*1が謀殺されると尼子氏に復帰した。そのため毛利軍の片山平左衛門の攻撃を受け、永禄七（一五六四）年に攻略されている。

尼子再興戦*2では再興軍が籠もるが毛利軍に囲まれ塩を断たれてしまったため、再興軍に味方する者が密かに塩を紙籠に入れて城内に運び入れようとしたが敵と遭遇し殺されてしまう。それからその場所を紙籠越と呼ぶようになったという（「伯耆誌」より）。

伝承では長台寺側の登山口にある祠の中央は源五郎を祀っている福山権現で、当初は山頂に建てられていたが明治四十（一九〇七）年現在地に移転されたという。

山頂からは中海・弓ヶ浜半島・島根半島などが一望でき要衝の地であったことが分かる。

*1　人物事典：本城常光（384頁）
*2　人物事典：尼子再興軍（378頁）

所在地／安来市伯太町安田関354（長台寺）
　鳥取県米子市新山
駐車場／長台寺の駐車場を利用
遺構／曲輪、土塁、堀切など
標高／281m　比高／210m

6 立原《たちはら》久綱《ひさつな》の五輪塔《ごりんとう》

二基の五輪塔が立原久綱*1と関係があると

伝わる。久綱は娘婿で本明城*2の旧城主・福屋兼隆のいた阿波に行く前に各地を放浪した際、長台寺城*3の山麓に滞在したことから建てられたという。この五輪塔に勝利を祈ると叶うと伝わっている。

立原久綱の五輪塔

季節によっては雑草のため五輪塔がほとんど見えないことがある。

*1　人物事典：立原久綱（382頁）
*2　本明城（225頁）
*3　長台寺城（27頁）

所在地／安来市伯太町安田山形
駐車場／なし

7 洞《とう》光《こう》寺《じ》〈安来市〉

曹洞宗。備後金尾*1にあったが尼子清貞が月山富田城下*2の金尾に移した。清貞が亡くなると息子の経久は定光寺*3の住職・大拙真雄を開山として、寺号を清貞の戒名・洞光寺殿華山常金大居士から取り洞光寺に改める。天文十二（一五四三）年の第一次月山富田城攻防戦の際、大内義隆と尼子晴久

洞光寺本堂

の軍勢が当寺の境内で戦った。寛永年間（一六二四〜四三年）、富田川の氾濫に悩まされ現在地に移転された。

本堂の左手の墓地には尼子清貞・経久父子の墓が建つ。本堂の近くには尼子氏歴代追悼碑が建っている。

*1　広島県庄原市高野町奥門田
*2　月山富田城（41頁）
*3　鳥取編：定光寺（138頁）

所在地／安来市広瀬町広瀬1431
駐車場／あり

尼子清定・経久父子の墓

8 布部《ふべ》合戦《かっせん》古《こ》戦場《せんじょう》

永禄十二（一五六九）年、尼子再興軍*1が出雲に上陸し山陰地方を席巻した。しかし永禄十三（一五七〇）年に九州から撤退し安芸と石見を経由して北上してきた毛利軍の本隊と当地で戦い敗北する。再興軍は勢いを失い、元亀二（一五七一）年には出雲を退去した。

古戦場跡に

布部合戦尼子軍将士墓碑

は布部要害山*2を中心に、旧中山街道沿いにある山中鹿介本陣跡から流れてきているという尼子本陣の名水、昭和二十（一九四五）年に尼子氏の子孫達が建てた布部合戦尼子軍将士墓碑などがある。

*1　人物事典：尼子再興軍（378頁）
*2　布部要害山（31頁）

所在地／安来市広瀬町布部
駐車場／なし

9 布部要害山《ふべようがいさん》（布部城《ふべじょう》・布弁城《ふべじょう》）

永禄十三（一五七〇）年、尼子再興軍*1と毛利軍が当地で激突した（布部合戦*2）。この時、要害山を守備していた森脇久仍《ひさのり》が三百の兵で守備していたが、山中鹿介の命令で下山し戦いに加わった。しかし多勢に無勢で再興軍は敗走している。その直後に毛利輝元の家臣・児玉元良が守備についた。やがて当地が三沢氏*3の領地になったことから城も三沢氏の家臣が入ったと思われる。

布部要害山全景

布弁神社の境内に登山道の入口があり、山頂からは古戦場が一望できる。合戦のあった二月十四日には山頂で山中祭が行われ、両軍の戦死者の鎮魂のため陣粥が振る舞われ合戦の様子が語られるという。

＊1　人物事典：尼子再興軍（378頁）
＊2　布部合戦古戦場（30頁）
＊3　人物事典：三沢氏（386頁）

所在地／安来市広瀬町布部
遺構／曲輪など
標高／183m
比高／40m

布部要害山曲輪

10 品川大膳《しながわだいぜん》の墓《はか》〈安来市〉

永禄八（一五六五）年、山中鹿介と一騎討ちをして敗れた品川大膳＊1の墓と伝わる。墓の横には大正七（一九一八）年に品川氏の末裔が建てた品川大膳碑があり、山県有朋の筆である。

品川大膳の墓

品川大膳碑

周りのコンクリート塀は昭和四十七（一九七二）年に品川氏の後裔が荒れていた墓を整備した際に建てた。

＊1　詳細は品川大膳の墓〈益田市〉を参照（278頁）

所在地／安来市広瀬町広瀬
駐車場／なし

11 毛《もう》利《り》元《もと》秋《あき》の墓《はか》

永禄九（一五六六）年、尼子義久が毛利元就に降伏し月山富田城＊1が開城されると毛利氏の家臣・天野隆重が城代になる。しかし隆重の願いで永禄十二（一五六九）年に元就の五男・元秋が城主となった。同年、月山富田城が尼子再興軍＊2の攻撃を受けるが元秋は隆重らの補佐を受けて撃退している。しかし元秋が城に来たのは再興戦後というのが近年の説である。

天正十三（一五八五）年、元秋は病死し城下の宗松寺＊3に葬られた。明治十九（一八八六）年、宗松寺が全焼し現在地に移転されたため墓だけが残っている。太平洋戦争以前は毛利家から毎年、香華料が献ぜられていた。

毛利元秋の墓

＊1　月山富田城（41頁）
＊2　人物事典：尼子再興軍（378頁）
＊3　宗松寺（34頁）

所在地／安来市広瀬町町帳
駐車場／近くに富田地区を観光するための駐車場あり

12 宗松寺《そうしょうじ》

臨済宗。詳しい年代や当時の寺名は不明であるが、南北朝時代に富田*1の地に創建されたようである。尼子国久らの位牌があったという記録があることから新宮党*2と親密な関係だったようだ。戦国時代、月山富田城主*3・毛利元秋*4が山号を洞雲山、寺名を宗松寺と改め新宮村*1に移した。宗松の名は元秋の母・霊昌院殿高月宗松大禅定尼から取ったという。天正十三（一五八五）年、元秋が亡くなると当寺に葬られる。

宗松寺本堂

明治十九（一八八六）年に焼失した。それまで新宮党に関係したと伝わる山門や尼子義久の妻の位牌があったが一緒に焼失している。明治三十（一八九七）年、現在地に再建され山号も黄龍山と改められるが、大正四（一九一五）年にまたも焼失する。大正六（一九一七）年に再建されたが、二度の火災で元秋の位牌も焼失し、現在安置されているのはその後に作り直されたものである。

*1　同町富田
*2　新宮党館跡（38頁）
*3　月山富田城（41頁）
*4　毛利元秋の墓（33頁）

所在地／安来市広瀬町広瀬754−16
駐車場／本堂の横にあるが周囲の道が狭いため無理に入らない方が良い

13 城《じょう》安《あん》寺《じ》

臨済宗。正和年間（一三一二～一三一七年）、同町広瀬の社会福祉センター辺りに創建された。永禄十二（一五六九）年、尼子再興軍＊1が月山富田城＊2を攻めた際に陣を構えたという。

城安寺山門

慶長五（一六〇〇）年の関ヶ原の戦い後、堀尾氏によって松江城が築かれると松江市に移転されたが寛文三（一六六三）年広瀬に戻る。しかし寛文六（一六六六）年、当寺のあった場所に広瀬藩邸が築かれることとなり、尼子氏の屋敷跡（当寺の墓地周辺）に移転された。明治十九（一八八六）年、放火や洪水のため山門以外のほとんどが被害を受けたため隣接する現在地に移転される。

伝・尼子義勝（久幸）の墓

境内には天文十（一五四一）年、安芸吉田郡山城攻めで戦死した尼子義勝（久幸）のものと伝わる墓が建つ。寺宝に富田城下絵図・尼子十勇士絵巻・木造多聞天立像及び木造広目天立像（ともに国指定重要文化財）などがある。

＊1　人物事典：尼子再興軍（378頁）
＊2　月山富田城（41頁）

所在地／安来市広瀬町富田４３９

14 塩冶《えんや》掃部介《かもんのすけ》の墓《はか》

文明十六（一四八四）年、出雲守護代の尼子経久は寺社本所領を横領したため守護の京極政経によって守護代を罷免され月山富田城*1から追放される。そこで塩冶掃部介が守護代となったが、文明十八（一四八六）年正月に経久は富田城を急襲し掃部介を自害に追い込んで奪回した。その首を埋めたのがこの場所で、荒法師や山法師と呼ばれ荒らすと祟りがあると伝わる。

塩冶掃部介の墓

しかし経久は政経に許され復帰したという見方が現在は主流であり掃部介の名前も同時代史料には出てこないため、この墓が誰のものかは不明である。ただし地元で大切にされていることから名のある人物の墓だと思われる。

*1　月山富田城(41頁)

所在地／安来市広瀬町富田
駐車場／近くに富田地区を観光するための駐車場あり

15 尼子《あまご》（塩冶《えんや》）興久《おきひさ》の墓《はか》

「杉森さん」と呼ばれている。尼子経久の三男・興久は塩冶郷*1の周辺を支配していた名家の塩冶氏を継ぎ、塩冶興久を名乗った。しかし所領の不満から享禄三（一五三〇）年、経久に対して謀叛を起こす。興久には三沢氏*2・多賀氏や出雲大社*3・鰐淵寺*4など有力な領主と寺社が味方し出雲を二分する戦いへと発展する。当初は不利だった経久だったが、大内義隆や毛利元就の支持を取り付け優勢となった。享禄四（一五三一）年に興久は備後甲山《こうやま》城主・山内直通を頼って落ち延びたが、天文三（一五三四）年に経久の圧迫により自害に追い込まれる。首は経久の元に送られ、ここに葬られたという。

興久の謀叛については個人的な理由だけではなく、強引に出雲を支配していった経久への諸勢力の反発が形になったという説が有力である。

尼子(塩冶)興久の墓

＊1　出雲市の塩冶地区
＊2　人物事典：三沢氏(386頁)
＊3　出雲大社(126頁)
＊4　鰐淵寺(113頁)

所在地／安来市広瀬町富田
駐車場／道の駅「広瀬・富田城」の駐車場を利用

16 山中《やまなか》公《こう》一騎《いっき》討《うち》之《の》処《ところ》の碑《ひ》

この辺りは昔、飯梨川（富田川）の中州（川中島）だったという。永禄八（一五六五）年、品川大膳*1は名を上げるため山中鹿介と当地で一騎討ちをしたが敗れている。

碑は昭和十五（一九四〇）年に建立されたもので、題字の筆は亀井茲矩*2の後裔・亀井茲《これ》常《つね》である。

＊1　品川大膳の墓〈益田市〉(278頁)
＊2　人物事典：亀井茲矩(379頁)

所在地／安来市広瀬町広瀬
駐車場／あり

山中公一騎討之處の碑

17 新宮党館跡《しんぐうとうやかたあと》

県指定史跡。同地区に熊野新宮十二社権現＊1が建っていたことから新宮という地名になったと思われる。尼子経久の次男・国久の屋敷があり、一族は新宮党と呼ばれていた。出雲西部を中心に強大な勢力を持っていたが、天文二十三（一五五四）年に当主の尼子晴久によって長

新宮党館跡

男・誠久と三男・敬久《たかひさ》と共に滅ぼされる。以前は毛利元就が尼子氏の力を削ぐため晴久を陥れたという見方が一般的だったが、現在は晴久が当主に権力を集中するための行動だったという説が有力である。その後、永禄八（一五六五）年から始まった元就の月山富田城攻め＊2では南側が陣城《じんじろ》として改修されたようである。

太夫神社と新宮党の墓

館跡には国久ら三人の墓があり、三人を祀る太夫《だゆう》神社も建っている。「太夫」の名は国久と誠久が式部太夫、敬久が左衛門太夫の太夫《たゆう》職に称していたことから、当地が太夫成と呼ばれていたことに由来する。神社の入口には嘉永六（一八五三）年、新宮党の三百年忌に建てられた尼子家新宮党之霊社の碑がある。

＊1　十二所神社（47頁）
＊2　月山富田城（41頁）

所在地／安来市広瀬町富田
駐車場／近くに富田地区を観光するための駐車場あり

18 山中《やまなか》鹿介《しかのすけ》幸盛《ゆきもり》屋敷跡《やしきあと》

天文十四（一五四五）年、山中鹿介は当地にあった屋敷で生まれたという。ここは昔から山中屋敷跡と伝わり大正時代には朝鮮系の平皿も発掘されたが荒れ果てていた。そこで昭和四十八（一九七三）年に旧広瀬町が整備し山中公園とし山中鹿介幸盛屋敷址と刻んだ碑が建てられている。

所在地／安来市広瀬町富田
駐車場／近くに富田地区を観光するための駐車場あり

山中鹿介幸盛屋敷跡

19 興《こう》福《ふく》寺《じ》

長禄二（一四五八）年、尼子清貞の弟・山中幸久（山中鹿介の先祖）が当寺に幽閉され亡くなったという。永禄十三（一五七〇）年の布部山の戦い*1で主戦場の近くにあったため焼失したが、本尊は毛利氏によって海蔵寺*2に移され難を逃れた。

昭和五十六（一九八一）年、全国の寄付により再建され本尊も布部出身の画家・加納莞《かん》

興福寺

蕾《らい》の尽力により海蔵寺から戻される。当寺には尼子氏と毛利氏の戦死者の霊が祀られている。
境内には尼子再興軍*3の横道兵庫助の墓があるとのことだが、著者は見つけることが出来なかった。

*1　布部合戦古戦場（30頁）
*2　広島県広島市西区田方
*3　人物事典：尼子再興軍（378頁）

所在地／安来市広瀬町布部916
駐車場／なし

20 月山富田城《がっさんとだじょう》

国指定史跡。十二世紀に築城されたと伝わる。室町時代は出雲守護・佐々木氏（京極氏）が居城とした。応永二（一三九五）年、近江から京極氏の一族の守護代・尼子持久が出雲に派遣

月山富田城の七曲がりと山中御殿

され当城を管理する（年代については異説あり）。二代目・清貞は応仁の乱の活躍で勢力を伸ばし、三代・経久も段銭《たんせん》の横領などで力をつけていった。このため経久は京極氏と対立し文明十六（一四八四）年に月山富田城から追放されたが、やがて帰城する。その後、経久は出雲の実質的な守護になったばかりか山陰・山陽に影響力を持つ大名になった。

　しかし天文十年（一五四一）年に経久の孫・晴久が安芸吉田郡山城攻めに失敗し勢力が衰え、天文十二（一五四三）年には当城を大内義隆に包囲されてしまう（第一次月山富田城攻防戦）。これを退け勢力挽回に努めた晴久であったが、大内氏を滅ぼし領地を拡大した毛利元就の勢いには勝てず、晴久の息子・義久の代に城を包囲

月山富田城山中御殿

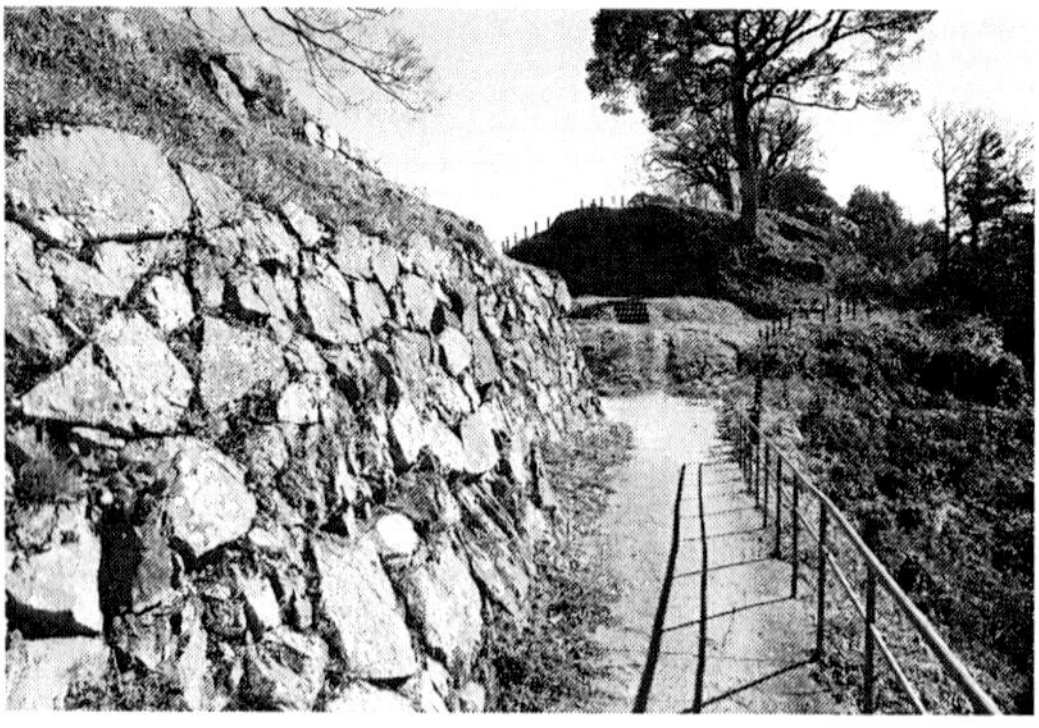

月山富田城二の丸

され永禄九（一五六六）年に降伏している（第二次月山富田城攻防戦）。

　永禄十二（一五六九）年、尼子再興軍＊1が出雲に上陸し当城を奪おうとするが元就の家臣で城代だった天野隆重の奮戦で失敗している。元亀二（一五七一）年に再興軍が出雲から去ると隆重は熊野城＊2に移り、元就の五男・元秋が入った。天正十三（一五八五）年、元秋が病死し跡継ぎも亡くなると元就の八男・元康が城主となる。天正十九（一五九一）年には吉川広家が入り東出雲二郡・西伯耆三郡・隠岐を支配した。

　しかし関ヶ原の戦いで岩国に移封されたため、遠江浜松城から堀尾吉晴が入る。その後吉晴が松江城を築き居城を移したため支城として利用されたが、やがて廃城になった。

　周辺には尼子氏・毛利氏・堀尾氏に関する史跡があり、麓には安来市立歴史資料館も建つ。


太鼓壇には山中鹿介幸盛祈月《きづき》像が建ち、山頂には鹿介の記念碑の幸盛塔が建つ。

＊1　人物事典：尼子再興軍（378頁）
＊2　熊野城（91頁）

所在地／安来市広瀬町富田
駐車場／道の駅「広瀬・富田城」の駐車場または山中御殿下の登山者用駐車場を利用
遺構／曲輪・石垣・虎口・堀切など
標高／190m　比高／164m

21 勝山城《かつやまじょう》（滝山城《たきやまじょう》）

尼子十砦《じっさい》＊1の一つ。築城年代は不明だが、富田城と飯梨川（富田川）を挟んで北西にあり上意東村＊2と結ぶ荒田越えを抑える場所に位

勝山城畝状竪堀群

勝山城桝形虎口

置することから古くより利用されていたと思われる。戦国時代は尼子氏の家臣・田中三良左衛門が城主だったという。第一次月山富田城攻防戦[*3]では大内義隆軍に利用されたと思われる。第二次月山富田城攻防戦では永禄八（一五六五）年に毛利氏が陣城として改築し勝利したことから、勝山と呼ばれるようになったという。富田城攻防戦では大内氏・毛利氏によって京羅木山[*4]と連携した運用が行われ、現在でも京羅木山から行くことが可能である。

＊1　月山富田城の支城
＊2　松江市東出雲町上意東
＊3　月山富田城（41頁）
＊4　京羅木山（77頁）

所在地／安来市広瀬町石原
遺構／曲輪、堀切、畝状竪堀群など
標高／250m　比高／187m

22 蹄《ひづめ》の滝《たき》

永禄十三（一五七〇）年、布部合戦*1で敗れた山中鹿介がこの滝に馬で飛び降り、滝壺に蹄の跡が付いた。そこからこの名が付いたという。その際、鹿介ら尼子再興軍*2は軍用金が重く逃げるのに邪魔だったため当地の辺りに埋め、目印に白南天《しろなんてん》*3を植えて末次城*4に落ち延びていったと伝わる。

蹄の滝

*1　布部合戦古戦場（30頁）
*2　人物事典：尼子再興軍（378頁）
*3　白い果実を結ぶナンテン
*4　末次城（56頁）

所在地／安来市広瀬町上山佐
駐車場／あり

23 尼子晴久《あまごはるひさ》の墓《はか》

永禄三（一五六〇）年、尼子晴久が月山富田城内*1で急死した。毛利元就との激戦の最中だったため当地に密葬されたと伝わる。宝篋印塔が晴久の墓で、その周囲に建つ墓は殉

尼子晴久の墓

死した家臣のものだと思われる。現在は洞光寺*2が管理している。

*1　月山富田城(41頁)
*2　洞光寺〈安来市〉(29頁)

所在地／安来市広瀬町富田
駐車場／入口手前に駐車スペースあり

24 巌倉寺《いわくらじ》

真言宗。神亀三（七二六）年、上山佐村*1に創建されたという。文治三（一一八七）年、月山富田城*2の築城にあたって祈願所として現在地に移転されたと推測されている。康暦年間（天授五〜弘和元・一三七九〜八一年）、富田城周辺で起きた戦いにより全焼したが、応永十九（一四一二）年に再興される。天正二十（一五九二）年、吉川氏の家臣・二宮長正が鉄製台釣六角燈籠（市指定有形文化財）を寄進した。慶長七（一六〇二）年、堀尾吉晴の妻が厨子を建立している。

巌倉寺の本堂

堀尾吉晴の墓

慶長十六（一六一一）年、吉晴が亡くなると遺言により境内に葬られた。現在の五輪塔の周りにある垣は文化七（一八一〇）年堀尾茂次によって再建されている。その横に建つ山中鹿介幸盛公供養塔は吉晴の妻が建てたものである。
社宝には前記の燈籠の他に本尊の木造聖観音像と脇侍帝釈天立像（共に国指定重要文化財）がある。

*1 同町上山佐
*2 月山富田城（41頁）

所在地／安来市広瀬町富田562
駐車場／道の駅「広瀬・富田城」の駐車場を利用

25 十《じゅう》二《に》所《しょ》神《じん》社《じゃ》

祭神は伊邪那美命など。中世に熊野速玉《はやたま》神社*1を勧請したのが始まりだという。尼子国久が紀州熊野に行き水軍について学び、帰国の際に速玉神社に参って勧請したという伝承もある。

尼子氏の時代には月山富田城*2の鬼門鎮護として崇敬されたが、同氏が滅亡すると衰微した。天正七（一五七九）年、毛利元秋*3・元康兄弟が再建する。慶長五（一六〇〇）年、吉川広家が造営した。近世には松江藩が度々修造している。

十二所神社

近世までは熊野新宮十二社権現などと呼ばれていたが明治時代に現在の社名となる。

*1 和歌山県新宮市
*2 月山富田城（41頁）
*3 毛利元秋の墓（33頁）

所在地／安来市広瀬町富田373
駐車場／近くに富田地区を観光するための駐車場あり

26 三《み》笠《かさ》山《やま》城《じょう》

尼子十砦《じっさい》*1の一つ。山が三つに重なって見えることから三笠山と呼ばれるようになったという。築城年代は不明だが駒返《こまがえり》峠*2から祖父《おじ》谷*3を経由して月山富田城*4に至る道沿いある要衝だった。

三笠山城曲輪

尼子氏の家臣・西村治右衛門が守備していたと伝わり、毛利元就が富田城を攻めた際は軍を駐屯させ陣城として利用した。麓の石垣や山頂の曲輪

三笠山城石垣

群は毛利氏の改築によるものだと思われる。

　山中鹿介が当城にかかる三日月に「願わくは我に七難八苦を与えたまえ」と祈念した話は有名である。しかし「七難八苦」の言葉は明治初期頃に出てきたもので、近世には武功が上げられるよう三日月に祈った後、敵を討ち取り信仰するようになったという話しか出て来ない。

　山頂までは急峻な山道になっておりロープを伝って登る箇所もあるため注意が必要である。

＊1　月山富田城の支城
＊2　松江市と安来市の境にある標高三七六メートルの峠
＊3　同市広瀬町祖父谷
＊4　月山富田城（41頁）

所在地／安来市広瀬町広瀬
駐車場／麓に広瀬運動公園の駐車場があるが利用して良いか不明
遺構／曲輪・石垣など
標高／236m　比高／200m

27 平浜八幡宮《ひらはまはちまんぐう》

祭神は応神天皇など。摂社＊1の武内神社が地元では知られている。

創建年代は不明だが、十一世紀頃に京都の石清水八幡宮の別宮となった。

　中海の入口に面した当社の周辺は経済的に

平浜八幡宮の拝殿と本殿

栄え、戦国時代には八幡市が立っている。永正十一（一五一四）年には尼子経久が出雲・隠岐の段銭で造営を行い、享禄二（一五二九）年には大鳥居を寄進した。弘治元（一五五五）年には尼子晴久が当社の神宮寺の寺領安堵を行い、永禄七（一五六四）年には尼子義久が栄重に神宮寺の住職の地位を安堵している。同年、毛利元就が当社の社領の一部を野村士悦＊2の替地としており、この頃は実質的に毛利氏が支配していたと思われる。近世には松江藩直轄の神社となり特別な扱いを受けた。

社宝に木造神馬や細形銅剣（共に県指定文化財）などがある。

＊1　神社の格式の一つ。本社に付属し、その祭神と縁故の深い神を祀った神社。本社と末社との間に位する

＊2　人物事典：野村士悦（384頁）

所在地／松江市八幡町303

駐車場／あり

28 長源寺《ちょうげんじ》

長源寺本堂

臨済宗。天正十（一五八二）年に立原久綱＊1が創建したと伝わる。安国寺＊2の住職の隠居寺だったという。

墓地には立原久綱の墓が建つ。本堂の右横には播磨上月城の土と石が納めてある尼子勝久公追恩塔が建ち、左右の石燈には山中鹿介と久綱の像が刻んである。

＊1　人物事典：立原久綱（382頁）
＊2　安国寺（54頁）

所在地／松江市東津田町1030
駐車場／あり

29 迎《こう》接《じょう》寺《じ》

迎接寺本堂

真言宗。十四世紀に創建されたと推測されている。平浜八幡宮＊1の別当寺の一つだった。天正三（一五七五）年に熊野城主＊2の天野隆重や野村士悦＊3が施主となって平浜八幡宮に梵鐘（県指定文化財）を寄進した。寛文年間（一六六一～七三年）当寺に移され鐘楼に吊してあったが、近年傷みが激しくなってきたため出雲古代歴史博物館に寄託されている。現在あるのは平成二十七（二〇一五）年に鋳造されたものである。

他に寺宝には亀井秀綱＊4が大永四（一五二四）年平浜八幡宮に寄進した絹本著色両界曼荼羅図や尼子晴久・義久父子の書状を含む紙本墨書迎接寺文書（いずれも県指定文化財）などがある。

＊1　平浜八幡宮（49頁）
＊2　熊野城（91頁）
＊3　人物事典：野村士悦（384頁）
＊4　人物事典：亀井秀綱（380頁）

所在地／松江市八幡町373

迎接寺鐘楼

30 常《じょう》福《ふく》寺《じ》

曹洞宗。創建年代は不明だが、白鹿城主*1・松田氏の菩提寺だった。永禄六（一五六三）年に行われた毛利元就の白鹿城攻めでは松田左近の末弟で当寺の住職・普門西堂が寺の北にあった常福寺丸に籠もり戦うが落城時に自害したと伝わる。その兵火で寺は荒廃したが、寛永十（一六三三）年に津和野城主*2・亀井氏が再建し白鹿城攻めで亡くなった松田一族を供養した。

常福寺山門

寺宝に「隠岐国へ来れ」と刻んである山中鹿介擲石があり、白鹿城が落城した際に鹿介がこの石を投げて隠岐への脱出を促したという説があるが真偽は不明である。他にも亀井茲矩*3が祈願所に祀っていた四天王像のうちの二体がある。

真山城*4の本丸に建つ尼子勝久公之碑の南に台座がある。そこには山中鹿介の銅像が建つ予定であったが主唱者の死去などにより計画が頓挫してしまう。境内には銅像の台石*5になるはずだった丸石がある。

*1　白鹿城（61頁）
*2　津和野城（281頁）
*3　人物事典：亀井茲矩（379頁）
*4　真山城（62頁）
*5　土台に据える石

所在地／松江市法吉町258
駐車場／あり

31 洞光寺《とうこうじ》〈松江市〉

曹洞宗。尼子経久の父・清貞の菩提寺として月山富田城下*1にあったが、堀尾吉晴が居城を松江城に移した際、現在地に新造された。富田城下の洞光寺も残っている*2。

洞光寺本堂

境内の薬師堂に安置されている薬師如来像には次のような逸話が残っている。平景清が富田城を築城した際、眼病に苦しめられたことから像に祈ったところ治ったため城の一角に祀った。経久が病にかかった際にも祈ったところ霊夢があり治癒したという。

寺宝に絹本著色尼子経久像（県指定文化財）がある。かつては経久が寄進した青磁香炉などもあったようである。

＊1　月山富田城（41頁）
＊2　詳しくは洞光寺〈安来市〉を参照（29頁）

所在地／松江市新町８３２
駐車場／あり

32 信楽寺《しんぎょうじ》

浄土宗。何度も伽藍が焼失して文書などが焼失したため創建年代など詳細は不明。月山富田城下*1にあったが堀尾吉晴が居城を松江城に移した際、現在地に移転された。松平直政*2の信仰が篤かったと伝わる。境内には滝川一益の墓碑と伝わる無縫塔があったが撤去され瀧川家之墓が建つのみである。

信楽寺山門

無縫《むほう》塔は一益の息子・一忠の墓碑だったのではないかという伝承もある。一忠は豊臣秀吉に仕え天正十二（一五八四）年の小牧・長久手の戦いで父・一益と共に蟹江《かにえ》城*3を奪ったが徳川家康らに奪回された責任を負わされ高野山に追放された。しかし一益の旧知だった商人・井筒屋九郎右衛門の手引きで一忠は高野山から松江に移住し寛永十六（一六三九）年に亡くなったという。

一忠の息子・一積は一時期、米子城主*4・中村一忠*5に仕えていたと「寛政重修諸家譜」に記載があることから父子で山陰に移住した可能性もある。

本堂に安置されている阿弥陀如来像は一益の守り本尊だったと伝わる。寺宝に松江の町人の生活を記録した大保恵日記（市指定有形文化財）がある。

＊1　月山富田城（41頁）
＊2　人物事典：松平直政（385頁）
＊3　愛知県海部郡蟹江町城
＊4　鳥取編：米子城（208頁）
＊5　人物事典：中村一忠（383頁）

所在地／松江市竪町８８
駐車場／あり

33 安国寺《あんこくじ》

臨済宗。宝亀四（七七三）年の創建で当時は円通寺という寺号だった。康永四（興国六・一三四五）年、足利尊氏の命で一国ごとに安国寺が建てられた際に改称し出雲の安国寺となっている。室町時代には出雲守護・京極氏の保護を受けた。

　永正五（一五〇八）年、京極政経は守護職と所領を孫・吉童子丸に譲り、後見を尼子経久と多賀経長に託して当寺で亡くなっている。尼子氏の保護を受け、永禄元（一五五八）年には尼子晴久が諸役を免除している。永禄年間（一五五八～七〇年）に焼失したが、天正元（一五七三）年頃に再建された。天正十九（一五九一）年に吉川広家が寺領を寄進している。近世には松江藩主の京極氏・松平氏も寄進を行った。

安国寺

　境内に建つ宝篋印塔だが、政経の墓だと記載された本がある。しかし松江藩主・京極忠高が父・高次の供養塔を京極氏ゆかりの当寺に建てたもので、平成十六（二〇〇四）年には京極高次供養塔として松江市が有形文化財に指定している。当寺に高次の位牌は安置してあるが政経のものはないことからも、政経の墓だという記載は誤りだと思われる。

京極高次供養塔

所在地／松江市竹矢町９９３
駐車場／あり

34 亀井塚《かめいづか》

亀井秀綱*1の墳墓だと伝わる。「雲陽誌」によると、かつては揖夜神社*2から阿太加夜《あだかや》神社*3まで初穂を持って奉納する神事があり、その間は往来できない区間があった。しかし亀井某が神事の最中にその区間を通り日暮れに体調を崩して間もなく亡くなったため塚を建てたとある。

亀井塚

石見津和野藩主になった亀井氏が毎年送った弔問使が衣服を改めた御堂（亀井堂）があったと伝わる。

現在は共同墓地になっており、塚は令和三（二〇二一）年に整備され亀趺*4が建てられている。

*1　人物事典：亀井秀綱（380頁）
*2　揖夜神社（76頁）
*3　同市東出雲町出雲郷
*4　亀の形にきざんだ碑の台石

所在地／松江市竹矢町
駐車場／なし

35 末次城《すえつぐじょう》（末次土居《すえつぐどい》）

創建年代は不明だが、現在松江城の建つ亀田山に築かれたと推測されている。戦国時代は当城の側《そば》まで大橋川が流れている重要な場所だった。

天文元（一五三二）年、塩冶興久*1が尼子

松江城の堀(末次城)

経久方だった当城を攻めた際、尼子義勝・国久らが援軍として駆け付けている。この戦いで経久は勝利したが、城主・若林伯耆守が戦死した。ただしこの戦いは「雲陽軍実記」など軍記物にしか記載がなく、この頃興久はすでに敗れて備後に落ち延びている。

永禄十二(一五六九)年、尼子再興軍*2が当城を落とし大野氏に守備させる。しかし永禄

堀尾吉晴の像

十三（一五七〇）年五月に大野氏が毛利軍に寝返り野村士悦*3や湯原春綱が入った。同年七月頃、再興軍は真山城*4から出撃し奪取しようとしたが撃退されている。

慶長元（一五九六）年、宍道湖の氾濫により末次村の住民が当城に避難した。

慶長十二（一六〇七）年、堀尾吉晴が松江城の築城に着手した際に遺構は破壊されたと考えられていたが、令和四（二〇二二）年に松江城から末次城の堀切と思われる遺構が見つかっている。城の入口には吉晴の像が建つ。

*1　尼子興久の墓（36頁）
*2　人物事典：尼子再興軍（378頁）
*3　人物事典：野村士悦（384頁）
*4　真山城（62頁）

所在地／松江市殿町
駐車場／松江城の駐車場を利用
遺構／なし
標高／29m　比高／26m

36 八《や》重《え》垣《がき》神《じん》社《じゃ》

祭神は素盞嗚命・稲田姫命など。素盞嗚命が「八雲立つ　出雲八重垣　妻籠みに　八重垣造る　その八重垣を」と歌を詠んだことから名が付いたという伝承で知られる。当地には古くから佐久佐社（佐草社）が建っていたが南北朝時代に衰退し安国寺*1の支配下に置かれる。

戦国時代になると海潮《うしお》地区*2にあった須我社（八重垣社）が当地に移り、佐久佐社を吸収したと考えられている。天文十一（一五四二）年の第一次月山富田城攻防戦*3では熊谷信直らが陣を構えたという。毛利氏が出雲を支配すると毛利元就・毛利輝元・吉川元春が所領を安堵した。天正十三（一五八五）年には輝元と元春が社殿の造営を行う。吉川広家が月山富田城主になると戸津忠之を代参させたという。

近世は松江藩主になった堀尾氏・松平氏からの寄進を受けた。明治五（一八七二）年、佐久

八重垣神社

佐神社の社名で郷社とされるが、大正十一（一九二二）年に社名が八重垣神社に戻り県社となっている。社宝に板絵著色神像（国指定重要文化財）や紙本墨書八重垣文書（県指定文化財）などがある。

＊1　安国寺（54頁）
＊2　雲南市大東町南村の周辺
＊3　月山富田城（41頁）

所在地／松江市佐草町227
駐車場／あり

37 神魂神社《かもすじんじゃ》

祭神は伊弉冉尊など。創建年代は不明だが国譲りの神話の時、使者として当地に降臨した天穂日命が伊弉冉尊を祀るため創建したという。天穂日命の子孫は出雲氏（出雲国造家）として

当社の祭祀を取り仕切り、出雲大社*1に移ってからも多大な影響力を持ち、権神主《ごんのかんぬし》の秋上

神魂神社の本殿と拝殿

氏は当社の神主も兼任した北島家（出雲氏の後裔）から任命されている。

　戦国時代になると尼子経久が当社を支配下に置いた。永正十二（一五一五）年には経久が軍役を強要し、秋上氏は社家方と尼子氏の家臣に分かれる。武家方の後裔には尼子十勇士の一人として知られる秋上伊織介がいる。

　大永三（一五二三）年には経久が社殿の造営を行った。同年、社家方の秋上氏は当社全ての実権を手に入れ正神主となり出雲大社から自立している。国造職を継ぐためには当社で火継式を行うのが慣例だったため、天文十八（一五四九）年に北島家で相続問題が起きた際は実行側と阻止側で揉めたが、尼子晴久が実行を認め執り行われている。天文二十四（一五五五）年、晴久が造営を行った。

　天正十一（一五八三）年に焼失したが、毛利輝元が再建している。しかし柱は流用されたたら

しく明治三十四（一九〇一）年の解体修理で正平元（貞和二・一三四六）年の墨書が見つかった。天正十三（一五八五）年に吉川元春は当社が従来通りの年中神事を行うことへの承認をし、社領の寄進を行っている。近世は松江藩主の堀尾氏・松平氏の保護を受けた。近世まで伊弉冉社・神魂大社・神魂社・大庭の大宮と呼ばれていた。

　社宝には伝・尼子経久着初の色々威腹巻《いろいろおどしはらまき》（県指定文化財）や市指定有形文化財である晴久寄進の刀（僧定秀作）・輝元寄進の刀（豊後国行平作）などがある。輝元が再建した神魂神社の本殿は国宝に、末社の貴布祢稲荷両神社の本殿は国の重要文化財に指定されている。

*1　出雲大社（126頁）

所在地／松江市大庭町563
駐車場／あり

38 白鹿城《しらがじょう》（白髪城《しらがじょう》）

尼子十旗*1の一つ。築城年代は不明である。宍道湖・中海の水運を守る要衝で、尼子氏にとって月山富田城*2と日本海を結ぶ拠点であった。文明五（一四七三）年、出雲守護・京極政経が十神山城主*3・松田氏を懐柔するため当地の支配を任せたことから、のちに松田氏が城

白鹿城本丸跡

主になっている。

雲芸攻防戦中の永禄六（一五六三）年には激しい戦いが繰り広げられた。その最中、坑道を掘って攻め込もうとした毛利軍に対して尼子軍も城内から横穴を掘ったため坑道内で遭遇し戦っている。結局、城主・松田誠保*4は耐えきれず降伏し富田城に逃げている。

永禄九（一五六六）年に尼子義久が降伏すると廃城になったといわれるが、第一次尼子再興戦*5で再興軍が真山城*6を奪うと毛利軍が陣城として利用したという説もある。

＊1　尼子氏麾下で重視された出雲国内の城。白鹿・三沢・三刀屋・赤穴・牛尾・高瀬・神西・熊野・真木（夕景）・大西（高麻）の十
＊2　月山富田城（41頁）
＊3　十神山城（22頁）
＊4　人物事典：松田誠保（385頁）
＊5　人物事典：尼子再興軍（378頁）
＊6　真山城（62頁）

所在地／松江市法吉町　駐車場／あり
遺構／曲輪・土塁など
標高／150m　比高／120m

39 真山城《しんやまじょう》（新山城《しんやまじょう》）

北一キロのところにある白鹿城*1と同じく現在の松江市街地から日本海に至るルートにある要衝だった。平安時代後期に平忠度《たいらのただのり》が築城したと「雲陽軍実記」には記載がある。雲芸攻防戦最中の永禄六（一五六三）年、毛利元就が尼子軍が籠もる白鹿城を攻める際に吉川元春が陣を敷き、この時に整備されたという。白鹿城が落ちると多賀元信が入っている。

永禄十二（一五六九）年の第一次尼子再興戦*2では再興軍が元信を追い出し拠点とした。

元亀元（一五七〇）年、毛利軍が攻めるが元就の病を聞いて城攻めを中止している。しかし元亀二（一五七一）年に毛利軍が出雲と伯耆で掃討戦を開始すると、当城も支えきれなくなり同年八月には尼子勝久が退去している。その後、毛利氏の家臣や元就の八男・元康が城主を務めた。関ヶ原の戦い後、廃城になったと思われる。

尼子勝久公之碑

山頂に向かう途中に相木盛之助と更科姫という人物の墓があるが、二人が鹿介の両親だという伝承があることから昭和二（一九二七）年に建てられたようだ。山頂には尼子勝久公之碑が建つ。

*1　白鹿城（61頁）
*2　人物事典：尼子再興軍（378頁）

所在地／松江市法吉町
遺構／曲輪・土塁など
標高／256m　比高／200m

40 洗合城《あらわいじょう》（荒隈城《あらわいじょう》・洗骸城《あらわいじょう》・天倫寺《てんりんじ》）

永禄五（一五六二）年、雲芸攻防戦中の毛利元就は白鹿城*1を落とすため当城を築いて鳶ヶ巣城*2から拠点を移す。翌年に白鹿城が落ちると前線は月山富田城周辺*3に移ったが、後方基地としての役割を果たし吉川元春、小早川隆景らが在陣した。この時に元春が太平記を書写している。元就の治療のため医者・曲直瀬《まなせ》道三が京から訪れ、その他にも連歌師・能役者などが招かれ催しが行われ、城下には商人も来るなど賑わいを見せた。永禄九（一五六六）年に尼子義久が降伏した後は利用されなかったようである。

天倫寺本堂

現在、城趾の東に臨済宗の天倫寺が建っている。天倫寺は慶長十六（一六一一）年、堀尾吉晴が当地に瑞応寺を創建したのが始まりである。堀尾氏の菩提寺となり松江藩主・堀尾忠晴が葬られたが、京極忠高が松江藩主になると乃木村*4に移され円成寺と改号した。寛永十六（一六三九）年、松平直政*5が跡地に当寺を創建した。鐘楼の梵鐘（国指定重要文化財）は口田儀村*6の本願寺にあったものだが、吉晴が陣鐘にするため松江城内に置く。その後、直政が城内に梵鐘があるのは不吉ということで天倫寺に寄進している。

本堂には松江藩主・松平家の位牌が安置されており、寺宝に徳川家康や結城秀康の肖像画の他、紙本墨画大応国師図白隠筆（県指定文化財）などがある。

*1 白鹿城（61頁）
*2 鳶ヶ巣城（95頁）
*3 月山富田城（41頁）
*4 同市上乃木・栄町など
*5 人物事典：松平直政（385頁）
*6 出雲市多伎町口田儀

所在地／松江市堂形町589（天倫寺）・国屋町
駐車場／天倫寺の駐車場を利用
遺構／曲輪など
標高／53m　比高／50m

41 満《まん》願《がん》寺《じ》城《じょう》（満《まん》願《がん》寺《じ》）

大永七（一五二七）年に築城されたと伝わるが諸説ある。当城が塩冶興久*1の反乱で激戦地となった佐陀城という説もあるが、確かなことは不明である。宍道湖畔にあり、水軍基地も兼ねていた。

満願寺本堂

永禄五（一五六二）年の雲芸攻防戦では尼子軍の城主・湯原春綱が降伏し毛利軍が入ったという。春綱が元就に内通したのは事実だが、この時は在番しておらず城が存在したかも不明である。同時代史料に出てくるのは、元亀元（一五七〇）年十月に尼子再興軍*2が当城を築城（修築？）していたため元就と毛利輝元が神西城*3などにいた毛利軍に出陣を命じているのが最初である。同年十二月、毛利軍は水陸両面から攻撃を行い奪い取ると春綱に在番させた。

満願寺城の堀切

城址に建つ真言宗の満願寺は天長九（八三二）年に空海が開いたという。永禄九年（一五六六）年、元就は月山富田城*4を開城させると戦死者追悼のため光明真言法を修めさせた。

境内には元就手植えの椿があり、本堂には元就の病気快復を願って奉納された両頭愛染明王が安置されている。本堂の裏手に城の遺構の一部がある。

*1　尼子興久の墓(36頁)
*2　人物事典:尼子再興軍(378頁)
*3　神西城(103頁)
*4　月山富田城(41頁)

所在地/松江市西浜佐陀町879(満願寺)
駐車場/あり
遺構/曲輪・堀切など
標高/28m　比高/27m

42 カラカラ橋

現在、松江市街地の中心を東西に流れる大橋川に架かる松江大橋の前身である。正確には松江大橋と松江新大橋の間に架かっていたと伝わる(更に東の西川津町の辺りという説もある)。竹で出来ていた橋で渡る際にカラカラと音が鳴ることからこの名が付いたという。当時は白《しら》カタ橋、轟《とどろき》橋とも呼ばれていたようだ。

松江大橋

永禄六(一五六三)年、尼子義久は苦戦していた白鹿城*1を救うため亀井秀綱*2らに命じて救援に向かわせた際、渡ったのがカラカラ橋だと「陰徳太平記」に記されている。

永禄十三(一五七〇)年、布部合戦*3で敗れた尼子再興軍*4は末次城*5に撤退し、カラカラ橋を外して上乃木*6に陣取る吉川元春が渡河するのを待ち構えた。しかし元春は少数の兵を置いて篝火を焚き対陣しているように見せかけ、本隊は宍道*7から船で洗合城*8の辺りに上陸して攻撃をしかけたため、再興軍は真山城*9まで撤退したという（「雲陽軍実記」より）。

慶長十三（一六〇八）年、堀尾吉晴が松江築城の際、松江大橋の位置に木橋を建てカラカラ橋は撤去された。

*1　白鹿城（61頁）
*2　人物事典：亀井秀綱（380頁）
*3　布部合戦古戦場（30頁）
*4　人物事典：尼子再興軍（378頁）
*5　末次城（56頁）
*6　同市上乃木
*7　同市宍道町宍道
*8　洗合城（63頁）
*9　真山城（62頁）

所在地／松江市末次本町と白潟本町の間

43 和久羅城《わくらじょう》（羽倉城《わくらじょう》）

宍道湖と中海を結ぶ大橋川の中央の北に位置する水運の要衝だった。創建年代は不明だが、戦国時代は尼子氏の家臣・原田氏や小出大和守の居城だったという。永禄五（一五六二）年に雲芸攻防戦が始まると毛利元就は洗合城*1に進出し、月山富田城*2と白鹿城*3や島根半

和久羅城曲輪

和久羅城から見た大橋川

島を分断するため奪取した。元就は当城から中海に侵攻し大根島などを押さえ富田城と白鹿城との連携を完全に断つ意向を示している。永禄六（一五六三）年に白鹿城が落ちると、当地周辺の土地を与えられた多賀氏が城主になったと推測されている。

永禄十二（一五六九）年に尼子再興軍*4が真山城*5を奪うと、当城は向城として重要視され野村士悦*6などが在番した。この時、毛利軍によって改修される。元亀元（一五七〇）年、毛利軍は末次城*7を奪い返すと北の大勝《だいかつ》間《ま》城《じょう》*8と合わせて三方から真山城を包囲し翌年には再興軍を城から追い出すことに成功した。その後も多賀氏の居城として使用されたようである。

山頂までの登山道が整備されている。

＊1　洗合城（63頁）
＊2　月山富田城（41頁）
＊3　白鹿城（61頁）
＊4　人物事典：尼子再興軍（378頁）
＊5　真山城（62頁）
＊6　人物事典：野村士悦（384頁）
＊7　末次城（56頁）
＊8　同市鹿島町名分

所在地／松江市朝酌町
駐車場／あり
遺構／曲輪・虎口など
標高／261m　比高／240m

44 清安寺《せいあんじ》

曹洞宗。天文十三（一五四四）年、隠岐守護代・隠岐豊清*1が土地を寄進し隠岐氏の菩提寺として創建したというが、諸説あり定かではない。豊清の父・宗清の時代には建っていたようである。当寺は隠岐との連絡が容易な中海の北西にあり、近くには隠岐氏が出雲の拠点としていた新庄松崎城があった。天正十一（一五八三）年、隠岐氏が内紛により自滅すると当寺も衰退するが、貞享三（一六八六）年に嶺泉休雲が再興した。

清安寺の山門

本堂左手の墓地には宗清・豊清・為清ら隠岐氏累代の墓が建つ。また伽藍には隠岐氏累代の位牌が安置されている。社宝の木造盧舎那《るしゃな》仏坐像は市指定有形文化財である。

隠岐氏の墓

*1 国府尾城（301頁）

所在地／松江市邑生町99
駐車場／あり

45 美保関《みほのせき》（仁保関《にほのせき》・三尾関《みおのせき》）

出雲と伯耆の国境にあり古くより北陸から九州への日本海水運の要衝で、隠岐への交通拠点でもあった。出雲守護に任ぜられた大名から重要視され大陸との貿易港としての役割も果たし、一時は室町幕府の直轄地になっている。

美保関港

　応仁の乱の頃には十神山城主*1・松田備前守が出雲守護・京極氏の代官を務めていたが、備前守が西軍についたため東軍の京極氏が尼子清貞に命じて攻撃させた。結果、清貞が勝利し代官に任ぜられている。しかし清貞は美保関の関所料を京極氏に納めなくなり、清貞の跡を継いだ経久も滞るようになった。そのため経久は一時、守護代を罷免されている。その後、経久が守護代に返り咲き当港を抑え尼子氏の経済に寄与した（流通の変化と共に価値が下がっていったという説もある）。

　弘治元（一五五五）年、但馬の山名氏*2が水軍を送り美保関を奪おうとしたが尼子晴久の家臣・湯原春綱が撃退している。永禄九（一五六六）年、尼子義久が降伏すると毛利氏の支配下に置かれるが、第一次尼子再興戦*3では再興軍に奪取されたこともあった。

　近世は北前船の寄港地として栄え松江藩の番士が置かれる。近代以降、国内での交通の主流が鉄道など陸路に変わったため衰退した。現在は漁港になっている。

＊1　十神山城（22頁）
＊2　人物事典：山名氏（387頁）
＊3　人物事典：尼子再興軍（378頁）

所在地／松江市美保関町美保関

46 美保神社《みほじんじゃ》

祭神は三穂津姫命・事代主神。創建年代は不明だが、出雲国風土記に記載されている古社である。事代主命はいわゆる漁業・商業・農業の神・恵比須様で、当社は全国に三千以上あるえびす社の総本宮である。

永禄十二（一五六九）年、第一次尼子再興戦＊1の最中に再興軍から毛利軍に寝返った隠

美保神社拝殿

岐為清*2が反乱を起こすと山中鹿介らは鎮圧に向かうが、逆に追い立てられ当社に逃げ込んだ。やがて形勢が逆転し為清の軍勢を撃退したと「雲陽軍実記」には記載がある。その際の兵火で焼失しそれ以前の古文書が全て失われたという。文禄五（一五九六）年に吉川広家が朝鮮出兵の武運長久を祈願して社殿を再建し、近世には松江藩主・松平氏の崇敬を受ける。

本殿と棟札十八枚が国の重要文化財に指定されている。他にも社宝に紙本墨書手鑑（県指定文化財）などがある。

*1　人物事典：尼子再興軍（378頁）
*2　国府尾城（301頁）

所在地／松江市美保関町美保関608

47 忠山城《ちゅうやまじょう》

築城年代は不明である。「雲陽誌」には北の麓に善常寺の跡があり名は不明だが城主の塚があったと記してある。

忠山城全景

永禄十二（一五六九）年、尼子再興軍*1が但馬の山名氏*2の協力を得て島根半島に上陸し当城を占拠して再興戦を開始した。その後、真山城*3を落としてそちらに拠点を移したが、当城も再興軍が出雲から去るまで利用されたようである。
現在、山頂にはNTTの中継所が建っており、そこに至るまでの山道を使って主郭まで歩いて行くことが出来る。主郭には山中鹿介一族供養塔が建っている。

*1　人物事典：尼子再興軍（378頁）
*2　人物事典：山名氏（387頁）
*3　真山城（62頁）

所在地／松江市美保関町千酌
駐車場／なし
遺構／曲輪など
標高／290m　比高／290m

山中鹿介一族供養塔

48 万《まん》福《ぷく》寺《じ》〈松江市〉

曹洞宗。元亀元（一五七〇）年、第一次尼子再興戦*1で再興軍と毛利軍が境水道*2の制海権を巡って激しく戦った。天正三（一五七五）年、森山城主*3・秋上伊織介は両軍の戦死者の霊を慰めるため発願《ほつがん》し、清安寺*4の住職・源興が現在地より東の寺床地区に開基した。寛永元（一六二四）年に伽藍と文書が全て焼失してしまった

万福寺本堂

ため現在地に移転される。

　本堂の北西にある歴代住職の墓所に「開基萬法順福大禅定門」と刻んである無縫塔が伊織介の墓だと伝わる。

＊1　人物事典：尼子再興軍（378頁）
＊2　鳥取県境港市と美保関町を隔てる海峡で、美保湾と中海を結んでいる
＊3　森山城（74頁）
＊4　清安寺（69頁）

所在地／松江市美保関町森山351

伝・秋上伊織介の墓

49 森山城《もりやまじょう》（横田山城《よこたやまじょう》）

　境水道＊1沿いにある要衝で、永禄八（一五六五）年頃に毛利元就が月山富田城への補給路を断つため築城し長屋小次郎を城番にしたという。永禄十二（一五六九）年、第一次尼子再興戦＊2が始まると再興軍の秋上伊織介が奪い守備したと思われる。永禄十三（一五七〇）年、再興軍が不利になると伊織

森山城曲輪

介は野村士悦*3や清水寺*4の大宝坊の調略で寝返った。これに対して再興軍は陸と海から当城を攻めたが撃退されている。その後、天正五（一五七七）年に吉川元春が管理することになり久利左馬助が城番となった。その際、毛利氏によって改修されたようである。関ヶ原の戦い後、堀尾吉晴が出雲の国主になると伯耆への備えのため、更に改修されたと推測されている。

＊1　鳥取県境港市と美保関町を隔てる海峡で、美保湾と中海を結んでいる
＊2　人物事典：尼子再興軍（378頁）
＊3　人物事典：野村士悦（384頁）
＊4　清水寺〈安来市〉（25頁）

所在地／松江市美保関町森山
駐車場／なし。海沿いは駐車禁止である
遺構／曲輪・石垣・堀切など
標高／50m　比高／50m

50 大内神社《おおうちじんじゃ》

大内義隆の養嗣子・晴持（義房）を祀る。近世までは大内権現と呼ばれていた。天文十一（一五四二）年、晴持は義隆に従って月山富田城*1攻めに初陣として参加した。しかし翌年の撤退の際に揖屋《いや》の灘から出航した船が沈んでしまう。

翌日、瀕死の状態で揖屋の灘に打ち上

大内神社

げられたところを網元の吉儀（八斗屋）惣右衛門によって助けられ看病されたが亡くなった。その際、縁もゆかりもない自分を助けてくれた惣右衛門に感謝して刀を送ったという。辞世の句は「大内を　出でにし雲の　身なれども　出雲の浦の　藻屑《もくず》とぞなる」と伝わる。

　その後、晴持の霊魂が近くを通る者を悩ませたため、小さな社を建てて祀った。末社の杉森神社は、大内氏の家老で晴持の菩提を弔うため当地に帰農したという杉宗三の霊を祀っている。

　毎年、晴持の亡くなった七月二十三日（旧暦六月二十四日、命日については諸説あり）に「西揖屋ごんげんさん祭」が行われている。

＊1　月山富田城（41頁）

所在地／松江市東出雲町揖屋596
駐車場／なし

51 揖《い》夜《や》神《じん》社《じゃ》（揖《い》屋《や》神《じん》社《じゃ》）

揖夜神社拝殿

祭神は伊弉冉命など。創建年代は不明だが出雲国風土記に記載のある古社で、近くに黄泉比《よもつひ》良坂《らさか》（黄泉国と現世の境目）があることから黄泉国に関係がある神社とされ朝廷の崇敬が篤かった。

　戦国時代は出雲を支配した大名の崇敬が篤く、天文十二（一五四三）年に第一次月山富田城攻防戦*1の最中の大内義隆が戦勝を祈願して太刀と神馬を奉納し、天文二十四（一五五五）年に尼子晴久が社領を寄進している。天正十一（一五八三）年には毛利元秋*2が社殿を造営した。松江藩主の堀尾氏、京極忠高、松平直政*3も寄進や修復を行っている。

右記の大名の文書（揖夜神社文書）は県指定文化財である。

*1　月山富田城（41頁）
*2　毛利元秋の墓（33頁）
*3　人物事典：松平直政（385頁）

所在地／松江市東出雲町揖屋2229
駐車場／あり

52 京羅木山《きょうらぎさん》（出雲金刀比羅宮《いずもことひらぐう》）

松江市と安来市の境にある。天文十二（一五四三）年、大内義隆が月山富田城*1を攻めた際に城を見下ろせる当山を本陣とした。永禄七（一五六四）年、同じく毛利元就が富田城を包囲した際にも当山を押さえ小早川隆景が布陣したという。元就は勝山城*2を本陣とした。

出雲金比羅宮

山麓には永禄五（一五六二）年、元就が戦勝祈願のため当地に出雲大社を勧請したという出雲金刀比羅宮（祭神は大物主神など）が建つ。尼子氏に勝利した後の元亀二（一五七一）年に毛利氏が近隣の治世の守護神として現在地

に移したと伝わる。現在の社殿は明治十二（一八七九）年になって建てられた。

山頂には尼子・毛利の兵など戦国時代から太平洋戦争までに亡くなった英霊を祀る観世音菩薩が建ち、今でも南東を望むと富田城や広瀬町の街並みが見渡せる。

＊1　月山富田城（41頁）
＊2　勝山城（43頁）

所在地／松江市東出雲町上意東、安来市広瀬町石原
上意東716（出雲金刀比羅宮）
駐車場／松江市側からは出雲金刀比羅宮の駐車場を利用
遺構／曲輪、空堀、土塁など
標高／473m　比高／420m

53 見徳寺《けんとくじ》

臨済宗。延文元（正平十一・一三五六）年に創建された。末次氏の菩提寺である。鎌倉時代に月山富田城主＊1だった佐々木氏の一族が末次城＊2の辺りにあった末次庄を与えられ地名を取って末次氏を名乗ったと伝わる。

末次氏は尼子氏の家臣だったが、雲芸攻防戦の最中に毛利元就に寝返り、吉川元春に従って各地を転戦したという。「島根町誌」は、天正六（一五七八）年の播磨上月城の戦いで尼子再興軍＊3が毛利軍に敗れた際、末次佐房・勝重父子は再興軍に従っていたが助命され当地に蟄居させられ野波を姓としたと推測している。これらは「伯耆誌」記載の写しの史料と末次家の系図を元にしているため判然としないが、一旦

毛利氏に従ったが、のちに再興軍に加わったようである。
本堂の左手には佐房・勝重父子と伝わる墓が建つ。

＊1　月山富田城（41頁）
＊2　末次城（56頁）
＊3　人物事典：尼子再興軍（378頁）

所在地／松江市島根町野波397

見徳寺山門

54 加賀城《かかじょう》

築城年代は不明だが、楠木正成の末裔と伝わる加賀氏が居城としていた。当地は加賀港や大芦《おわし》港などいくつかの良港があり、隠岐と真山城＊1や白鹿城＊2を結ぶ要衝だった。戦国時代、加賀氏は尼子氏に仕えていたが、永禄五（一五六二）年冬に当時の城主だった正利が勢力拡大を尼子義久の家臣に妬まれ尼子軍に攻められている。しかし同年に毛利元就が出雲に侵攻してきたため尼子軍は撤退し、正利は元就に従った。予め正利が元就に内通していたことが発覚し攻められたのであろう。

永禄十二（一五六九）年、正利が元就に従って九州で戦っていると尼子再興軍＊3が島根半島に上陸し当城を攻めた。留守をしていた正利の弟・正長は防戦するが衆寡敵せず開城している。やがて正利は毛利の援軍と共に山陰に戻り城を取り返した。天正十四（一五八六）年に正

加賀要害山城

利が亡くなると子の正吉は幼かったことから加賀氏の家督を継がず姓を大賀に改め佐伯藩に仕えている。

　右記の加賀氏の略歴は元となった大賀家文書の信頼性が疑問視されているため、どこまでが史実なのかは不明である。

加賀城曲輪（金比羅堂）

　当城は前述の通り要衝だったため再興戦でも毛利氏に重視され、満願寺城[*4]に在番していた湯原氏が元亀二（一五七一）年に普請し、その後に在番していたことが知られている。これについては湯原氏は加賀城の修築と共に、加賀港を守るため当城から北西五〇〇メートルに位置する加賀要害

山城（標高三五メートル／比高三〇メートル）を築いたという説がある。

加賀城の曲輪跡には金比羅堂が建ち応海寺*5の本堂の左手からミニ遍路の道に沿って行けば山頂に辿り着ける。東回り登山道は途中で道がなくなるなど荒れているため、遠回りだが西回り登山道が整備されており安全である。山頂付近からは加賀港などが一望できる。

要害山城は曲輪などが残っているようだが道が整備されておらず登頂は困難である。

*1　真山城（62頁）
*2　白鹿城（61頁）
*3　人物事典：尼子再興軍（378頁）
*4　満願寺城（65頁）
*5　応海寺（81頁）

所在地／松江市島根町加賀
駐車場／なし
遺構／曲輪
標高／152m　比高／130m

55 応海寺《おうかいじ》

臨済宗。観応年間（正平五〜七・一三五〇〜五二）年、寺床地区に創建されたという。その後、経緯は不明だが、加賀城主*1・加賀氏の館跡である現在地に移転された。墓地には加賀正利とその妻と伝わる墓が建つ。正利夫妻の墓は同地区の潮音寺にあったが、明治時代初期頃に潮音寺が廃寺となったらしく当

伝・加賀正利夫妻の墓

寺に移されたという。

＊1　加賀城（79頁）

所在地／松江市島根町加賀1131
駐車場／あり

56 加《か》賀《か》神《じん》社《じゃ》

祭神は猿田彦命など。創建年代は不明だが、当地にある加賀の潜戸《くけど》に祀られていた。そのため近世までは潜戸大神宮と呼ばれている。やがて現在地に移転された。その後、兵火で焼失したが万治二（一六五九）年に再建される。

文禄二（一五九三）年、加賀城主＊1・加賀正利の没後に加賀氏を継いだ弟の正長が朝鮮出兵で戦死したため、城に八幡として祀られた。その後、加賀要害山城の跡に建っていた正八幡宮の隣に移され古城八幡と呼ばれる。地元の伝承によると古城八幡は当社の境内社である熊野神社に合祀されたという。大正二（一九一三）年に正八幡宮が合祀されているため同時期だと思われる。

正長の子孫は奥村と姓を変え当地に住み、古城八幡や当社の祭礼に関わったという。

＊1　加賀城（79頁）

所在地／松江市島根町加賀1490
駐車場／あり

加賀神社

57

佐太神社《さだじんじゃ》

出雲二宮（異説あり）。創建年代は不明である。神主は平安時代頃から勝部（佐陀）氏が務めていたが、戦国時代になると盧山城主で尼子経久に従っていた一族の朝山利綱が務めた。代わった理由は不明だが、勝部氏は経久に敵対して滅ぼされたのではないかと推測されている。この頃、祭神が佐太大神とその父母神から伊弉諾尊・伊弉冉尊などに代わった。

以後、尼子氏と関係が深く、享禄五（一五三二）年に経久から御座替神事を行うよう命じられている。天文十三（一五四四）年、尼子晴久が太刀を奉納した。雲芸攻防戦では神主の貞綱が尼子義久に味方して永禄五（一五六二）年に死去し朝山家は断絶する。しかし家臣が貞綱の弟（大叔父とも）の賢正院（慶綱）を華厳寺《けごんじ》＊1より迎え御家再興のため義久の元で奮戦する。

佐太神社社殿

永禄九（一五六六）年、義久が降伏すると慶綱は元就に従い武を捨て神主に専念した。天正十（一五八二）年、毛利元就の八男・元康が社領を寄進している。天正十三（一五八五）年、元康は輝元から月山富田城*2を与えられたことに感謝して毛利宗家のため一心に働くことを当社や出雲大社*3などに誓った。

豊臣秀吉によって社領を七百貫から三百五十貫に減らされたが、堀尾氏が二百石を寄進している。近世には松江藩の保護を受けた。

元禄年間（一六八八～一七〇四年）、出雲大社が江戸幕府に訴訟し出雲国内の神社は全て支配下にあると主張したため、当社は経久と晴久の文書を証拠として提出し島根・秋鹿《あいか》・楯縫《たてぬい》郡と意宇《おう》郡の一部*4の支配権があると反論した。元禄十（一六九七）年、当社は勝訴し三郡半の支配権を認められている。

近世まで佐陀大社・佐陀神社などと称していたが、明治十四（一八八一）年に現在の社名に改称した。

朝山一族で有名なのが、永禄十二（一五六九）年に織田信長の前でキリスト教の宣教師と宗論をした朝山日乗である。日乗は利綱の孫・善茂と伝わり父が元就との戦いで亡くなったため、僧侶となり各地を遍歴した。やがて山口に行き元就に従い、中国地方と畿内と行き来するうちに朝廷と毛利氏の信頼を得ている。やがて信長の信頼も得たが、右記の宗論に敗れたため重用されなくなったという。

社宝に尼子経久が寄進したと伝わる色々威《いろいろおどし》胴丸《どうまる》・色々威腹巻・色々威五十八間筋兜《いろいろおどしごじゅうはちけんすじかぶと》（全て国指定重要文化財）などがある。正中殿などの社殿も国指定重要文化財である。

*1　同市枕木町に建つ臨済宗の古刹
*2　月山富田城(41頁)
*3　出雲大社(126頁)
*4　松江市と安来市・出雲市の一部

所在地／松江市鹿島町佐陀宮内73
駐車場／あり

58 報恩寺《ほうおんじ》

真言宗。空海の開基と伝わる。戦国時代は尼子経久の祈願所で、天文七（一五三八）年には経久らが木像十一面観音立像（県指定文化財）を造立した。

関ヶ原の戦い後は堀尾氏の祈願所となり、慶長六（一六〇一）年に居屋敷と寺領を寄進している。時期は不明だが家臣の堀尾采女《うねめ》が大般若経の写本を寄進し、元和元（一六一五）年には堀尾忠氏の妻・長松院（前田玄以の娘）が梵鐘を寄進した。寛永二（一六二五）年頃、子供の出来ない堀尾忠晴が当寺の摩利支天に祈り女子を授かったという。その返礼に摩利支天堂を建立している。松江城の裏鬼門を守る寺でもあった。

本堂裏には采女の父・堀尾民部の墓（供養塔とも）が建つ。本堂の左手には忠氏の墓と伝わる宝篋印塔も建っている。慶長九（一六〇四）年、マムシに咬まれた忠氏は玉造《たまつくり》温泉で傷を

報恩寺山門

伝・堀尾忠氏の墓

癒そうとしたが治らず亡くなり、当寺に葬られたという。本堂には昭和五十七（一九八二）年に作られた位牌が安置されている。

所在地／松江市玉湯町湯町567
駐車場／あり

59 玉造《たまつくり》要害《ようがい》山城《さんじょう》（湯《ゆ》ノ《の》要害《ようがい》）

北に田中川、西に玉湯川があり、南には山々が連なる要害で、山陰道と備後への道も近い要衝でもあった。文永八（一二七一）年、湯郷[*1]の地頭だった中原氏が出雲守護・佐々木泰清によって追放されると、その息子である頼清に湯郷が与えられ湯氏を称する（異説あり）。

元亨二（一三二二）年に当地の留守職・諏訪部扶重が謀叛を起こし当城を築城したが兵火で焼失したため、当地を治めていた泰清の又甥・秀貞が城を修築した。

玉造要害山城空堀

伝・湯佐渡守家綱の墓（2018年3月撮影）

十五世紀中期までの湯氏の活動は不明であるが、応仁の乱では西軍について十神山城主[*2]・松田備前守らと共に東軍の出雲守護・京極氏や守護代・尼子清貞と戦っている。やがて京極氏に屈し、その後に出雲を支配した尼子氏にも従った。第一次月山富田城攻防戦*3では大内義隆に従うが義隆が撤退すると尼子氏に帰参し石見などで戦っている。雲芸攻防戦では当城に籠もって毛利元就に抵抗するが形勢が不利になると降伏した。尼子再興戦*4では毛利軍の湯原春綱らが籠城しており、その頃当地は湯民部少輔家綱が領していたようである。城域の南の空堀の辺りには佐渡守家綱（民部の父か？）の墓と伝わる祠が建っていたが倒木により破壊されてしまった。

家綱と別系統の永綱は再興軍に加わっていたが戦死してしまう。永綱の遺児の新十郎が亀井家を継いで亀井茲矩*5と名乗り山中鹿介らと共に戦ったのは良く知られている。

城の南西に建つ玉作湯神社に看板が出ており標高も低いため気軽に行けるような雰囲気があるが、近年は整備されておらず竹藪になっており道も崩れている箇所があるため注意が必要である。

*1　同町東部地区
*2　十神山城（22頁）
*3　月山富田城（41頁）
*4　人物事典：尼子再興軍（378頁）
*5　人物事典：亀井茲矩（379頁）

所在地／松江市玉湯町玉造
遺構／曲輪・土塁・堀切など
標高／86ｍ　比高／35ｍ

60 豊龍寺《ほうりゅうじ》

曹洞宗。創建年代は不明だが、真言宗の慶隆寺として建てられた。十五世紀中期、曹洞宗に改宗する。十六世紀中期に金山要害山城主*1・宍道氏の菩提寺となり、天正五（一五七七）年（天正十二（一五八四）年とも）に宍道隆慶《たかよし》が没すると法名の豊龍院殿心月普徳大居士から取って寺号を豊龍寺に改めている。

金山要害山城の南に建っていたが、大正九（一九二〇）年に簸上《ひかみ》鉄道（JR木次線の前身）を走る汽車の煤煙のため全焼した。大正十一（一九二二）年、現在地に再建する。

本堂から北に五〇メートル程行った墓地の一角に五輪塔と宝篋印塔が建つ。ここが当寺の末寺・経慶寺（現在は当寺と同じ住所）境内だったことから、五輪塔は隆慶の父・経慶《つねよし》の墓か供養塔ではないかと推測されている。宝篋印塔は豊龍寺があった要害山城の南から保存のため移転したもので、こちらも宍道氏ゆかりの墓か供養塔ではないかと推測されている。

豊龍寺本堂

寺宝に宍道伊予守遺物九条大袈裟（市指定有形文化財）がある。天正十九（一五九一）年頃、宍道政慶が長門に移封される際、豪商・小豆屋に娘を預け打掛と太刀を渡し養育を頼んだ。娘は成人すると打掛を袈裟に仕立て直して当寺に寄進したという。他に市指定有形文化財の豊龍寺開基宍道隆慶座像がある。

*1　金山要害山城（88頁）

所在地／松江市宍道町白石2877
駐車場／あり

61 金《かな》山《やま》要《よう》害《がい》山《さん》城《じょう》

市指定史跡。築城年代は不明だが応仁年間

（一四六七〜六九年）の頃から宍道氏の居城だったという。十五世紀初め、尼子氏の祖・高久の弟である秀益が宍道郷*1に入り宍道氏を名乗った。戦国時代になると宍道氏は尼子経久に従い一族の扱いを受けたが、尼子晴久が家督を継いで権力の集中を図ろうとすると宍道隆慶《たかよし》は危惧を抱いたようで天文十二（一五四三）年の

金山要害山城詰ノ成

金山要害山城堀切

第一次月山富田城攻防戦*2で大内義隆に味方し撤退にも従って出雲を去っている（庶流は晴久に従ったようである）。この時、晴久が軍勢を送って当城を落としたという。

　永禄五（一五六二）年に雲芸攻防戦が始まると隆慶は毛利元就に従って旧領を回復し城に戻った。これ以降、隆慶は当城の大改修を行い宍道湖の港を守る宍道要害山城*3など支城も整備したと推測されている。天正十九（一五九一）年頃、隆慶の子・政慶《まさよし》が長門に移封されると廃城になった。

*1　同町宍道の周辺
*2　月山富田城（41頁）
*3　宍道要害山城（90頁）

所在地／松江市宍道町白石
駐車場／なし
遺構／曲輪・堀切・枡形虎口など
標高／150m　比高／130m

62 宍《しん》道《じ》要《よう》害《がい》山《さん》城《じょう》

築城年代は不明だが、戦国時代は金山要害山城主*1・宍道氏が街道と宍道湖及び佐々布《さそう》川の水運を押さえるために利用していた。城の西に舟場という小字があることから、当時は城の近くに佐々布川の河口があり船着き場になっていたと推測されている。

現在は要害山児童公園として整備されている。

*1 金山要害山城（88頁）

所在地／松江市宍道町宍道　駐車場／なし
遺構／曲輪など
標高／42m　比高／40m

宍道要害山城

宍道要害山城本丸

63 常《じょう》栄《えい》寺《じ》

曹洞宗。永正十五（一五一八）年（諸説あり）、阿用城攻め*1で戦死した尼子経久の嫡男・政久を家臣の熊野氏が当地に葬った。政久の側室・小松氏の娘の居館がこの辺りにあったためとも伝わる。翌年、経久が寺を創建し政久の戒名の不白院殿花屋常栄居士から山号を不白山、寺号は常栄寺と名付けられたという。

　天正年間（一五七三～九二年）、熊野城主*2・天野隆重が当寺を訪れた際、月明かりが窓に映って風情があったことから山号を月窓山に改めたと伝わる。尼子勝久が政久の供養のため茶湯料として山林を寄進したという。明治四十五（一九一二）年、境内に普済寺が移転され二つの本堂が並立している。

常栄寺本堂

尼子政久の墓

　常栄寺本堂の左奥には政久の墓が建っている。「雲陽誌」には寺の由緒について尼子氏には一切触れず永禄年間（一五五八～七〇年）に毛利隆元が創建し、天正年間に亡くなった隆重の墓が建つとの記載のあることから、政久ではなく隆重の可能性もある。本堂には政久と隆重の位牌が安置されている。

*1　阿用城（157頁）
*2　熊野城（91頁）

所在地／松江市八雲町熊野2538
駐車場／あり

64 熊《くま》野《の》城《じょう》

　尼子十旗*1の一つ。創建年代は不明だが熊野氏の居城で、熊野氏は戦国時代には尼子氏に従っている。永禄六（一五六三）年、出雲に侵

熊野城全景

攻してきた毛利元就は白鹿城*2を攻撃していたが、後方から熊野久忠が牽制。そのため吉川元春に当城を攻撃されるが撃退している。しかし毛利軍が月山富田城*3に肉迫すると永禄八（一五六五）年に開城した。だが、永禄十二（一五六九）年、第一次尼子再興戦*4が始まると久忠は密接な関係にあった牛尾城主*5・牛尾弾正忠と共に再興軍に呼応したため、翌年には毛利軍の兵糧攻めを受け降伏している。その後、毛利氏の家臣で富田城代だった天野隆重が城主となった。

　城内や麓には隆重の墓所跡や隆重が勧請した天野八幡宮があるとのことだが著者は未確認である。

　途中の分かれ道*6で登ってしまうと送電塔の建つ城域ではない場所に出てしまう。平坦な道を進むとやがて登りになり城域に辿り着く。

*1　尼子氏麾下で重視された出雲国内の城。白鹿・三沢・三刀屋・赤穴・牛尾・高瀬・神西・熊野・真木（夕景）・大西（高麻）の十
*2　白鹿城（61頁）
*3　月山富田城（41頁）
*4　人名事典：尼子再興軍（378頁）
*5　牛尾城（153頁）
*6　20頁の地図中熊野城経由地

所在地／松江市八雲町熊野　駐車場／あり
遺構／曲輪など
標高／280m　比高／180m

65 かがち谷《だに》の古《こ》戦場《せんじょう》跡《あと》

永禄九（一五六六）年、尼子義久が降伏した後も家臣の一人・小川右衛門尉《うえもんのじょう》は降伏せず全隆寺城*1で抵抗を続けていた。毛利軍は力攻めでは城を落とすことができなかったため、和議と偽って右衛門尉を馬渡の浜辺に呼び出し四方から襲いかかった。右衛門尉は奮戦空しく討ち取られている。

その古戦場跡に両軍の戦死者を祀っていると思われる小さな祠がある。

*1 全隆寺城（94頁）

かがち谷の古戦場跡に建つ祠

所在地／松江市八束町馬渡

66 尼子塚《あまごづか》

当地を含む大根島は中海の中間に浮かぶ島で中世には湖の要衝だった。

天文十一（一五四二）年の第一次月山富田城攻防戦*1では冷泉隆豊が補給路を断つため大根島で尼子軍と戦い兵を生け捕りにしている。その後、全隆寺城*2を巡る戦いなど何度も大根島で尼子軍と毛利軍の戦いがあったらしく、地元の方によると島の各地区に尼子塚・毛利塚と呼ばれる供養塚があるという。

当地に建つ尼子塚もその一つである。松江市役所 八束支所では墓の入口にある五輪塔を尼子塚と呼んでいるが、八東町誌では門脇家墓地の一角に建つ五輪塔を尼子塚と表記している。地元の方の話だと、どちらも尼子塚であるという。

＊1　月山富田城（41頁）
＊2　全隆寺城（94頁）

所在地／松江市八東町遅江の高岡墓地
駐車場／なし

尼子塚（八東支所が呼んでいるもの）

尼子塚（八東町誌掲載のもの）

67 全《ぜん》隆《りゅう》寺《じ》城《じょう》（波《は》入城《にゅうじょう》）

築城年代・築城者は不明である。当時は城の直下が海だったため水軍基地の役割を果たしていたと思われる。永禄九（一五六六）年、尼子氏の残党・小川右衛門尉の籠もる当城を毛利軍が攻めている*1。永禄十二（一五六九）年、隠岐為清*2が尼子再興軍*3と戦って敗れ隠岐に逃げ帰った際、隠岐軍の捕虜が閉じ込められたのが当城だったと地元では伝わっている。

城址に建つ全隆寺は曹洞宗で右

全隆寺城の城趾碑

衛門尉の霊を弔うため、永禄十（一五六七）年文室恵才によって創建されたという（寛弘年間（一〇〇四〜一二年）に開基されたという伝承もある）。寺号は右衛門尉の戒名・宝山全隆大禅定門から付けられている。

境内には小川右衛門頭之姫供養塔が建つ。姫は父・右衛門尉の訃報を聞くと海に身投げしたという。同地区の別の場所に建っていたが風雨で傷み土地も荒れたため近年になってここに再建された。

小川右衛門頭之姫供養塔

＊1　詳細はかがち谷の古戦場跡を参照（93頁）
＊2　国府尾城（301頁）
＊3　人物事典：尼子再興軍（378頁）

所在地／松江市八束町波入681
駐車場／あり
遺構／曲輪・土塁など
標高／5m　比高／4m

68 鳶《とび》ヶ《が》巣《す》城《じょう》

市指定史跡。永禄五（一五六二）年、尼子氏攻略のため毛利元就が築城した。

・出雲で大きな力を持っていた鰐淵寺＊1の参道が通っていた
・斐伊川が山麓付近で分岐し宍道湖と日本海に注いでおり水運の要衝だった
・雲芸攻防戦の最前線に位置していた

などの理由から元就が目を付けたという。城将には金山要害山城主＊2・宍道隆慶《たかよし》が付いている。

鳶ヶ巣城から出雲平野と斐伊川を望む

鳶ヶ巣城主郭

尼子氏を降伏させた後は元就の家臣が入ったとも、宍道氏が管理したとも言われる。永禄十二（一五六九）年、第一次尼子再興戦*3が始まると毛利軍の拠点の一つとして重要視され吉川元春が入ったという。尼子再興軍が去ると使用されなくなったとも、天正十九（一五九一）年頃に宍道氏が長門に移封されたため廃城になったとも言われる。

山中で猟が行われていることがあるため、事前に出雲市役所に確認をしておいた方が良い。

*1　鰐淵寺（113頁）
*2　金山要害山城（88頁）
*3　人物事典：尼子再興軍（378頁）

所在地／出雲市西林木町
駐車場／あり
遺構／曲輪・土塁・虎口など
標高／281m　比高／260m

69 姉《あね》山《やま》城《じょう》

西から北にかけて陰陽を繋ぐ神戸《かんど》川が、東には稗原川が流れ天然の濠の役割をしていた。築城年代は不明だが朝山氏累代の居城である。検非違使・大伴《おおとも》政持が承和年間（八三四～四八年）当地に来て朝山氏を称したのが始まりだという。有力領主として朝山郷*1を支配していたが、十四世紀以降は力を失っていく。

姉山城本丸

戦国時代、朝山氏は尼子氏に従い永禄六（一五六三）年の白鹿城攻防戦で戦功があった。永禄九（一五六六）年に尼子義久が降伏すると朝山八幡宮*2の神職に専念し、当地は毛利氏の代官・大伴惟元が統治している。

*1　同市朝山町・稗原町・姫原町・大社町菱根などの地域
*2　朝山八幡宮（97頁）

所在地／出雲市朝山町　駐車場／なし
遺構／土塁、曲輪
標高／182m　比高／167m

70 朝《あさ》山《やま》八《はち》幡《まん》宮《ぐう》

祭神は品陀和気命など。宝亀年間（七七〇～八一年）、上朝山村*1に創建されたという古社である。その後、白枝村*2に移り新松別宮（新松八幡）と称していたが、建久七（一一九六）年に源頼朝の命によって鎌倉の鶴岡八幡宮を勧請して新松別宮を合祀し当社が朝山郷*3の総社として創建された。姉山城主*4・朝山氏が神職と兼務している。

朝山八幡宮拝殿

　永正十四（一五一七）年、尼子経久が現在地に近い場所に移転したという。天文十二（一五四三）年に尼子晴久が祭礼のための米を寄進し、弘治三（一五五七）年に上葺を行った。天正十三（一五八五）年には小早川隆景が修造を行ったという。天正十九（一五九一）年、朝鮮出兵の賦役のことで問題があったらしく当主・朝山久永は所領を没収され社領のみ残り神職に専念するようになったという。永禄九（一五六六）年の月山富田城*5の開城の際、すでに神職に専念したという説もある。文禄二（一五九三）年を始めとして、毛利氏の家臣・有田太郎右衛門らが社領の安堵を行った。貞享五（一六八八）年、現在地に移転されている。

　朝山神社*6と混同されることがあるが別の神社で管見の限り接点はない。

*1　同市朝山町
*2　同市白枝町
*3　同市朝山町・稗原町・姫原町・大社町菱根などの地域
*4　姉山城(97頁)
*5　月山富田城(41頁)
*6　同市朝山町

所在地／出雲市松寄下町１１０３

71 栗《くる》栖《す》城《じょう》

建武二（一三三五）年頃、古志高雅が浄土寺城から当城に居城を移したのが始まりである。古志氏は出雲守護・佐々木泰清の子である義信を祖としており、古志郷*1を中心に勢力を広げていった。戦国時代は尼子氏に従い、天文十二（一五四三）年に月山富田城*2から撤退する毛利元就を古志後浜で襲ったのは当城の兵だと思われる。

永禄五（一五六二）年頃、雲芸攻防戦で古志氏は没落したようである。しかし永禄十二（一五六九）年、第一次尼子再興戦*3が始まると京都にいた庶流の重信が再興軍に加わって古志氏の領地を奪回し布部山合戦*4にも参加した。だが元亀元（一五七〇）年、再興軍が不利になると降伏。この時、戸倉城*5に移ったと伝わる。その後、吉川元春の配下となり但馬などを転戦した。天正十七（一五八九）年頃備後に移封され、関ヶ原の戦い後は輝元に従わず備後に残り一族の一部は伯耆に移ったようである。

栗栖城堀切

城近くの久奈子神社の建つ場所が館跡だと推測されている。北東に建つ櫃森神社という説もある。

＊1　同市同町と下古志町
＊2　月山富田城（41頁）
＊3　人物事典：尼子再興軍（378頁）
＊4　布部合戦古戦場（30頁）
＊5　戸倉城（109頁）

所在地／出雲市古志町
駐車場／久奈子神社の駐車場を利用
遺構／曲輪・堀切など
標高／108m　比高／80m

72 明顕寺《みょうけんじ》

浄土真宗。紀州藤白＊1出身の鈴木重幸は本願寺第十一世・顕如に仕え、石山合戦に参戦した。天正八（一五八〇）年に合戦が終結した後は毛利輝元を頼って宮島＊2に移り、二人の息子を授かる。やがて重幸の長男・重治は上之郷＊3に移り、慶長七（一六〇二）年に顕如の息子・教如が山陰を訪れた際に「教」の字を与えられて教宗と号したという。教如は父・重幸の戦功に報いたと思われる。この時、当寺が創建された。

明顕寺山門

慶長十九（一六一四）年、塚根＊4に移転されるが、正徳元（一七一一）年に焼失してしまい現在地に再建されている。

平成の大合併前の旧出雲市内には石山合戦に参戦した人物やその息子が開基した寺がいくつかあり、稗原町・所原町・朝山町など旧出雲市南部の浄土真宗門徒の祖先には石山合戦参戦者が多くいると考えられている。

*1　和歌山県海南市藤白
*2　広島県廿日市市宮島町
*3　同市上島町
*4　同市今市町の塚根地区

所在地／出雲市今市町５９０

73 霊雲寺《れいうんじ》

臨済宗。応永二（一三九五）年、伊努谷《いぬだに》*1に天台宗の安住寺として創建される。天正十（一五八二）年頃、鳶ヶ巣城主*2・宍道政慶が現在地に移し寺号を霊雲寺に改めたという。その後、宍道氏が鳶ヶ巣城を去ると衰退したが、慶安三（一六五〇）年に京都の興聖寺から天柱が招かれ中興し臨済宗に改めている。

霊雲寺本堂

境内には宍道氏宝篋印塔が建ち、政慶もしくは父・隆慶《たかよし》の墓（供養塔）だと伝わっている。入口の左側には「鳶巣城主宍道政慶公四百年供養之碑」が建ち、伽藍には位牌が安置されている。

*1　当寺より北に1キロの地
*2　鳶ヶ巣城（95頁）

所在地／出雲市西林木町４１３

74 長《なが》浜《はま》神《じん》社《じゃ》

祭神は八束水臣津野命など。創建年代は不明だが出雲国風土記にも記載のある古社で、風土記には八束水臣津野命が朝鮮半島から余った土地を引いて出雲の国を形成した国引きを行い当社の建つ妙見山に葬られたとある。明治五（一八七二）年までは妙見社などと呼ばれ妙見信仰*1の神社として武将の崇敬を受けた。

長浜神社拝殿

天文十九（一五五〇）年、大内義隆が太刀と馬の寄進を行う。尼子晴久が弘治二（一五五六）年に社領を安堵し、永禄二（一五五九）年には神主を相伝していた波多野氏の一族・三郎次郎の相続を認めた。永禄九（一五六六）年、吉川元春と小早川隆景が社領の寄進を行い、元亀元（一五七〇）年には不作のため翌年元旦の妙見祭の開催が困難だったところを元春が米十俵を寄進して実行させている。

朝鮮出兵の際には豊臣秀吉が片桐且元を使いとして百日戦勝祈願をさせている。その時に且元が弓矢を立てかけた松は、昭和四十八（一九七三）年に枯れたが根本は境内で大切に保管されている。

近世も松江藩主・松平氏の崇敬が篤かった。

弓掛けの松

＊1　信仰の対象である妙見菩薩は北極星を神格化したものといわれ、国土を守護し災厄を除くという。武運長久の信仰の対象にもなっている

所在地／出雲市西園町上長浜4258
駐車場／あり

75 神西城《じんざいじょう》

尼子十旗*1の一つ。貞応二（一二二三）年、小野高通が築城し神西氏を名乗って居城としたという。中世の頃は谷間まで神西湖が入り込んでおり、石見沿岸部から出雲に侵入する際の要衝にあった。

文明元（一四六九）年、神西氏は応仁の乱で東軍についた京極氏に従い、当城で瀬戸山城主*2・赤穴氏と共に西軍の石見山名氏に味方する軍勢を撃退している。文明二（一四七〇）年にも城の近くにあったと思われる神西港で赤穴氏と同軍勢が戦った。その後、尼子経久の台頭に伴い神西氏は経久に従う。天文四（一五三五）年、没落していた本家の久通は庶流の三郎左衛門尉に家督を譲った。天文十二（一五四三）年、大内義隆が月山富田城*3を包囲すると三郎左衛門尉は富田城に籠もったと思われるが、本家の信通は大内軍に加わって翌年義隆と共に山口に逃走したようである。

神西城本丸

永禄五（一五六二）年、雲芸攻防戦が始まると城主・元通は城から離れ富田城に入ったが、

父・広通（右記の三郎左衛門尉と同一人物か？）は城に残って毛利元就に降伏した。そして元通も広通を介して降伏したという。この時、当地は本家の神西左京亮という人物に与えられ、元通は別の土地に移ったようである。そこで元通は当地を奪回するため、文禄十二（一五六九）年に第一次尼子再興戦*4が起こると、末吉城*5の城代だったが毛利軍から再興軍に寝返っている。この戦いでは神西城と神西港が毛利軍の兵站基地として利用された。元通はその後、最後まで再興軍に従い天正六（一五七八）年に播磨上月城で自害している。

主郭から神西湖が一望できる。

*1　尼子氏麾下で重視された出雲国内の城。白鹿・三沢・三刀屋・赤穴・牛尾・高瀬・神西・熊野・真木（夕景）・大西（高麻）の十

*2　瀬戸山城（171頁）

*3　月山富田城（41頁）

*4　人物事典：尼子再興軍（378頁）

*5　鳥取編：末吉城（182頁）

所在地／出雲市東神西町　駐車場／あり
遺構／曲輪・土塁・虎口など
標高／101m　比高／90m

76 十楽寺《じゅうらくじ》

曹洞宗。貞応二（一二二三）年、神西城主*1・神西氏の祖である小野高通が菩提寺として常楽寺を創建したのが始まりと伝わる。その時は天台宗だったようだ。その後浄土真宗に改宗し寺号を十楽寺に改めたが、天文年間（一五三二〜五五五年）に神西元通が曹洞宗に改宗したと推測されている。

天正六（一五七八）年に元通が播磨上月城で自害すると、一族は全国に散らばるが当寺にあった墓は後裔達によって守られた。昭和十六

（一九四二）年、土砂崩れで神西氏の墓が倒壊したため、翌年に墓石が集められ神西家十二代の合祠塔が建てられている。

社宝に木造阿弥陀如来立像（市指定有形文化財）などがある。かつては尼子経久の寄進した鉢があったという。

＊1　神西城（103頁）

＊1　神西城（103頁）

──所在地／出雲市東神西町1038

──駐車場／あり

神西家十二代の合祠塔

77 大就寺《だいじゅじ》

真言宗。天文十四（一五四五）年頃、もしくは永禄九（一五六六）年に小笠原長雄《ながかつ》＊1が祈願所として創建したと伝わる。どちらが正しいか不明だが、長雄の所領が当地にあり、その関係で創建したようだ。天正十九（一五九一）年頃に小笠原氏が出雲神西＊2に移封されると関係が深まる。

境内には小笠原氏の一族である長秋と古志大門の二人が建立した小笠原三代の墓碑（供養碑）が建ち、当地で亡くなった長旌《ながはた》・長郷（長旌の弟で跡を継

大就寺

いだ元枝《もとしげ》と同一人物と思われる）と石見で亡くなった二人の父・長雄の戒名と俗名が刻んである。昭和時代までは本堂や庫裡があったようだが、現在は本堂の代わりのような建物と遊具があり公園のようになっている。建物には三代の位牌が安置されているという。

＊1　人物事典：石見小笠原氏（378頁）
＊2　出雲市の神西西町・神西東町・湖陵町・多伎町の辺り

所在地／出雲市大島町263
駐車場／なし

78 神《じん》西《ざい》八《はち》幡《まん》宮《ぐう》

貞応三（一二二四）年、神西城主＊1・神西氏の祖である小野高通が鶴岡八幡宮＊2を勧請したのが始まりである。以後、神西氏の崇敬を受け神職も神西氏が務めていた。かつては境内には小野高通などを祀る小野社があり、神西氏累代の位牌が安置されていたという。毛利氏が出雲を支配すると安堵状を出している。天正十六（一五八八）年には宍戸隆家が再建を行ったという。近世には松江藩主の保護を受けた。

神西八幡宮社殿

明治四十三（一九一〇）年に同町の那賣佐神社に合祀されたが、昭和十（一九三五）年旧社地に再建されている。

＊1　神西城（103頁）
＊2　神奈川県鎌倉市

所在地／出雲市東神西町

79 観《かん》音《のん》寺《じ》

臨済宗。創建年代は不明だが、元は円成寺という寺号で真言宗だった。しかし何時の頃からか現在の寺号になっている。元徳二（一三三〇）年、塩冶高貞が伽藍を整備して興隆したと伝わる。慶安元（一六四八）年、松平直政＊1が再興した際に臨済宗に改宗している（毛利輝元が改宗したという説もある）。

境内には尼子義久の妻・円光院の墓が建つ。永禄九（一五六六）年に義久は毛利元就に降伏し安芸に連れて行かれたが、円光院は同行を許されず出雲に残って出家。義久の没年と同じ慶長十五（一六一〇）年に亡くなったと伝わる。ある日、離れた夫を思い「見るらんと　見るも先立つ　涙にて　慰めかぬる　秋の夜の月」「憂ながら　なほ音信よ　君が住む　国の名に　立つあきの初風」という二首の歌を詠んだという。しかし「佐々木京極尼子正統霊」には、月山富田城開城＊2の直前に亡くなったと記載されており疑問が残る。どちらにしても尼子氏に関係がある女性の墓だと思われる。

観音寺山門

尼子義久夫人（円光院）の墓

＊1　人物事典：松平直政（385頁）
＊2　月山富田城（41頁）

所在地／出雲市渡橋町4
駐車場／あり

80 法王寺《ほうおうじ》

法王寺鐘楼門

天台宗。大宝年間（七〇一～四年）頃、行基が創建したという。かつては四十二坊あり、南北朝時代は三刀屋氏*1の所領を横領するほどの勢力を誇った。

文明五（一四七三）年、室町幕府は京極氏の家臣・多賀氏に寺領への押妨の停止を命じている。文明十八（一四八六）年、後土御門天皇が勅願寺とし朝廷の再興を祈願させた。この頃、寺号を牛蔵《ごぞう》寺から法王寺に改号している。第一次尼子再興戦*2の戸倉城攻防戦*3の際、戦火に巻き込まれ一宇が残るのみとなり衰微したが文化十二（一八一五）年に再建された。

寺宝に金銅観音菩薩像御正躰一面、金銅蔵王権現像御正躰二面（共に国指定重要文化財）や金銅聖観音菩薩立像（県指定文化財）がある。

*1　三刀屋城（150頁）
*2　人物事典：尼子再興軍（378頁）
*3　戸倉城（109頁）

所在地／出雲市野尻町21

81 戸《と》倉《くら》城《じょう》（十《と》蔵《くら》城《じょう》・十《と》倉《くら》城《じょう》）

築城年代・築城者は不明であるが、独立丘に築かれており出雲平野と奥出雲の境界にあった。

戸倉城本丸

栗栖城主＊1・古志氏の支城だったようだが、永禄五（一五六二）年頃に雲芸攻防戦で古志氏が没落すると毛利軍が入ったようである。「陰徳太平記」によると永禄十二（一五六九）年頃は毛利氏の家臣・出羽元資が守っていたが、尼子再興軍＊2が出雲を席捲すると撤退したという。その後、毛利軍と再興軍が当城を巡って戦った。元亀元（一五七〇）年、吉川元春に降った古志重信が栗栖城から当城に移り居城としたという。山頂からは高瀬城＊3や宍道湖を望むことが出来る。

同町石畑には要害城主古志六郎左衛門尉貞信の碑が建つ。元亀元（一五七〇）年の攻防戦の際当地の辺りで戦死したと伝わる。

要害城主古志六郎左衛門尉貞信の碑

＊1　栗栖城（99頁）
＊2　人物事典：尼子再興軍（378頁）
＊3　高瀬城（118頁）

所在地／出雲市稗原町戸倉
駐車場／登山口に駐車スペースあり
遺構／曲輪・堀切
標高／300m　比高／200m

82 上向寺《じょうこうじ》

浄土真宗。創建年代は不明である。永禄九（一五六六）年頃に観音寺*1で出家した尼子義久の妻（阿菊の方）だったが、観音寺に尼がいることは許されなかったため当寺に移ったという。第一次尼子再興戦*2の際、山中鹿介が義久の妻を尋ねに来て宿泊したという伝承がある。禅宗だったが、貞享年間（一六八四～八八年）浄土真宗に改宗した。

本堂の裏手には義久の妻と侍女のものと伝わる墓が建つ。昭和時代初期までは義久の妻がいたという庵室があったが取り壊された。平成時代になると薬師堂が建てられ、かつて庵室にあった薬師如来が安置してある。

尼子義久夫人の墓

昔、この辺りは御方《おかた》と呼ばれ、前の道は御方道路と呼ばれて下馬することになっていたという。

*1 観音寺（107頁）
*2 人物事典：尼子再興軍（378頁）

所在地／出雲市見々久町1073
駐車場／なし

83 高島城《たかしまじょう》（十六島城《うっぷるいじょう》）

築城年代は不明だが大陸まで名の知られた小津港*1を含む十六島湾を守備するために築城されたと思われる。系図によると初代の黒美信基は伯耆で育ち名和氏や塩冶氏などに仕え、康安二（正平十七・一三六二）年に当城を与えられ十六島姓を名乗るようになったとある。

高島城堀切

高島権現

永正年間（一五〇四～二一年）頃、十六島氏は伯耆に移って羽衣石城主*2・南条氏の家臣となり天正年間後期（一五八五～九〇年に）に堤城主*3となったようである。系図では松崎城*4を守備していたが毛利軍との戦いに敗れ境村*5に移って黒見《ママ》と改姓し帰農したという。

「雲陽軍実記」によると大永四年（一五二四）年の安芸での尼子経久と大内義興との戦いで、十六島弥六左衛門という人物が経久に属して戦死しているが一族であろう。地元には天文十一（一五四二）年の第一次月山富田城攻防戦*6で当城が大内義隆軍に落とされたという伝承が残る。この時の城主は尼子氏の一族だったようである。

十六島港から墓地を抜けて急峻な斜面を

登り二の丸に建つ高島権現に出るルートと、北側から風車のある本丸側に出るルートがある。後者が登りやすいが通って良いのか不明である。

＊1　同市小津町
＊2　鳥取編：羽衣石城（133頁）
＊3　鳥取編：堤城（157頁）
＊4　鳥取編：松崎城（131頁）
＊5　鳥取県境港市の栄町・大正町など
＊6　月山富田城（41頁）

所在地／出雲市十六島町　駐車場／なし
遺構／曲輪・堀切など
標高／214m　比高／211m

84 大《だい》林《りん》寺《じ》

臨済宗。応永五（一三九八）年、現在地の後方の山に後醍醐天皇の孫・重興親王を開基とし栄崇寺を創建している。戦国時代は出雲守護だった京極氏の家臣で平田城主＊1・多賀氏の菩提寺だったようだ。近世は松平直政＊2から崇敬を受ける。享保十四（一七二九）年の火災で全焼したため、現在地に再建され寺号も大林寺と改めた。

境内の北東には三基の墓が建つ。中央が開基・重興親王で左右は杉原盛重＊3と次男・景盛である。盛重が没した際、景盛は兄・元盛が遺産の大半を相続したことを恨み謀殺した（諸説あり）。しかし事が発覚し毛利氏に攻められたため、天正十一（一五八三）年に佐陀城＊4から当寺に逃

大林寺鐘楼門

れて遺書と遺品を寄進して自害したと伝わる。杉原氏は出雲に所領があったようで、そのことから当寺と関係を持ったと思われる。

北西にはお骨堂（おこっつあん）と呼ばれるお堂がある。近くで道路工事があった際、人骨と刀剣が出土したため、景盛と家臣に関係があるだろうと考えられここに葬られた。

＊1　平田城（117頁）
＊2　人物事典：松平直政（385頁）
＊3　人物事典：杉原盛重（381頁）
＊4　鳥取編：佐陀城（194頁）

―所在地／出雲市平田町496―2
―駐車場／あり

杉原盛重・景盛父子の墓（左右）

85 鰐淵寺《がくえんじ》

天台宗。推古天皇二（五九四）年に創建されたと伝わる。現在の形になったのは十四世紀で、それまでは北院と南院と呼ばれる寺院が別々の場所にあり、二院が唐川村*1に集まって、更に現在地に移っている。

戦国時代になると経済的に行き詰まり内紛も起きたことから尼子経久を頼った。そこで経久は何度も掟書を出し制約する一方で寺領を回復するなど当寺を援助している。

天文十四（一五四五）年、月山富田城法席座次論争*2が起こる。これは尼子晴久が千部法華経読踊を行った際、清水寺*3と当寺のどちらが左座（上座）に着くべきかで争ったもので、朝廷・室町幕府・三好氏・比叡山を巻き込む論争になるが、弘治三（一五五七）年頃、結論の出ないまま終息した（異説あり）。

　この論争で晴久が当寺を支配下に置くため清水寺を支援する姿勢を見せていたことから、尼子氏に反感を抱き永禄五（一五六二）年に雲芸攻防戦が始まると毛利元就にいち早く味方している。特に当寺の中心人物であった和多坊栄芸は元就と個人的に親しくし「雲陽軍実記」に元就の依頼で栄芸が晴久を呪い殺したと書かれるほどであった（ただし呪ったのは永禄五（一五六二）年と記載されており晴久はすでに死去している）。栄芸は軍資金の調達などで功があり、永禄九（一五六六）年に所領を与えられている。

鰐淵寺根本堂

　その後も当寺は毛利氏が保護し、天正五（一五七七）年には焼失していた本堂の再建の援助を受けた。しかし豊臣秀吉が全国を統一すると検地で寺領を減らされている。関ヶ原の戦い後、毛利氏が出雲を去り堀尾氏が治めると更に寺領を減らされた。寛文六（一六六六）年、出雲大社*4の神仏分離の方針により当寺との関係が途絶えている。
　元就が栄芸に与えたと伝わる絹本著色毛利元就像（国指定重要文化財）を始めとして多数の寺宝がある。境内は国指定史跡である。
　紅葉の名所であることから十一月は非常に混むため注意が必要である。

＊1　同市唐川町
＊2　月山富田城（41頁）
＊3　清水寺〈安来市〉（25頁）
＊4　出雲大社（126頁）

所在地／出雲市別所町148
駐車場／あり（時期によっては有料）

86 一畑薬師《いちばたやくし》（一畑寺《いちばたじ》）

臨済宗。一畑薬師教団の総本山でもある。寛平六（八九四）年、漁師の与市が日本海から引き上げた薬師如来像を本尊として医王寺を建て祀ったのが始まりと伝わる。やがて医王寺は常徳寺と改められ、中世には一畑寺となった（一畑薬師は通称）。創建当初は天台宗だったが正中年間（一三二四～二六）に臨済宗となる。

戦国時代には出雲を支配した大名からも崇敬された。弘治二（一五五六）年には尼子晴久が出雲の争乱を鎮められたことに感謝して寺領を寄進している。永禄八（一五六五）年に毛利元就が寿栄の住職承認をした。元亀元（一五七〇）年には毛利輝元が、天正九（一五八一）年には毛利元秋＊1が寄進を行っている。

一畑薬師本堂

天正七（一五七九）年、輝元の命で住職となった長岳寿慶は明智光秀の末子（もしくは末弟）と伝わる。天正十（一五八二）年に山崎の戦いで光秀が豊臣秀吉に敗れると、家臣の与一右衛門は主命により二人の子を連れて出雲に落ち延び当寺で出家させたという伝承があり、その一人が寿慶だという。しかし時系列が合わず真偽は不明である。

天正十二（一五八四）年、輝元は本堂上葺の費用を秋鹿郡《あいか》*2に賦課させるよう元秋に命じた。天正二十（一五九二）年に寺領が削減されている。近世は松江藩の保護を受けた。

鐘楼堂の鐘は天正十（一五八二）年に輝元の陣鐘を改鋳したもので、太平洋戦争中に供出されるため岡山県に送られたが担当者が病気になるなどして作業が進まず終戦になり戻って来た。

一畑薬師鐘楼堂

寺宝に絹本著色阿弥陀三尊像・紙本墨画著色書院障壁画（ともに県指定文化財）や尼子氏・毛利氏の書状を含む紙本墨書一畑寺文書（市指定有形文化財）などがある。

*1　毛利元秋の墓(33頁)
*2　現在の松江市北部と出雲市の一部

所在地／出雲市小境町803
駐車場／あり

87 興源寺《こうげんじ》

臨済宗。安芸高山城主で沼田小早川氏の当主・小早川正平は大内義隆に従い第一次月山富田城攻防戦*1に従軍するが、天文十二（一五四三）年の撤退の際に殿《しんがり》を務め当地で戦死した。弘治元（一五五五）年、小早川隆景が義父・正平の霊を慰めるため創建したという。しかしこの頃、毛利元就は出雲に侵攻しておらず隆景が創建したのはこれより後年だと思われる。

近くに地元の住民が建てたと伝わる正平の供養塔がある。境内に建つ宝篋印塔が正平の墓だと誤解されることがあるが関係はない。

興源寺本堂

小早川正平の供養塔

＊1　月山富田城（41頁）

所在地／出雲市美談町329
駐車場／あり

88 平田城《ひらたじょう》（手崎城《てさきじょう》・薬師城《やくしじょう》）

平田城主郭

平田は宍道湖と斐伊川の結節点にあたる港町で中国・朝鮮にまでその名を知られていた。当城の築城年代は不明だが港町を守るため築かれたと思われる。

応永～大永年間（一三九四～一五二八年）は京極氏の家臣・多賀氏が居城としていたが、尼子氏によって掛合*1に移されたため飯野氏が入ったという。永禄五（一五六二）年からの雲芸攻防戦で毛利元就は戦線が月山富田城*2の周辺に移ると当城を兵站基地にしたという。

元亀元（一五七〇）年、尼子再興軍*3に味方する高瀬城主*4・米原綱寛*5に対抗するため吉川元春の家臣・岡又十郎らが守備に付き、夜襲をかけた綱寛を撃退した。綱寛が当城を攻撃したのは温泉津*6から送られた兵糧が当城を経由して東に輸送されていたためだと推測されている。同年、元就の病状が悪化し毛利輝元と小早川隆景が帰国すると、元春が神西城*7から当城に拠点を移して対再興軍の指揮を執った。再興軍の撤退後も軍事基地として重要視され当地で軍勢を整えて因幡・伯耆方面に出撃している。

愛宕山公園として整備された際、遺構のほとんどが破壊されている。

*1　雲南市掛合町
*2　月山富田城（41頁）
*3　人物事典：尼子再興軍（378頁）
*4　高瀬城（118頁）
*5　人物事典：米原綱寛（388頁）
*6　温泉津（沖泊）（208頁）
*7　神西城（103頁）

所在地／出雲市平田町6123―1
駐車場／愛宕山公園の駐車場を利用
遺構／曲輪など
標高／53m　比高／52m

89 高《たか》瀬《せ》城《じょう》

尼子十旗*1の一つ。暦応年間（延元三～興国三・一三三八～四一年）に建部氏が築城したという。戦国時代は尼子氏の家臣・米原氏の居城となったが、永禄五（一五六二）年の雲芸攻防戦で米原綱寛*2は毛利元就に降伏する。しかし永禄十二（一五六九）年に第一次尼子再興戦*3が始まると、綱寛は再興軍に同調したため毛利輝元に攻められ元亀二（一五七一）年に落城した。城はその後、建部氏の手に戻ったという。

高瀬城甲の丸

高瀬城七曲がり

山頂からは出雲平野と宍道湖が一望できる。

*1 尼子氏麾下で重視された出雲国内の城。白鹿・三沢・三刀屋・赤穴・牛尾・高瀬・神西・熊野・真木（夕景）・大西（高麻）の十

*2 人物事典：米原綱寛（388頁）

*3 人物事典：尼子再興軍（378頁）

所在地／出雲市斐川町学頭・神庭
遺構／曲輪など
標高／316m　比高／210m

90 学《がく》頭《とう》諏《す》訪《わ》神《じん》社《じゃ》（学頭宮）

祭神は建御名方神・米原綱寛*1など。正式名称は諏訪神社である。天文八（一五三九）年、高瀬城主*2・米原綱広と池田治部尉が現在地より北西の場所に信濃の諏訪神社を勧請して創建した。天文二十二（一五五三）年と永禄十二（一

五六九）年に綱広の子・綱寛が造営を行う。慶長十四（一六〇九）年、現在地に移転された。

　明治四十三（一九一〇）年、高瀬城山麓にあった高瀬神社（祭神は米原綱寛など）が合祀された。社宝に綱広や綱寛のものを含む棟札四枚（市指定有形文化財）がある。

＊1　人物事典：米原綱寛（388頁）
＊2　高瀬城（118頁）

所在地／出雲市斐川町学頭591
駐車場／あり

学頭諏訪神社拝殿

91 西《さい》光《こう》院《いん》

西光院

　臨済宗。永禄十二（一五六九）年、月山富田城＊1の城代だった天野隆重の息子・元友が毛利氏から当地を与えられた。天正十六（一五八八）年、元友の一族が当寺を創建したと伝わり、本尊の阿弥陀如来像の背銘には「天正十六戊子年十月吉日（略）大檀那　天野御姉娘方」と刻まれている。

＊1　月山富田城（41頁）

所在地／出雲市斐川町三絡1063

92 西《さい》念《ねん》寺《じ》〈出雲市〉

浄土真宗。創建年代は不明だが出西村*1にあり阿弥陀寺と号していた。その頃は天台宗だったと伝わる。その後、高瀬城主*2・米原綱寛*3が神庭谷《かんば》（当地）に移す。弘治元（一五五五）年、浄土真宗に改宗。元亀二（一五七一）年、毛利軍によって高瀬城が攻められた際、兵火により焼失した。慶長元（一五九六）年に再興され、貞享元（一六八四）年に西念寺と改める。貞享四（一六八七）年、現在地に移った。

西念寺本堂

以前は綱寛の守り本尊である高瀬観音が安置されていたが、現在は個人宅（おそらく米原氏の後裔）に移されている。

＊1　同町出西
＊2　高瀬城（118頁）
＊3　人物事典：米原綱寛（388頁）

所在地／出雲市斐川町神庭1326
駐車場／あり

93 荘《しょう》厳《ごん》寺《じ》

臨済宗。天平年間（七二九〜四九年）、仏経山*1に創建されたという。戦国時代になって高瀬城主*2・米原綱広が崇敬し現在地に移転した。元亀二（一五七一）年、高瀬城が落城した際の兵火で焼失する。この時、記録類も焼失してしまったという。正保三（一六四六）年に再建された。

　寺宝に米原綱寛*3の枕香炉、地元の佐野九助が朝鮮出兵に従軍し当地から持って帰った鐃鈸《にょうはち》*4がある。本尊の木造薬師如来坐像は県指定文化財である。

荘厳寺本堂

*1　同町神氷・阿宮
*2　高瀬城（118頁）
*3　人物事典：米原綱寛（388頁）
*4　法会に用いる打楽器の一つ。中央部が椀状に盛り上がった銅製の円盤で、外側の中央にひもを通し、左右の手で二枚を打ち合わせて鳴らす

所在地／出雲市斐川町上庄原660
駐車場／あり

94 蓮台寺《れんだいじ》

　真言宗。平安時代初期に空海が創建したと伝わる。永禄年間（一五五八～七〇年）、高瀬城主*1・米原綱寛*2が祈願所と定め永禄十三（一五七〇）年に寺領を寄進している。慶長二十（一六一五）年に本堂が再建された。本尊の脇に綱寛の位牌が安置されている。

蓮台寺

*1　高瀬城（118頁）
*2　人物事典：米原綱寛（388頁）

所在地／出雲市斐川町三絡3324
駐車場／行き止まりに駐車スペースがあるが、そこまでの道が狭く車で行くのは危険である

95 日《ひの》御《み》碕《さき》神《じん》社《じゃ》

祭神は神素盞嗚尊など。創建年代は不明である。古くは修験道場だったが中世になると出雲大社*1の末社となった。しかし次第に自立の動きを見せ文明三（一四七一）年には出雲大社から独立している。

戦国時代になると尼子氏が守護神として崇敬し、尼子経久・塩冶興久*2・尼子晴久が合わせて四千石以上の社領の寄進を行った。永正七（一五一〇）年には亀井秀綱*3らが出雲大社との間で境界争いを裁定する。大永四（一五二四）年には経久が出雲・隠岐全土と伯耆・石見の一部から税を徴収し遷宮の費用に充てた。尼子氏が当社を優遇したのは出雲大社に代わる領国内の新たな権威とする目的があったと推測されている。天文十一（一五四二）年、第一次月山富田城攻防戦*4で出雲に侵攻した大内義隆が太刀と神馬を寄進した。義隆は翌年にも戦勝を祈願している。永禄九（一五六

日御碕神社全景

六）年、第二次月山富田城攻防戦の際には尼子氏を支持し城に兵糧を送っている。

尼子氏が降服した後も毛利氏から天正二（一五七四）年頃に大破した社殿の再建の援助を受けるなどした。しかし規制も受け、尼子氏の時代のように出雲大社と対等以上の地位ではなくなっている。天正十九（一五九一）年の検地で社領を減らされる。近世になると松江藩によって造営された。

社宝に徳川秀忠が奉納した「鉄砲　清堯作附銃箱及び関係文書（県指定文化財）」などがある。本殿や拝殿などの建物が国の重要文化財に指定されている。

＊1　出雲大社(126頁)
＊2　尼子興久の墓(36頁)
＊3　人物事典：亀井秀綱(380頁)
＊4　月山富田城(41頁)

所在地／出雲市大社町日御碕455
駐車場／あり

96 宇龍浦《うりゅううら》（宇龍城《うりゅうじょう》）

日本海沿いにある港で、東西にある半島と港に浮かぶ権現島により風除けができる良港として古くから栄えた。中世以降、出雲大社＊1の所領となる。天文十二（一五四三）年、尼子晴久が大内義隆を撃退できたことに感謝して日御碕神社＊2に当地を寄進した（ただし南の山間部は大社領のままだったようだ）。天文～永禄年間（一五三二～七〇年）になると晴久が奥出雲から採れた鉄を斐伊川経由で杵築《きづき》＊3に限定して集めたことから、当港で鉄の積み出しが行われた。そのため武器の生産に不可欠な鉄を求めて但馬・因幡や北陸、更には中国・朝鮮などからの船が集まるようになる。そのため当港では様々な名目でかけられた税が尼子氏に入っていた。永禄六（一五六三）年には毛利元就に押されていた尼子義久が日御碕神社を繋ぎ止めておくため課税権を譲渡している。

　毛利氏が出雲を支配するようになっても日御碕神社の社領のままで、天正二（一五七四）年と慶長二（一五九七）年に安堵されている。近世にも松江藩や他国の船が利用し、やがて松江藩の直轄となった。現在は漁港になっている。

　港を守る目的で築城されたと思われる宇龍城は標高三五メートルの水城で港の西の半島にある。遺構として曲輪などがある。城址には民家が建ち本丸跡に行くには個人宅を横切る必要がある。

宇龍浦

宇龍城本丸(立虫神社)

＊1　出雲大社(126頁)
＊2　日御碕神社(123頁)
＊3　同町杵築地区

所在地／出雲市大社町宇龍
駐車場／宇龍港に駐車場があるが利用して良いか不明

97 出雲《いずも》大社《おおやしろ》

出雲大社鳥居（写真提供：出雲大社）

祭神は大国主大神など。一般的には「いずもたいしゃ」と呼ばれる。すでに古墳時代には社殿が建てられたと推測されている。八世紀、天穂日命*1の子孫を称する出雲氏（出雲国造家）が出雲国造に命じられた際、当社を祀るようになった。十世紀、出雲国造家は本拠地を意宇郡《おうぐん》*2から杵築《きづき》*3に移している。この頃、当社の祭神が大国主命から素戔嗚尊に代わった。十一世紀には国衙からの寄進などで社領を拡大し、十三世紀には出雲国内一の仏教勢力となっていた鰐淵寺*4と手を結び、互いの権威を高めていった。康永三（興国五・一三四四）年、国造家は内紛で千家・北島の両家に分かれる。

戦国時代になると文明十八（一四八六）年に軍勢の放火で神殿が焼失するなど徐々に勢力を失っていく。そのため尼子経久の介入を許し、永正十六（一五一九）年から天文六（一五三七）年の造営で大日堂・三重塔・鐘楼などが建てられ仏教色が強まり神社としての権威を削がれていった。

当時、当社の南にあった杵築市庭《いちば》*5をはじめとした門前町があったが商人達は独自で経済活動を行い、社領の住民も自ら生産管理を行ったため当社では統制ができなくなっていた。そこで代わりに尼子晴久が天文二十一（一五五二）年と永禄元（一五五八）年に法を制定し社領や都市を統制している。

　永禄五（一五六二）年以降、毛利氏は出雲支配を容易にするため当社の権威を必要とし、社領の寄進や造営、遷宮などを行った。しかし国造家の地位は千家家が自ら国衆と称するほど低下し毛利氏に頼らざるを得ない状況になっている。しかも朝鮮出兵の際、毛利氏の財政難から社領を減らされてしまう。

大国主命と因幡の白兎の像

　そこで近世になると国造家の権威回復のため祖神の天穂日命と関係の深い大国主命を祭神に戻し、神仏分離を行い鰐淵寺との宗教上の関わりを断って境内の伽藍を撤去した。明治四（一八七一）年、杵築大社などの社名から出雲大社に改称する。

　社宝に豊臣秀吉の佩刀で子の秀頼が奉納した「絲巻太刀　銘光忠（国指定重要文化財）」や徳川秀忠が奉納した「鉄砲　清堯作　附銃箱（県指定文化財）」など多数ある。社殿の多くが国宝や国の重要文化財などに指定されている。

＊1　天照大神から大国主命の元に使わされた神
＊2　松江市南部
＊3　同町杵築地区
＊4　鰐淵寺（113頁）
＊5　同町杵築南など

所在地／出雲市大社町杵築東195
駐車場／あり

98 日出城《ひのでじょう》

北に向かって突き出た丘陵に築かれた城。築城年代、築城者は不明である。山頂付近ではなく山麓にだけ遺構があるという防御に不向きな城のため、中世の頃には当城の近くまで広がっていたと思われる神西湖から日本海を経由して山陰各地に兵站を輸送する基地として毛利氏が築いたと思われる。天正十九（一五九一）年に丸山城*1から当地に移封された石見小笠原氏*2が築いたという伝承がある。

日出城曲輪

近くには当城に関係があると伝わる五輪塔が建つ。

*1　丸山城（246頁）
*2　人物事典：石見小笠原氏（378頁）

所在地／出雲市湖陵町二部
駐車場／なし
遺構／曲輪など
標高／16m　比高／12m

99 鶴ヶ城《つるがじょう》（田儀城《たぎじょう》）

石見との国境にあり、南の仙山峠と、北の島津屋の関所に至る海岸沿いの道を押さえていた。眼下の田儀港も押さえ海上交通の拠点も兼ねた水陸の要衝だった。南北朝時代に田儀氏が築城したという。

戦国時代になると尼子氏が支配し番衆を交代で守らせていた。年未詳だが亀井秀綱*1が当地に出雲大社*2の千家・北島の両家に各々五艘の船を集結させている。雲石の国境付近で毛利氏と尼子氏が争っていた永禄四（一五六一）年には尼子氏の家臣・牛尾久清が島津屋の関所で石見への物資搬出の制限を馬三匹分に定めている。永禄九（一五六六）年、月山富田城*3が開城し尼子義久が安芸に送られる際に当地を経由した。第一次尼子再興戦が始まると永禄十三（一五七〇）年に当城の周辺で戦いがあり、元亀三（一五七二）年（元亀二年のことか?）に毛利輝元の軍勢に攻められ落城し田儀城に改称されたという。

遊歩道が整備され容易に登ることができる。

＊1　人物事典：亀井秀綱（380頁）
＊2　出雲大社（126頁）
＊3　月山富田城（41頁）

鶴ヶ城曲輪

鶴ヶ城から日本海を望む

所在地／出雲市多伎町口田儀・大田市朝山町
仙山
駐車場／あり
遺構／曲輪・土塁・堀切など
標高／147m　比高／135m

100 須佐神社《すさじんじゃ》

祭神は須佐之男命など。創建年代は不明だが「出雲国風土記」に記載のある古社で、須佐之男命が自分の名前を土地に付け自らの魂を鎮めたという伝承が残っており、須佐之男命を祀る神社の本宮だという。

天文十三（一五四四）年、高櫓城主*1・本城常光*2が鳥居を造営した。天文二十四（一五五五）年、尼子晴久・義久父子と本城常光が遷宮に協力している（天文二十三年説あり）。この時に出雲大社に次ぐ規模だった本殿がそれまでの四分の一の大きさに縮小されており（県指定文化財の現在の本殿と同じ規模）、尼子氏が須佐郷への支配力を強める目的だったと推測されている。この前だと思われるが当社から尼子氏に勧進の依頼があるなど両者は密接な関係にあった。毛利氏が出雲を征服すると当地を支配した高櫓城主・熊谷元実が天正二（一五七四）年と天正十二（一五八四）年に造営を行っている。

須佐神社本殿

近世には松江藩から保護を受けた。近世まで十三所大明神、須佐大明神などと呼ばれていた。社宝に晴久が奉納した兵庫鎖太刀（国指定重要文化財）などがある。

＊1　高櫓城（131頁）
＊2　人物事典：本城常光（384頁）

所在地／出雲市佐田町須佐730
駐車場／あり

101 高櫓城《たかやぐらじょう》

石見・備後方面から日本海に至るルート上にあった。北に神戸川、東に須佐川が流れ天然の濠の役割をしていた。藤掛城主＊1・高橋久光が尼子経久と手を結んだことにより当地に領地を与えられ久光の子・清光が築城したという。その後、清光の孫・本城常光＊2まで城主を務めたというが、尼子氏の家臣・亀井永綱の居城とも伝わり定かではない。天文十三（一五四四）年に常光が須佐神社＊3の鳥居を造営しているため、この頃には常光が高櫓城主だったようだ。

永禄五（一五六二）年、常光が元就によって謀殺されると毛利氏の家臣・熊谷広実が城主になる。永禄十二（一五六九）年、尼子再興軍＊4の使者が広実に開城を迫ったが斬り殺して拒否したため、再興軍に攻められるが撃退している。翌年、広実が病死すると息子の

高櫓城主郭

元実が跡を継ぐが、関ヶ原の戦い後、毛利輝元に従い長門に去ったため当城は廃城になった。

曲輪群の中に製鉄の遺構があり武具を自給していたのではないかと推測されている。

目田森林公園の敷地内にあり入園料が必要である（冬季は休園のため入れない）。園内には殿様墓と呼ばれる宝篋印塔があり広実の墓と伝わるが著者は確認していない。「佐田町史」には「世人これを殿様墓と呼んで崇めているが城主の誰の墓か知る由もない」とあり、広実の墓とは記していない。

＊1　藤掛城（256頁）
＊2　人物事典：本城常光（384頁）
＊3　須佐神社（130頁）
＊4　人物事典：尼子再興軍（378頁）

所在地／出雲市佐田町反辺1141−4
駐車場／目田森林公園の駐車場を利用
遺構／曲輪・堀切など
標高／307m　比高／157m

102 久光寺《きゅうこうじ》（熊谷広実《くまがいひろざね》の墓）

臨済宗。高櫓城主＊1・熊谷広実が在城中の永禄五年～元亀元（一五六二～七〇）年に創建したと推測されている。大正十五（一九二六）年、当寺の墓地から広実の戒名・久光寺院殿越山全超大居士と刻んである墓石が発掘され、再建されている。

熊谷広実の墓

＊1　高櫓城（131頁）

所在地／出雲市佐田町反辺1311
駐車場／不明

103 三澤神社《みざわじんじゃ》

祭神は阿遅須枳高日子根命など。創建年代は不明だが「出雲国風土記」にも三澤社として記載のある古社である。乾元元（一三〇二）年に三沢為長*1が社殿を造営し、その後も三沢氏当主の崇敬を受けた。文明十（一四七八）年に為忠が、永正八（一五一一）年に為理が、元亀三（一五七二）年には為清が社殿を造営している。その他にも社領や大刀・弓・甲冑・鞭などを寄進したという。近世には松江藩主の崇敬を受ける。文久元（一八六一）年の火災で社宝のほとんどが焼失した。

三澤神社拝殿

中世より大森大明神と号していたが、明治四（一八七一）年に現在の社名に復している。

*1　人物事典：三沢氏（386頁）

所在地／仁多郡奥出雲町三沢402
駐車場／なし

104 諏訪神社《すわじんじゃ》

祭神は建御名方命。永正七（一五一〇）年、下三成《しもみなり》村（当地）に住む市右衛門が武者山《みさやま》で石を拾い持ち帰った夜、三沢城*1に祀られていた諏訪明神が夢に現れ「武者山に私を勧請すれば下三成の守護神となる」と伝えた。市右衛門から話を聞いた三沢為理*2がここに勧請した

諏訪神社

という。

実際は尼子経久との激しい戦いを繰り広げていた為理が勝利を願い、三沢城の鬼門にあたる当地に創建したと思われる。武者山は信濃の諏訪大社と関係の深い御射山《みさやま》に見立てたと考えられている。

昭和四（一九二九）年三成八幡宮に合祀されたが、昭和三十三（一九五八）年に地元住民の要望で再建された。

＊1　三沢城（136頁）
＊2　人物事典：三沢氏（386頁）

所在地／仁多郡奥出雲町三成2－1

105 大領《だいりょう》神社《じんじゃ》（郡《こおり》の宮《みや》）

祭神は伊弉諾命など。創建年代は不明であるが、高田村＊1に創建された。八世紀頃、仁多郡の大領＊2・蝮部臣《たじひべのおみ》が郡家＊3の鬼門鎮護の神として崇敬している。

大領神社随神門

中世には三沢氏＊4も同様に三沢城＊5の鬼門鎮護の神として崇敬した。元中五（嘉慶二・一三八八）年に焼失したため現在地に移転される。天文九（一五四〇）年、尼子晴久が社領を寄進した。永禄八（一五六五）年には三沢為清が社領を寄進している。天正十一（一五八三）年に三沢為虎が遷宮を行う。この際、為虎は農民と共に酒を飲みながら夜更けまで相撲を見たという。近世にも松江藩が遷宮を行った。

　青龍寺*6が当社の神宮寺だったため、文禄年間（一五九二～九六年）に毛利氏が朝鮮に出兵する際は当社の氏子が青龍寺に武運長久の祈祷を申し出ている。

*1　同町高田
*2　律令制で郡司の長官
*3　律令制で郡司が執務する所
*4　人物事典：三沢氏（386頁）
*5　三沢城（136頁）
*6　青龍寺跡（140頁）

所在地／仁多郡奥出雲町郡597
駐車場／なし

106 湯《ゆ》野《の》神《じん》社《じゃ》

　祭神は大己貴命など。創建年代は不明だが「出雲国風土記」などに記載されている古社である。亀嵩温泉の医薬の神として創建され、温泉の辺りが「西湯野、湯の小川」などと呼ばれたことから「湯野」という名前が付けられたという。十三世紀、鎌倉幕府の執権・北条時頼が更に大きな社殿を創建しようと現在地に移したが、遷移のみで本格的な創建は中止となっている。

　戦国時代は三沢

湯野神社拝殿

氏*1の篤い崇敬を受け、神主の恩田氏も三沢氏に仕えるほど密接な関係にあった。天正七（一五七九）年に三沢為清・為虎父子が社殿を造営している。近世は松江藩の保護を受けた。

為清が奉納した甲冑のうち享和元（一八〇一）年の本殿焼失の被害を免れた兜だけが社宝として現存している。大けやきは町指定天然記念物である。

*1　人物事典：三沢氏（386頁）

所在地／仁多郡奥出雲町亀嵩1284
駐車場／鳥居の前に駐車スペースあり

107 三沢城《みざわじょう》（鴨倉城《かもくらじょう》）

県指定史跡。三沢氏*1の居城で尼子十旗*2の一つである。嘉元三（一三〇五）年、三沢為長が要害山に築城したという。永正六（一五〇九）年、三沢為国が藤ヶ瀬城*3に居城を移すが支城として利用された。享禄四（一五三一）年、尼子経久によって藤ヶ瀬城を落とされた後は再び三沢氏の居城となり改修される。永禄五（一五六二）年に雲芸攻防戦が始まると、三沢為清は毛利元就と通じて藤ヶ瀬城を取り戻し当城は再び支城となった。永禄十三（一五七〇）年、布部*4に向かう毛利軍が当城で一夜を過ごしたという。

三沢城本丸

天正十七（一五八九）年頃、三沢為虎が安芸に移ると廃城になったというが、堀尾氏の時代に改修された跡があり、その頃まで利用された可能性もある。

堂森出丸跡には円正堂と三沢氏の墓と伝わる宝篋印塔が四基建つ。また大手口の南には三沢氏の重臣だった成田氏の館跡があった。

伝・三沢氏の墓

成田館跡

＊1　人物事典：三沢氏（386頁）
＊2　尼子氏麾下で重視された出雲国内の城。白鹿・三沢・三刀屋・赤穴・牛尾・高瀬・神西・熊野・真木（夕景）・大西（高麻）の十
＊3　藤ケ瀬城（144頁）
＊4　布部合戦古戦場（30頁）

所在地／仁多郡奥出雲町鴨倉
駐車場／みざわの館の駐車場を利用
遺構／曲輪・堀切・土塁など
標高／418m　比高／50m

108 陰涼寺《いんりょうじ》

臨済宗。乾元元（一三〇二）年、三沢為長＊1が三沢城＊2の麓に妙厳寺《みょうごんじ》を創建し三沢氏の菩提寺としたのが始まりだという。天正十七（一五八九）年頃に三沢為虎が安芸に移ると、安国寺恵瓊の周旋で毛利氏の保護を受けた。近世に

は松江藩から保護を受けている。天明二（一七八二）年、現在の寺号となった。

寺宝として三沢為清・為虎、恵瓊や堀尾氏などの文書や紙本墨書辺微意知語《へびいちご》（県指定文化財）などがある。

＊1　三沢城（136頁）
＊2：人物事典：三沢氏（386頁）

所在地／仁多郡奥出雲町三沢452

蔭涼寺石段

109 阿井八幡宮《あいはちまんぐう》

祭神は誉田別命など。正式名称は八幡宮である。永長元（一〇九六）年、同地区にあった米山城の城主・佐野延宣が京都の石清水八幡宮を勧請したという。戦国時代に兵火で社殿が焼失したが、文禄二（一五九三）年に毛利輝元が現在地に再建している。

毎年十月、押輿《おしこ》神事が催される。これは神社を中心に上地区と下地区に分かれ、石段上から

阿井八幡宮

投げ落とされた神輿を両住民が石段下で受け止め自分の地区の陣地に押し合って勝負をつけるという勇壮な神事である。これは輝元が当社を再建した時に始まったと伝わる。

—所在地／仁多郡奥出雲町下阿井1419
—駐車場／なし

110 覚《かく》融《ゆう》寺《じ》

臨済宗。天文二十二（一五五三）年、三沢為清*1が両親の菩提を弔うため創建したと伝わるが、三沢城下*2にあった当寺を移転したなど諸説あり定かではない。元亀三（一五七二）年に為清が寄進を行うなど三沢氏の保護を受けたが、天正十七（一五八九）年頃に三沢為虎が当地を去ると衰退する。しかし元文三（一七三八）年に再興された。

秘仏の阿弥陀如来像は空海の作で三沢氏の祖・為長の守り本尊だと伝わる。寺宝には三沢為清や安国寺恵瓊などの文書、三沢氏所縁の椀、冷泉元満*3が使用した甲冑がある。甲冑は元満が朝鮮出兵で戦死した際、家臣が首を母衣に包んで当寺に葬ったという寺伝と関係があると思われる。

覚融寺本堂

三沢為清と両親の墓

本堂左手の墓地の高台に三沢為清と両親の墓が建つ。

*1　人物事典：三沢氏（386頁）
*2　三沢城（136頁）
*3　人物事典：冷泉元満（389頁）

所在地／仁多郡奥出雲町亀嵩393

111 青《せい》龍《りゅう》寺《じ》跡《あと》

真言宗。三所城*1が築かれた際、高田村*2に鬼門除けとして創建され高田寺と称していた。大領神社*3に隣接していたが、元中五（嘉慶二・一三八八）年に焼失したため神社の南に再建される。しかし天正十七（一五八九）年頃、三所城を支配していた三沢為虎*4が安芸に移ると三所城は廃城となり当寺も衰退する。

天正十九（一五九一）年、冷泉元満*5が亀嵩城主*6になると現在地に移転し青龍権現を安置したことから青龍寺に寺号を改称した。元満は武運長久を祈り寺領の寄進を行っている。しかし青龍寺の住職・深慶と不和となり寺から追放した。その時に深慶が寺に伝わる古文書を多数持ち出している。その後、岩屋寺*7の住職が兼務したが、やがて専任の住職が入ったようだ。

青龍寺跡

昭和四十五（一九七〇）年頃、無住になったことから本寺の峯寺*8に統合されたため建物はない。跡地の高台にある崩れた墓石が元満の墓だと伝わる。「雲陽誌」には元満の家臣八人の墓があったと記載されているが分からなくなっている。

*1 同町上三所
*2 同町高田
*3 大領神社（134頁）
*4 人物事典：三沢氏（386頁）
*5 人物事典：冷泉元満（389頁）
*6 亀嵩城（141頁）
*7 岩屋寺（143頁）
*8 峯寺（149頁）

所在地／仁多郡奥出雲町亀嵩
駐車場／なし

112 亀《かめ》嵩《だけ》城《じょう》

天正二（一五七四）年、三沢為清*1が隠居のため築城した（異説あり）。天正十三（一五八五）年、三沢為虎が毛利氏に対して起請文を提出した際、警戒されるのを恐れてか「当城は毛利氏の出城と思って下さい」と記している。天正十七（一五八九）年頃に為虎が安芸に移ると、天正十九（一五九一）年に冷泉元満*2が入った。元満没後、子の元珍が跡を継いだ後も居城だったようだ。関ヶ原の戦いで毛利氏が当地を去り堀尾氏が出雲を支配すると、備後・伯耆との国境を守るため三沢城*3と共に利用されたようである。

亀嵩城曲輪

登山道及び城域は整備されていない。

＊1　人物事典：三沢氏（386頁）
＊2　人物事典：冷泉元満（389頁）
＊3　三沢城（136頁）

所在地／仁多郡奥出雲町亀嵩　駐車場／不明
遺構／曲輪など
標高／624m　比高／310m

113 横田八幡宮《よこたはちまんぐう》（馬場八幡宮《ばばはちまんぐう》・中村八幡宮《なかむらはちまんぐう》・仁多大社《にたたいしゃ》）

祭神は誉田別命など。創建年代は不明だが、尾園村*1にあり保元三（一一五八）年の文書に横田別宮として名前が出てくる。建久七（一一九六）年に源頼朝が造営し誉田別命などを勧請した。弘安四（一二八一）年、鎌倉幕府の執権・北条時頼の後室だった妙音尼の本願で現在地に移される。

武家の崇敬が篤く戦国時代には三沢氏*2の崇敬を受け、文明八（一四七六）年と永正一七（一五二〇）年に三沢為忠が、天文十一（一五四二）年には三沢為清が遷宮を行った。永禄三（一五六〇）年には尼子晴久、為清、夕景城主*3・馬来《まき》久綱らが遷宮を行う。天正六（一五七八）年には三沢為清が弓を寄進した。年代は不明だが三沢為虎も弓を寄進している。為虎は天正十四（一五八六）年に遷宮も行った。近世には松江藩の保護を受ける。

横田八幡宮鳥居

末社の秋山社は安芸の武将・秋山某（本名は金谷信濃守通重と伝わる）を祀る。戦国時代、秋山は殺人を犯して逃亡し境内に隠れ住んだ。それを三沢氏が探し出して討ち取ったところ、災いが増えたため住民が祟りを恐れて天正十六（一五八八）年に末社を建てたという。

寺宝には右記の弓の他に為虎の鎧兜や妙音尼が寄進したと伝わる獅子頭（県指定有形民俗文化財）などがある。弘安四年から文久元（一八六一）年までの四十二枚の棟札（県指定文化財）が残っている。

横田八幡宮拝殿

＊1　同町八川
＊2　人物事典：三沢氏（386頁）
＊3　夕景城（147頁）

所在地／仁多郡奥出雲町中村170

114 岩屋寺《いわやじ》

真言宗。天平年間（七二九〜四九年）に行基が創建したという。横田八幡宮*1の神宮寺だった。鎌倉時代は幕府から、室町時代は守護の保護を受け興隆した。永正十一（一五一四）年、尼子経久と三沢為忠*2・為国父子との戦いで三沢氏に味方したため経久によって伽藍が焼かれる。天文八（一五三九）年、快円によって再興され尼子晴久とその傘下に入った三沢氏が伽藍の再建に協力している。

岩屋寺仁王門

永禄五（一五六二）年に雲芸攻防戦が始まると三沢為清は毛利元就に味方して藤ヶ瀬城*3に戻り、同年に寺領を寄進した。その後、しばらくは三沢氏の保護を受けたが、天正十七（一五八九）年頃に三沢為虎が安芸に移ると衰退する。「雲陽軍実記」によると、元亀二（一五七一）年に尾高城*4から逃げ出した山中鹿介が当寺に隠れると出雲国内を荒らし回って金品を奪ったという。近世になると松江藩の保護を受けた。

太平洋戦争後、衰微し寺宝も散逸している。天正十六（一五八八）年、山上宗二《やまのうえそうじ》が三沢為清の要望に応え、為清と岩屋寺の僧・快慶に書いた千利休の茶道秘伝書「山上宗二記（岩屋寺本）」が表千家に残っている。「岩屋寺快円日記」によると、鹿介が尼子義久より拝領し戦没者の菩提を弔うため奉納した粟田口国安の太刀があったという。

仁王門から続く山道を三十分程度登ると伽藍に到着するが、石段が反っているなど危険な箇所が多いため注意が必要である。

*1　横田八幡宮（142頁）
*2　人物事典：三沢氏（386頁）
*3　藤ヶ瀬城（144頁）
*4　鳥取編：尾高城（200頁）

所在地／仁多郡奥出雲町中村
駐車場／なし

115 藤ヶ瀬城《ふじがせじょう》

十四世紀、横田の地は仙洞御所《せんとうごしょ》*1の御料所（領地）となり、戦国時代には三沢氏*2が管理して貢納することになった。そのため永正六（一五〇九）年に三沢為忠は三沢城*3から横田を管理しやすい高鰐山に当城を築城し居城を移したという。

永正十一（一五一四）年に尼子経久が攻めて来たが岩屋寺*4の僧達と共に籠城し撃退に成功した（この時、経久に降伏したという説もある）。享禄四（一五三一）年、前回よりも強大になった経久が大軍を率いて藤ヶ瀬城を攻めたため三沢為国ら主立った者は捕らえられ月山富田城*5に幽閉された。その後一時期、仙洞御所の代官だった安部氏が城を管理していたが、天文十二（一五四三）年からは尼子氏の家臣が代官として当地を治めている。

藤ヶ瀬城曲輪

永禄五（一五六二）年に雲芸攻防戦が始まると三沢為清は毛利元就と通じ当城を取り戻した。天正十七（一五八九）年頃、三沢為虎が安芸に移ると毛利氏が管理し改築を行った。しかし慶長五（一六〇〇）年に毛利氏が出雲を去ると廃城となる。

城趾に建つ忠魂碑や諏訪神社の上が主郭のようだが道はない。諏訪神社は為忠が信濃の諏訪神社を勧請したものだという。

*1 退位した天皇の御所
*2 人物事典：三沢氏（386頁）
*3 三沢城（136頁）
*4 岩屋寺（143頁）
*5 月山富田城（41頁）

所在地／仁多郡奥出雲町横田
駐車場／なし
遺構／曲輪・竪堀・土塁など
標高／438m　比高／100m

116 晋《しん》叟《そう》寺《じ》

曹洞宗。嘉元三（一三〇五）年に三沢為長＊1が三沢城＊2を築いた際、下阿井村＊3に菩提寺の禅隆寺を創建した。その後、下横田村＊4に移す。永正六（一五〇九）年に三沢為忠が藤ヶ瀬城＊5を築いた際、現在地に移し為忠の法号である萬松院殿晋叟覚永大居士を取って改号した（時期については諸説あり）。

伝・三沢為忠の墓

　永正十三（一五一六）年と永正十五（一五一八）年に三沢氏から寺領を寄進されている。享禄四（一五三一）年に為国が尼子経久に降伏し月山富田城＊6で殺害された後は尼子晴久の保護を受け、弘治二（一五五六）年に寺領を安堵されている。永禄五（一五六二）年に雲芸攻防戦が始まり三沢為清が毛利元就と通じて当地を取り戻すと再び保護下に入った。永禄十三（一五七〇）年、尼子再興軍＊7によって富田城が包囲されると毛利氏から兵糧提出を依頼されている。

　天正十七（一五八九）年頃に三沢為虎が安芸に移ると多くの寺領を失い、関ヶ原の戦い後に毛利氏が出雲を去ると更に荒廃。寺領を失い元和六（一六二〇）年頃から無住となる。その後は周囲の村が支え宝永七（一七一〇）年に再建されている。

　寺宝に三沢為忠・為清・為虎・為国・為信らの文書がある。本堂の裏には伝・三沢為忠の墓が建つ。

*1　人物事典：三沢氏（386頁）
*2　三沢城（136頁）
*3　同町下阿井
*4　同町下横田
*5　藤ヶ瀬城（144頁）
*6　月山富田城（41頁）
*7　人物事典：尼子再興軍（378頁）

所在地／仁多郡奥出雲町横田1289
駐車場／あるが周囲の道が狭いため注意が必要

117 夕景城《ゆうげじょう》（矢筈城《やはずじょう》・馬来城《まきじょう》・感目城《かんのめじょう》）

尼子十旗[*1]の一つ。山名師氏の息子である馬来氏綱が足利義満より当地を与えられ摂津馬来郷から移り築城したという。戦国時代は三沢氏[*2]から養子を迎え、備後甲山城主・山内氏と婚姻を結ぶなど周囲の領主と良好な関係を築いている。尼子経久が月山富田城[*3]から追放された際、経久の母の実家である真木氏を頼ったと「雲陽軍記」にはあるが、経久の家臣・真木氏のことで馬来氏とは別系統だという説がある。

夕景城曲輪

出雲を尼子氏が支配すると配下となったが、永禄五（一五六二）年に雲芸攻防戦が始まると毛利元就に従った。その後、備後との国境近くにあったことから毛利氏の手によって改修されたと推測されている。天正八（一五八〇）年、馬来氏は小馬木城を築いて移った。天正十七（一五八九）年、当主・馬来元貞は安芸に移封され当地から去ったが、元貞の父・孝綱らは残っている。

　同地区にある金言寺の境内には「夕景城址之碑」が建っており当寺の西側に城があるが、他の山に遮られ全景を見るのは難しい。

＊1　尼子氏麾下で重視された出雲国内の城。白鹿・三沢・三刀屋・赤穴・牛尾・高瀬・神西・熊野・真木（夕景）・大西（高麻）の十
＊2　人物事典：三沢氏（386頁）
＊3　月山富田城（41頁）

所在地／仁多郡奥出雲町大馬木
駐車場／不明
遺構／櫓台・土塁・虎口など
標高／936m　比高／470m

118 梅窓院《ばいそういん》（同安寺跡《どうあんじあと》）

曹洞宗。明応元（一四九二）年、三刀屋城主＊1だった三刀屋氏の一族・梅之姫《うめのひめ》（三刀屋久扶《ひさすけ》の伯母と伝わる）が後谷＊2に草庵を結んだのが始まりである。永正四（一五〇七）年（天正四（一五七六）年説あり）に梅之姫が亡くなった際の戒名が梅窓院殿栄芳禅定尼だったことから梅窓院と号した。以後、三刀屋氏の菩提寺となるが、天正十六（一五八八）年に久扶

同安寺跡の殿様墓

が毛利輝元から追放されると衰微する。しかし慶長年間（一五九六～一六一五年）に桐岳寺*3の住職・文精が現在地に移して再興した。

梅窓院から北東に三〇〇メートル離れた場所に同安（案）寺跡がある。久扶の叔父・長玄が天文十六（一五四七）年に出家して創建し三刀屋氏の菩提を弔った。その後、梅窓院の末寺になったようだが、やがて廃寺になる。

同安寺跡には殿様墓と呼ばれる観音開きの石室に入った四基の宝篋印塔が建つ。三刀屋氏の墓、尼子氏の墓、堀尾吉晴の弟・掃部とその息子である修理の墓と様々な説があるが定かではない。

*1　三刀屋城（150頁）
*2　同町古城
*3　松江市奥谷町

所在地／雲南市三刀屋町給下760

119 峯寺《みねじ》

真言宗。斉明天皇四（六五八）年に役小角が開いたとの伝承がある古刹である。戦国時代は尼子氏からの崇敬を受けたという。兵火によって伽藍が焼失したが、永禄七（一五六四）年には三刀屋城主*1・三刀屋久扶が、慶長三（一五九八）年には毛利氏が再建した。毛利氏は寺領の寄進も行っている。近世も松江藩主の堀尾氏・京極氏・松平氏が寄進を行った。近

峯寺本堂

代になると修験道の廃止などで衰退する。

寺宝に絹本著色不動明王二童子像・絹本著色十二天像・絹本著色真言八祖像（いずれも県指定文化財）などがある。

＊1 三刀屋城（150頁）

所在地／雲南市三刀屋町給下1381
駐車場／あり

120 三刀屋城《みとやじょう》（天神丸城《てんじんまるじょう》・尾崎城《おざきじょう》・城山城《じょうやまじょう》）

県指定史跡。尼子十旗＊1の一つ。現在でも三刀屋町には国道五四号と高速道路の尾道松江線が通っていることから分かるように、当城は陰陽を結ぶ要衝であった。

承久三（一二二一）年、諏訪部（三刀屋）扶長が三刀屋郷の地頭になった際、当城の北西にある「じゃ山」に居城を築城したという。戦国時代に尼子経久が台頭すると家臣になるが、天文十一（一五四二）年の第一次月山富田城攻防戦＊2では大内義隆に従う。しかし翌年、義隆が不利になると尼子氏に帰参した。永禄五（一

三刀屋城本丸

三刀屋城物見櫓台

五六二）年に雲芸攻防戦が始まると毛利元就に降伏する。この頃、支城だった当城に居城を移したと推測されている。同年から翌年にかけて当城を落とそうとした尼子軍と三刀屋久扶が城の周囲で戦った。天正十六（一五八八）年、久扶は毛利輝元に徳川家康との内通を疑われて追放されたという。その後、久扶の子・孝祐は毛利氏に微禄で仕え朝鮮出兵に参加するが恩賞が少ないことを怒り退去した。子孫は紀伊徳川家に仕えている。

三刀屋氏が去った後、毛利氏が改修。さらに関ヶ原の戦い後に堀尾吉晴が出雲を支配すると、吉晴の弟・掃部が入り出雲の西の拠点と位置づけ大規模な改修を行っている。

＊1　尼子氏麾下で重視された出雲国内の城。白鹿・三沢・三刀屋・赤穴・牛尾・高瀬・神西・熊野・真木（夕景）・大西（高麻）の十

＊2　月山富田城（41頁）

所在地／雲南市三刀屋町古城
駐車場／あり。ただし駐車場に至る道までは狭い
遺構／曲輪・櫓台など
標高／130m　比高／100m

121 浄土寺《じょうどじ》

浄土宗。文応元（一二六〇）年、三刀屋城主[*1]・三刀屋扶盛の弟である扶栄が仏門に入り尾崎村[*2]に栄安寺を建てたのが始まりである。以来、三刀屋氏の菩提寺となるが天正十六（一五八八）年に三刀屋久扶が城から追放されると衰微。文禄四（一五九五）年、現在地に移転再興され寺号を浄土寺と改めた。

山門は三刀屋氏館の裏門が移築されたものと

伝わっていたが、平成六（一九九四）年に様式は同じまま再建されている。寺宝には久扶が追放された際、当寺に納めた愛用の柴茶釜がある。

＊1　三刀屋城（150頁）
＊2　同町古城と三刀屋の一部

—所在地／雲南市三刀屋町三刀屋1157
—駐車場／あり

浄土寺山門

122 海《う》潮《しお》神《じん》社《じゃ》

海潮神社

祭神は宇能活比古命など。創建年代は不明だが、「出雲国風土記」に記載されている古社である。戦国時代は尼子氏の重臣で牛尾城主＊1・牛尾弾正忠の崇敬が篤く、祈願所と定め社領を寄進したという。天正九（一五八一）年、牛尾大蔵左衛門＊2によって社殿が再建されている。

社宝として牛尾氏が神事の際用いたと伝わる獅子頭がある。

＊1　牛尾城（153頁）
＊2　鳥取編：牛尾大蔵左衛門の墓（55頁）

所在地／雲南市大東町南村424

123 牛《うし》尾《お》城《じょう》（三笠城《みかさじょう》・三笠山城《みかさやまじょう》）

尼子十旗＊1の一つ。京極氏・尼子氏に仕え勢力を伸ばした牛尾氏の居城である。永禄六（一五六三）年に毛利元就が白鹿城＊2を攻めた際に牛尾氏は後方から牽制した。永禄八（一五六五）年に月山富田城＊3が包囲されると牛尾豊前守は元就に降伏したという。しかし同族の牛尾弾正忠は第一次尼子再興戦＊4で再興軍に参加し牛尾城に籠もって熊野城＊5と共に抵抗したが、元亀元（一五七〇）年毛利軍に攻められ落城した。その後は豊前守が当城に入り、その子・大蔵左衛門＊6は毛利氏の家臣として活躍している。

牛尾城本丸

＊1　尼子氏麾下で重視された出雲国内の城。白鹿・三沢・三刀屋・赤穴・牛尾・高瀬・神西・熊野・真木（夕景）・大西（高麻）の十
＊2　白鹿城（61頁）
＊3　月山富田城（41頁）
＊4　人物事典：尼子再興軍（378頁）
＊5　熊野城（91頁）
＊6　鳥取編：牛尾大蔵左衛門の墓（55頁）

所在地／雲南市大東町南村
駐車場／なし（入口近くに駐車スペースあり）
遺構／曲輪・土塁など
標高／302m　比高／190m

124 弘安寺《こうあんじ》

曹洞宗。天平十一（七三九）年、富田*1に松渓院として創建されたと伝わる。法相宗だったが応永五（一三九八）年に曹洞宗となった。戦国時代は尼子経久の祈願所として興隆したが、尼子氏の衰退と共に衰える。天正六（一五七八）年、牛尾城主*2・牛尾大蔵左衛門*3によって現在地に移され菩提寺となった。関ヶ原の戦いで毛利氏が出雲を去ると、家臣だった牛尾氏は帰農したらしく寺勢が衰える。近世になってから寺号を弘安寺に改めたと伝わり、松江藩から寄進を受けた。

弘安寺本堂

境内の牛尾氏墓所には数基の宝篋印塔が建つが誰の者かは不明である。当寺の過去帳には牛尾遠江守夫妻、豊前守夫妻、大蔵左衛門夫妻、弾正忠夫妻と子の名などがある。「雲陽誌」には大蔵左衛門の法名・弘安院潮岩順江居士と刻んである石塔があったという記載があるが、ど

牛尾氏墓所

れを指しているのかは分からない。

＊1　安来市広瀬町富田
＊2　牛尾城（153頁）
＊3　鳥取編：牛尾大蔵左衛門の墓（55頁）

所在地／雲南市大東町南村319
駐車場／あり

125 佐世城《させじょう》

正中三（一三二六）年、出雲守護・佐々木氏の庶流である佐世清信が築城し居城にしたという。戦国時代になると佐世氏は尼子氏に仕え、佐世清宗は天文九（一五四〇）年の安芸吉田郡山城の戦いに参加し、永禄六（一五六三）年の白鹿城攻防戦＊1では救援に向かっている。その後、尼子義久に従い月山富田城＊2に籠もったが永禄八（一五六五）年に降伏した。雲芸攻防戦以降の当城の状況は不明だが、永禄五（一五六二）年に山内隆通が毛利氏から佐世郷内で七百貫を与えられていることから、この頃には清宗が城から去り毛利氏の管轄下にあったと思われる。

その後、清宗の長男・正勝と次男・元嘉は毛利輝元や小早川隆景に仕えて朝鮮出兵などで功があり、文禄三（一五九四）年に正勝が佐世郷

佐世城曲輪

佐世城城趾碑

内で八百五十石を与えられ旧領に戻り当城の城主に返り咲いた。関ヶ原の戦い後、毛利氏に従って佐世氏が出雲から去った際、廃城になったと思われる。現在は城山公園として整備されている。

＊1　白鹿城(61頁)
＊2　月山富田城(41頁)

所在地／雲南市大東町下佐世
駐車場／城山公園に駐車スペースはあるが駐めて良いか不明
遺構／曲輪・櫓台・土塁など
標高／80m　比高／30m

126 源《げん》入《にゅう》寺《じ》

曹洞宗。天文年間（一五三二～五五年）に佐世城主＊1・佐世氏が創建したという。天正年間（一五七三～九二年）、佐世正勝が再建し菩提寺とする。文禄五（一五九六）年に正勝の法号の永林院法厳源入居士から寺号を源入寺に改めた。

本堂には佐世氏の位牌が安置されている。

＊1　佐世城(155頁)

所在地／雲南市大東町下佐世822
駐車場／あり

源入寺本堂

127 狩《かり》山《やま》八《はち》幡《まん》宮《ぐう》

祭神は誉田別命など。天平元（七二九）年、宇佐八幡宮（石清水八幡宮とも）を勧請したのが始まりである。佐世城主*1・佐世氏の崇敬が篤く、文禄四（一五九五）年に佐世正勝が拝殿を建立した。正勝は慶長四（一五九九）年にも紙本板張著色三十六歌仙額と鰐口（共に市指定有形文化財）を奉納している。その他に正勝は永正十八（一五二一）年に米田源吉という農民が寄進した獅子頭（市指定有形文化財）を改めて奉納したという。社殿の西に佐世氏の墓が建ち一基は正勝の墓だと伝わる。

佐世氏の墓

*1　佐世城（155頁）

所在地／雲南市大東町下佐世837
駐車場／あり

128 阿《あ》用《よう》城《じょう》（阿《あ》与《よ》城《じょう》）

築城年代・築城者は不明だが磨石《とぎし》山に築かれた山城で、戦国時代には出雲守護だった京極氏の家臣・桜井氏の居城だった。永正十五（一五一八）年（諸説あり）、尼子経久は自分に従わない桜井宗的を屈服させるため嫡男・政久に当城を攻めさせる。しかし容易に落ちなかったため政久は兵糧攻めにしたが、夜に笛を吹いていたところを宗的に射殺された。これを知った経久は大いに怒り次男・国久*1と三男・興久*2に計略を授け城を落とし宗的を討ち取ったという。その後、桜井氏は尼子氏に仕えたが、

阿用城山頂の曲輪

雲芸攻防戦の最中に毛利氏に寝返ったようである。永禄十三（一五七〇）年、尼子再興軍*3が当城に籠もっていたが、毛利軍の攻撃を受け落城している。

＊1　新宮党館跡（38頁）
＊2　尼子興久の墓（36頁）
＊3　人物事典：尼子再興軍（378頁）

所在地／雲南市大東町東阿用　駐車場／なし
遺構／曲輪・土塁など
標高／309m　比高／170m

129 野《の》田《だ》の五《ご》輪《りん》塔《とう》（光《みつ》永《なが》中務《なかつかさ》少輔《しょうゆう》の墓）

天文八（一五三九）年頃、毛利元就は和解していた尼子晴久と手を切り月山富田城*1にいた家臣の光永中務少輔と赤川十郎左衛門を城から脱出させた。二人は安芸を目指し十郎

野田の五輪塔

左衛門は逃げ延びるが、中務少輔は当地で尼子の兵に追いつかれ討ち死にしてしまう（「陰徳太平記」より）。

この五輪塔は中務少輔の墓だと伝わるが、製作されたのが後の時代と推測されており供養塔の可能性もある。

＊1　月山富田城（41頁）

所在地／雲南市大東町大東

130 高麻城《たかさじょう》（高佐城《たかさじょう》・大西城《だいさいじょう》）

尼子十旗＊1の一つ。天文年間（一五三二～五五年）に鞍懸《くらかけ》氏＊2（大西氏）が築城したと伝わる。大西氏は三沢氏＊3の庶流で鞍掛村＊4を領していたが新宮村＊5の代官に任ぜられたことから当地に進出した。戦国時代は尼子氏に従う。永禄三（一五六〇）年、鞍懸豊勝は山吹城＊6の在番を勤める際に無事を祈って日御碕神社＊7に社領を寄進した。第二次月山富田城攻防戦＊8

高麻城主郭

では大西十兵衛が富田城に籠もり毛利軍と戦っている。永禄九（一五六六）年に尼子義久が降伏し安芸に行く際十兵衛も従った。

永禄十二（一五六九）年、尼子再興戦*9が始まると大西久勝は当城で挙兵し再興軍に味方した。しかし翌年に牛尾城*10が落ちた上吉川元春・元長軍に水の手を断たれたため、城を捨てて高瀬城*11に撤退したと伝わる。その後、廃城になったという。

*1　尼子氏麾下で重視された出雲国内の城。白鹿・三沢・三刀屋・赤穴・牛尾・高瀬・神西・熊野・真木(夕景)・大西(高麻)の十
*2　鞍懸氏が地名を取って大西氏を名乗ったと思われるが関係については分かっていない
*3　人物事典：三沢氏(386頁)
*4　仁多郡奥出雲町三沢の上鞍掛と下鞍掛地区
*5　同市加茂町新宮
*6　山吹城(197頁)
*7　日御碕神社(123頁)
*8　月山富田城(41頁)
*9　人物事典：尼子再興軍(378頁)
*10　牛尾城(153頁)
*11　高瀬城(118頁)

所在地／雲南市加茂町大西・大東町仁和寺
駐車場／あり。ただし駐車場に至る道までは狭く未舗装
遺構／曲輪・堀切・虎口など
標高／195m　比高／155m

131 八《やつ》畦《うね》古《こ》戦場《せんじょう》

永禄五（一五六二）年、出雲に侵攻した毛利元就は白鹿城*1を攻めていた。これに対して尼子義久に従い熊野城*2を守っていた熊野入道西《さい》阿《あ》は、三刀屋城*3を攻めて山陽方面からの毛利軍の糧道を断つため出撃し前原村付近*4に陣を構える。三刀屋城主・三刀屋久扶は八畦峠を越えられて城近くまで攻められる訳にはいかないと西阿の陣に夜襲をかけた。混乱の中、西

阿は怒り狂って味方を引き連れ敵に突っ込み薙ぎ倒していったため、三刀屋軍はたまらず八畦峠まで撤退。勢いに任せて追撃してきた西阿だが、三刀屋軍の矢衾《やぶすま》を受け遂には討ち取られてしまった（「雲陽軍実記」より）。

　近世になってから西阿の祟りがあるとして地蔵尊を安置し霊を鎮めようとした。地蔵尊は現存し「九万殿《くまんど》権現（九万は熊野のこと）、奉寄進願主当村銘々」と刻んである。その横には大正六（一九一七）年に建てられた「熊野入道西阿碑」がある。

熊野入道西阿碑

＊1　白鹿城（61頁）
＊2　熊野城（91頁）
＊3　三刀屋城（150頁）
＊4　同市大東町前原

所在地／雲南市加茂町近松
駐車場／なし

132 日《ひ》倉《ぐら》山《やま》城《じょう》

　市指定史跡。築城年代は不明だが、備後甲山城主・山内首藤氏の庶流の多賀山（高野山）氏が陰陽を結ぶ当地を押さえるため築城した。戦国時代になると多賀山氏は尼子経久に従う。

　しかし天文十二（一五四三）年の第一次月山富田城攻防戦＊1では多賀山（多賀）通定は大内義隆に従い、撤退の際山口に落ち延びた。大内氏が滅んだ後、通定は永禄五（一五六二）年の雲芸攻防戦で毛利元就に従い出雲に戻る。しかしその時には尼子氏によって残った一族は白鹿城*2に送られて殺され城も破壊されていたという（「雲陽軍実記」より）。

しかし多賀山氏は富田城攻防戦後も引き続き尼子氏の傘下にあり、多賀山氏と京極氏の家臣で出雲や近江で活躍した多賀氏の後裔を混同したと考えられ、通定の経歴は毛利氏に仕えた多賀元龍で、通定は同時期に毛利氏に従って当地に進出してきたという説もある。

日倉山城本丸

永禄六（一五六三）年、毛利隆元が滞在していたが大友宗麟に攻められている九州の城を救出するため転進しており、毛利氏が兵站基地として整備していたようである。

駐車場の付近には「日倉城記念碑」が建っている。

＊1　月山富田城（41頁）
＊2　白鹿城（61頁）

所在地／雲南市掛合町掛合　駐車場／あり
遺構／曲輪・虎口など
標高／376m　比高／150m

133 狭《さ》長《なが》神《じん》社《じゃ》

祭神は天忍穂耳命など。「出雲国風土記」に記載のある古社である。伝承ではかつては当地より西一キロの一本木の高山にあったが、のちに天神山に移り更に現在地に移ったという。天正十一（一五八三）年、日倉山城主＊1・多賀山通定が社殿を造営した。元和五（一六一九）年には松江藩主・堀尾忠晴が遷宮を行っている。嘉永元（一八四八）年と安政三（一八五六）年の火災で古文書などが失われた。

末社の新八幡宮（祭神・誉田別命など）は通定が勧請したと伝わり、現在は通定本人も祀られている。中には七人の家臣が武運長久を祈願して納めた木像七体が安置されている。

狭長神社拝殿

新八幡宮

＊1　日倉山城（161頁）

所在地／雲南市掛合町掛合2136

134 宗《そう》円《えん》寺《じ》

曹洞宗。天正十二（一五八四）年、日倉山城主＊1・多賀山通定の菩提を弔うため僧・横山を開山として創建されたという。通定は天正七（一五七九）年に亡くなり当寺近くの清水坂に葬られたというが、天正十一（一五八三）年の狭長神社＊2の棟札には通定の名前があるため年代には疑問が残る。同年月日に多賀元龍が亡くなっており、後世になって通定と混同されたと思われる。本堂には「俗名多賀与四郎尉藤原朝臣道定《ママ》」と刻んである位牌があり、藤原姓であることから通定のものではないかと推測されている（元龍の系統は中原姓）。

清水坂には「天正七己卯年九月九日」「宗圓開基賓涌院殿湖峯宗珊大居士　神儀」「多賀興四郎尉通定」と刻んだ墓と、その傍らに殉死者七人の戒名と俗名を刻んだ殉死墓が建つ。七人の姓名は佐施彦三郎・多賀彦太郎・多賀次郎左衛門・多賀彦六・多賀大蔵左衛門・狩野新蔵人・狩野新左衛門で、新八幡宮*2に木像を奉納した者達である。

宗円寺

多賀山通定と殉死者の墓

＊1　日倉山城（161頁）
＊2　狭長神社（162頁）

所在地／雲南市掛合町掛合988
駐車場／あり

135 熊谷直続《くまがいなおつぐ》の墓《はか》

天文十一（一五四二）年、大内義隆は第一次月山富田城攻防戦*1の足掛かりとして石見・備後との国境に近い瀬戸山城*2を包囲した。同年六月七日、大内氏配下の熊谷直続は三百の部下を率いて抜け駆けし城下町を放火して城に迫ったが、出撃した城主・赤穴光清ら城兵に取り囲まれてしまう。直続は奮闘するが遂に荒川与三兵衛と主従二人になってしまい遅越《おそごえ》というところで討たれてしまった。写真は直続と与三兵衛主従の墓だと伝わる。

熊谷直続主従の墓

民家を抜ける必要があるため注意が必要である。

＊1　月山富田城（41頁）
＊2　瀬戸山城（171頁）

所在地／飯石郡飯南町下赤名
駐車場／なし

136 烏田権兵衛勝定之碑《からすだごんべえかつさだのひ》

瀬戸山城主＊1・赤穴久清の家臣で毛利元就に抵抗した烏田勝定を讃えた碑（供養塔）である＊2。明治三十（一八九七）年、子孫等によって建てられた。

烏田権兵衛勝定之碑

＊1　瀬戸山城（171頁）
＊2　突根尾原古戦場（166頁）

所在地／飯石郡飯南町上来島
駐車場／なし

137 突《つき》根《ね》尾《お》原《ばら》古《こ》戦場《せんじょう》

永禄三（一五六〇）年、毛利元就は石見と出雲の境にまで侵攻し瀬戸山城主*1・赤穴久清に降伏を促した。久清が軍議にかけたところ、ほとんどの家臣は降伏やむなしという意見になったが、烏田勝定*2と森田勝経の二人は尼子氏への忠義を理由に反対し城を出て行った。そして両人は賀田城*3を本拠地として近隣の村々を荒らし兵糧を確保する。

突根尾原古戦場
（現在、標柱は建て替えられている）

その後、元就が赤穴領に到着。久清が各村の寺社などを清掃し迎えたため毛利軍は安心して滞在していた。しかし突根尾原に陣を構えた勝定と勝経が二千の兵を率いて毛利軍を襲い兵糧などを度々奪い取った。これに対して吉川元春の命を受けた佐波上野介が攻撃してきたが撃退する。しかし天野隆重らが率いる三千の兵に攻撃されると敗北し、勝定は討たれ勝経は賀田城に退却したのち白鹿城*4に逃亡したという（「雲陽軍実記」より）。

久清が元就に降伏したのが永禄五（一五六二）年のため、その頃に起きた一部の家臣の抵抗がこのような形で「雲陽軍実記」に記載された可能性もある。

＊1　瀬戸山城（171頁）
＊2　烏田権兵衛勝定之碑（165頁）
＊3　賀田城（172頁）
＊4　白鹿城（61頁）

所在地／飯石郡飯南町野萱
駐車場／なし

138 赤名《あかな》古《こ》戦場《せんじょう》

天文十一（一五四二）年、大内義隆は月山富田城[*1]を攻めるため手始めに瀬戸山城[*2]を攻撃した。城主・赤穴光清は陶晴賢・吉川興経らの攻撃を必死に防ぐが、流れ矢に当たって戦死し開城している。

「尼子毛利古戦場」の看板付近から瀬戸山城までが古戦場と伝わり、ここから城が一望できる。

＊1　月山富田城（41頁）
＊2　瀬戸山城（171頁）

所在地／飯石郡飯南町上赤名
駐車場／なし

赤名古戦場

139

大光寺《だいこうじ》

明応三（一四九四）年、瀬戸山城主＊1・赤穴幸清の室が開基した明窓院＊2の三代目住職が隠居後に創建したという。明治時代に明窓院に統合され境外仏堂となり管理されている。

小庵の裏手に赤穴瀬戸山城主代々墓地があり十数基の宝篋印塔が建つ。当寺に瀬戸山城主・松田吉久と正室・側室の三人が葬られたという。正室は当初愛宕山の麓に葬られたが、ある時、住職の前に正室の霊が現れ「自分も主人と一緒に葬って欲しい」と訴えたため、正室の遺体を当寺に改葬したという伝承がある。

＊1　瀬戸山城（171頁）
＊2　同町下赤名

所在地／飯石郡飯南町上赤名
駐車場／なし

大光寺

赤穴瀬戸山城主代々墓地

140 赤《あか》穴《な》八《はち》幡《まん》宮《ぐう》

赤穴八幡宮拝殿

祭神は別雷神など。宝亀元（七七〇）年に松尾神社として創建された。平安時代、松尾庄と呼ばれていた当地が石清水八幡宮の荘園になると、赤穴別宮が併設され赤穴庄と呼ばれるようになる。松尾神社は徐々に赤穴別宮に取り込まれて中世には現在の社名となったと推測されている。

瀬戸山城主*1・赤穴氏の崇敬が篤く、赤穴幸清が社領を寄進したという。天文十六（一五四七）年に赤穴清勝が使用した獅子頭が奉納され、弘治二（一五五六）年には赤穴久清が造営した。近世になると松江藩から社領を減らされる。

釼神社

境内摂社*2の釼神社は赤穴氏の歴代当主や家臣の烏田勝定・森田勝経*3等を祀っている。社宝に木造八幡神坐像（国指定重要文化財）などがある。

*1　瀬戸山城（171頁）
*2　神社の格式の一つ。本社に付属し、その祭神と縁故の深い神を祀った神社。本社と末社との間に位置する
*3　突根尾原古戦場（166頁）

所在地／飯石郡飯南町上赤名1652
駐車場／なし

141 西蔵寺《さいぞうじ》

浄土真宗。鎌倉時代、入間村*1に創建された。その後福田村*2に移り、天文十一（一五四二）年に瀬戸山城*3が落ちた後現在地に移転する（近世の初めに移ったとも伝わる）。尼子経久の家臣・妹尾幸久が四十七歳の時に出家して一時期当寺に寄宿していたが、船津村*4に移り正善寺を建立したという。宝暦十（一七六〇）年、伽藍と共に記録なども焼失したため詳細は不明である。

西蔵寺本堂

墓地に福島正則の家臣で備後尾関山城主だった尾関正勝の墓が建つ。正勝は関ヶ原の戦いなどで活躍した勇将だったが、福島家の改易により城を去り当地に来て寛永五（一六二八）年に亡くなったという。通説では正勝は尾関山城のあった広島県三次市に残り、元和六（一六二〇）年に亡くなっている。一時、当寺に寄宿していたと伝わるので寛永五年は供養塔が建てられた年だと思われる。

尾関石見守正勝の墓

*1　雲南市掛合町入間
*2　同町下赤名
*3　瀬戸山城（171頁）
*4　出雲市船津町

所在地／飯石郡飯南町下赤名708

142 瀬《せ》戸《と》山《やま》城《じょう》（赤《あか》穴《な》城《じょう》・衣《きぬ》掛《がけ》城《じょう》・藤《ふじ》釣《づる》城《じょう》）

尼子十旗*1の一つ。永和二（天授二・一三七六）年、当地の領主・紀氏の没落に伴い、佐波郷*2の領主・佐波実連の子だった佐波（赤穴）常連が幕府から支配を認められ翌年に城を築いたのが始まりと伝わる。

戦国時代になると赤穴氏は尼子経久に従う。天文十一（一五四二）年の第一次月山富田

瀬戸山城石垣

瀬戸山城全景

城攻防戦*3では、石見・備後と国境を接している当城が出雲侵攻の第一目標となり、数万の大内義隆軍に攻められた。赤穴軍は神戸川を堰き止めて城の周囲を湖水とし二ヶ月に渡って抵抗したが、当主・光清が敵の流れ矢に当たって戦死したため降伏している。しかし翌年に義隆が敗北すると赤穴氏は城主に返り咲いた。文禄五（一五六二）年、毛利元就が出雲に侵攻してくると、光清の子・久清はさほど抵抗せず降伏している。関ヶ原の戦いで、当主・元寄が毛利輝元に従って長門に去った。その後、出雲に移封された堀尾氏の家臣・松田吉久が入る。城の麓には吉久の墓が建っている。一国一城令の後、廃城となった。

吉久は松田誠保の息子*4で尼子再興軍*5の壊滅後、堀尾吉晴に仕え息子の因幡は吉晴の娘と婚姻している。吉久は福島正則と親しく酒を酌み交わす間柄だったという。

*1 尼子氏麾下で重視された出雲国内の城。白鹿・三沢・三刀屋・赤穴・牛尾・高瀬・神西・熊野・真木(夕景)・大西(高麻)の十

*2 邑智郡美郷町の一部

*3 月山富田城(41頁)

*4 人物事典:松田誠保(385頁)。吉久は近江出身で出雲の松田氏とは関係がないという説もある。

*5 人物事典:尼子再興軍(378頁)

所在地／飯石郡飯南町下赤名
遺構／曲輪・石垣・虎口など
標高／683m　比高／190m

143 賀田城《かだじょう》

高名和城《たかなわじょう》や松本城と同じ城だと推測されているため、それらを合わせて記載する。築城年代は不明だが、正平元（貞和二・一三四六）年、石見の国衆だった佐波実連の弟・秀清が籠城し

賀田城全景

賀田城本丸

たという。戦国時代になると瀬戸山城*1の支城となり赤穴幸清の弟・幸季が城主を務めた。永禄三（一五六〇）年、毛利元就に抵抗した赤穴氏の家臣・烏田勝定と森田勝経が本拠地にしている*2。関ヶ原の戦い後、堀尾氏が出雲を与えられると改修されたようである。

＊1　瀬戸山城（171頁）
＊2　突根尾原古戦場（166頁）

所在地／飯石郡飯南町下来島
駐車場／なし
遺構／曲輪・竪堀など
標高／494m　比高／110m

コラム

月山富田城攻防戦

尼子氏の居城・月山富田城*1は山陰地方屈指の山城である。この城は二度も大軍に攻められ激しい攻防戦を繰り広げている。

天文十（一五四一）年、尼子晴久は毛利元就の居城・安芸吉田郡山城を攻めたが大敗。同年には経久が亡くなり急速に勢力が衰える。これを好機と捉えた大内義隆が出雲遠征を計画。翌年三月、義隆自ら軍を率いて安芸・石見を経由して出雲に侵攻し七月には瀬戸山城*2を攻略した。出雲の国衆のほとんどが義隆に従い、九月には大根島の尼子軍が大内軍に敗れている*3。天文十二（一五四三）年二月、義隆は京羅木山*4に本陣を構え三月には攻撃を開始した。しかし城の守りは堅く落とすことは出来なかった。この間、義隆は揖夜神社*5などに戦勝を祈願している。五月、出雲・石見などの国衆が尼子氏に帰属したため義隆は撤退した。この時、養子・晴持*6が死去。元就も苦労の末、安芸に帰国している*7。

永禄五（一五六二）年、大内氏を滅ぼし石見も制圧した元就は出雲に侵攻。元就は義隆の失敗を目の当たりにしており確実に城を落とすため時間をかけて出雲制圧を行った。六月に瀬戸山城を手に入れ、八月頃には鳶ヶ巣城*8に拠点に置くなど順調にことを進めていた元就だったが、十一月に本城常光*9を謀殺したことから状況が一変。出雲や伯耆の国衆の反発を招き赤名*10まで退いている。だが十二月に再び侵攻を開始し、洗合城*11を築いて拠点を移し富田城と白鹿城*12の連携を断とうとした。この年、寺社勢力を取り

毛利軍の出雲侵攻

込むため出雲大社[13]・鰐淵寺[14]の所領を安堵している。

永禄六（一五六三）年、晴久の跡を継いでいた義久が伯耆の河岡城[15]を攻撃するが失敗し七月には撤退した。八月、元就は白鹿城攻撃を本格化し十月に落としている。十一月、弓ヶ浜[16]の毛利軍が尼子軍に夜襲されるが撃退した。十二月には隠岐も毛利軍がほぼ制圧し、翌年四月頃に西伯耆の北部も制圧している。

永禄八（一五六五）年一月には熊野城[17]と十神山城[18]が落ち、富田城が孤立する状況となった。三〜四月にかけて元就は富田城を攻撃するが落城させることはできず兵を置いて洗合城に戻っている。九月、山中鹿介と品川大膳が一騎討ちをして鹿介が勝利したと伝わるが大勢に影響はなかった[19]。永禄九（一五六六）年になると富田城の兵糧が欠乏し城兵が脱走し始める。そこで元就と義久は降伏交渉を開始。十一月には義久が降伏し城は元就のものとなった。

永禄十二（一五六九）年、尼子再興軍[20]が富田城を奪回するため攻撃するが城代・天野隆重に撃退されている。以降、富田城が攻められることはなかった。

＊1 月山富田城（41頁）
＊2 瀬戸山城（171頁）
＊3 尼子塚（93頁）
＊4 京羅木山（77頁）
＊5 揖夜神社（76頁）
＊6 大内神社（75頁）
＊7 七曲り（215頁）
＊8 蔦ヶ巣城（95頁）
＊9 人物事典：本城常光（384頁）
＊10 飯南町赤名
＊11 洗合城（63頁）
＊12 白鹿城（61頁）
＊13 出雲大社（126頁）
＊14 鰐淵寺（113頁）
＊15 鳥取編：河岡城（216頁）
＊16 鳥取県米子市の大部分と境港市を跨ぐ半島。戦いは境港市で行われたと思われる
＊17 熊野城（91頁）
＊18 十神山城（22頁）
＊19 山中公一騎討之處の碑（37頁）
＊20 人物事典：尼子再興軍（378頁）

島根県石見地域

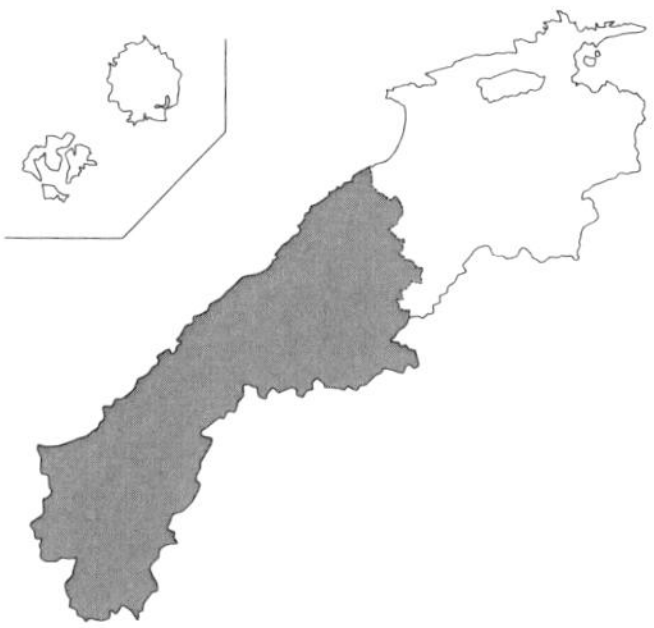

大田市
江津市
浜田市
邑智郡川本町
邑智郡美郷町
邑智郡邑南町
益田市
鹿足郡津和野町
鹿足郡吉賀町

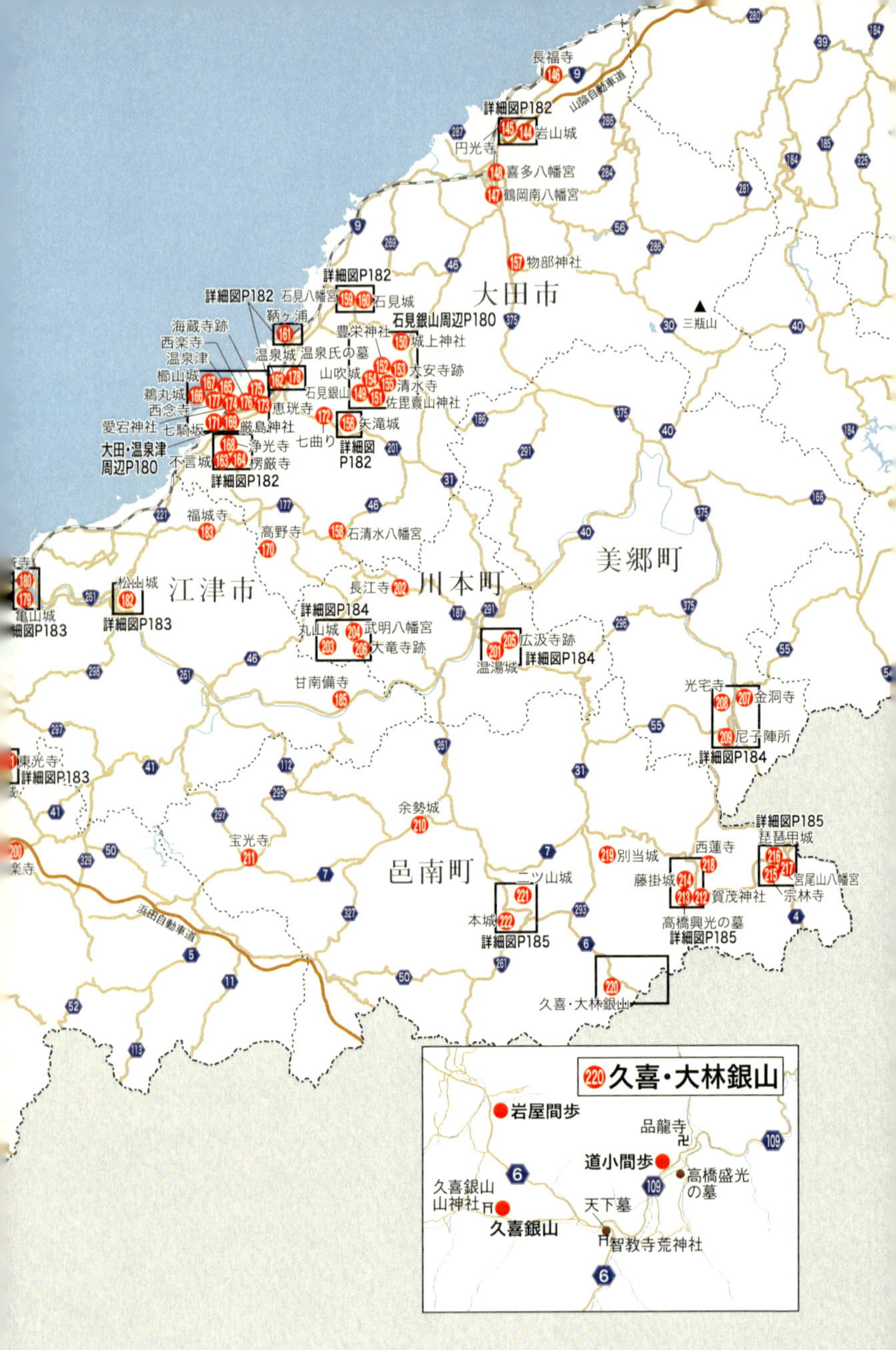
大田市
江津市
川本町
美郷町
邑南町
長福寺
詳細図P182
岩山城
円光寺
喜多八幡宮
鶴岡南八幡宮
物部神社
山陰自動車道
三瓶山
詳細図P182
石見八幡宮
石見城
石見銀山周辺P180
豊栄神社
城上神社
温泉氏の墓
大安寺跡
清水寺
佐毘賣山神社
山吹城
石見銀山
矢滝城
七曲り
詳細図
P182
詳細図P182
鞆ヶ浦
海蔵寺跡
西楽寺
温泉津
温泉城
櫛山城
鵜丸城
西念寺
恵珖寺
愛宕神社
七騎坂
厳島神社
浄光寺
大田・温泉津
周辺P180
不言城
楞厳寺
詳細図P182
福城寺
高野寺
石清水八幡宮
亀山城
細図P183
松山城
詳細図P183
長江寺
詳細図P184
丸山城
武明八幡宮
大竜寺跡
広汲寺跡
詳細図P184
温湯城
甘南備寺
光宅寺
金洞寺
尼子陣所
詳細図P184
東光寺
詳細図P183
余勢城
宝光寺
浜田自動車道
楽寺
別当城
西蓮寺
詳細図P185
琵琶甲城
宮尾山八幡宮
宗林寺
藤掛城
賀茂神社
高橋興光の墓
詳細図P185
二ツ山城
本城
詳細図P185
久喜・大林銀山
久喜・大林銀山
岩屋間歩
品龍寺
道小間歩
高橋盛光
の墓
久喜銀山
山神社
久喜銀山
天下墓
智教寺荒神社

島根県石見地域 史跡位置図

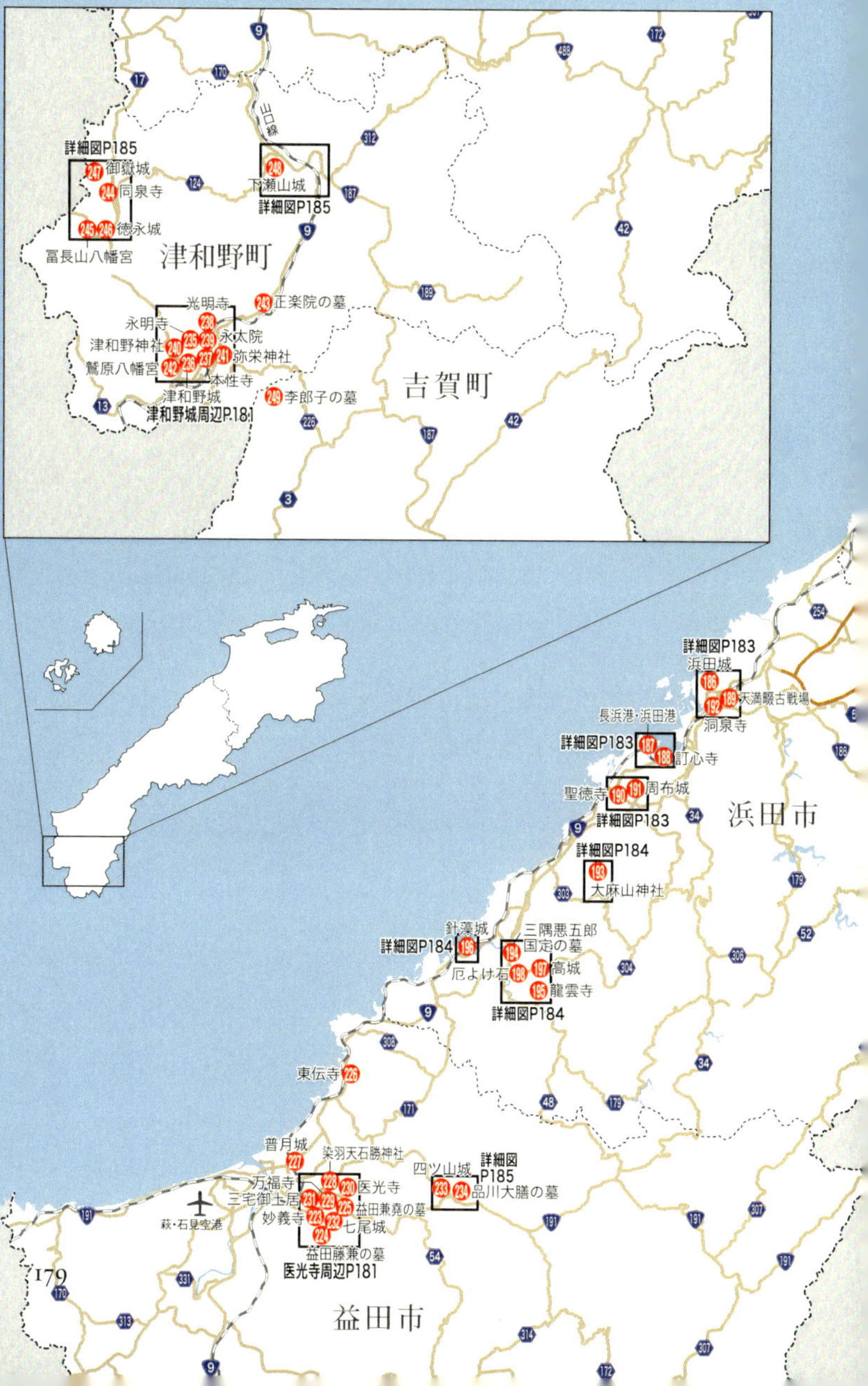

大田・温泉津周辺
櫛島キャンプ場
櫛山城 167
櫛山城入口
沖泊 165
（温泉津）
恵比須神社
温泉津総合
体育館
温泉津総合
運動場
鵜丸城 166
公衆トイレ
鵜丸城入口
海蔵寺跡 175
西念寺 177
愛宕神社
174
176 173 恵珖寺
西楽寺
愛宕神社登り口
温泉津港
ゆうゆう館
駐車場
236
厳島神社
169
厳島神社入口
安楽寺
202
温泉津駅
9
山陰本線
七騎坂
171
温泉津IC
七騎坂入口
9

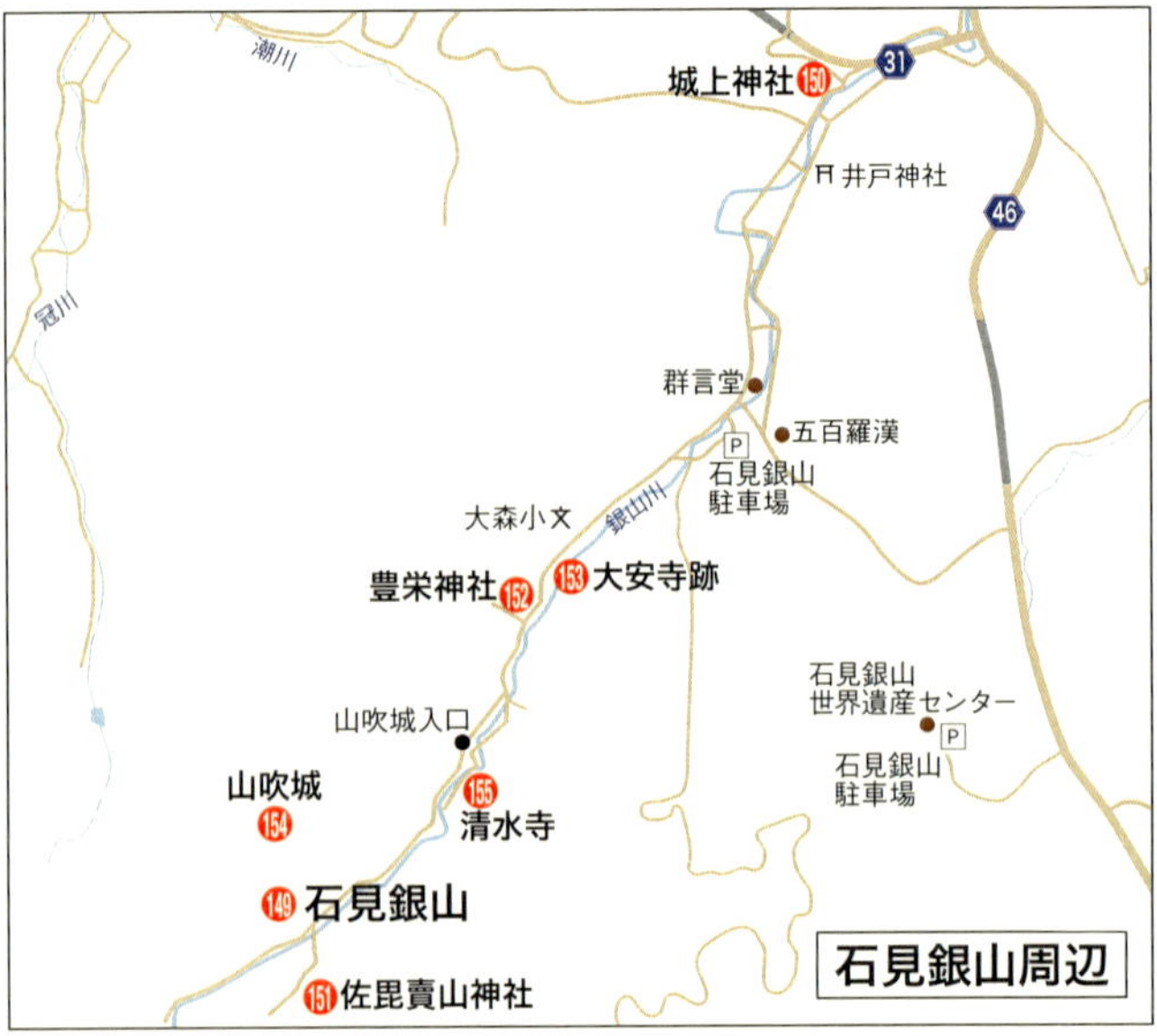
潮川
城上神社 150
31
井戸神社
46
冠川
群言堂
五百羅漢
石見銀山
駐車場
大森小
銀山川
豊栄神社 152
153 大安寺跡
石見銀山
世界遺産センター
石見銀山
駐車場
山吹城入口
山吹城
154
155
清水寺
149 石見銀山
151 佐毘賣山神社
石見銀山周辺

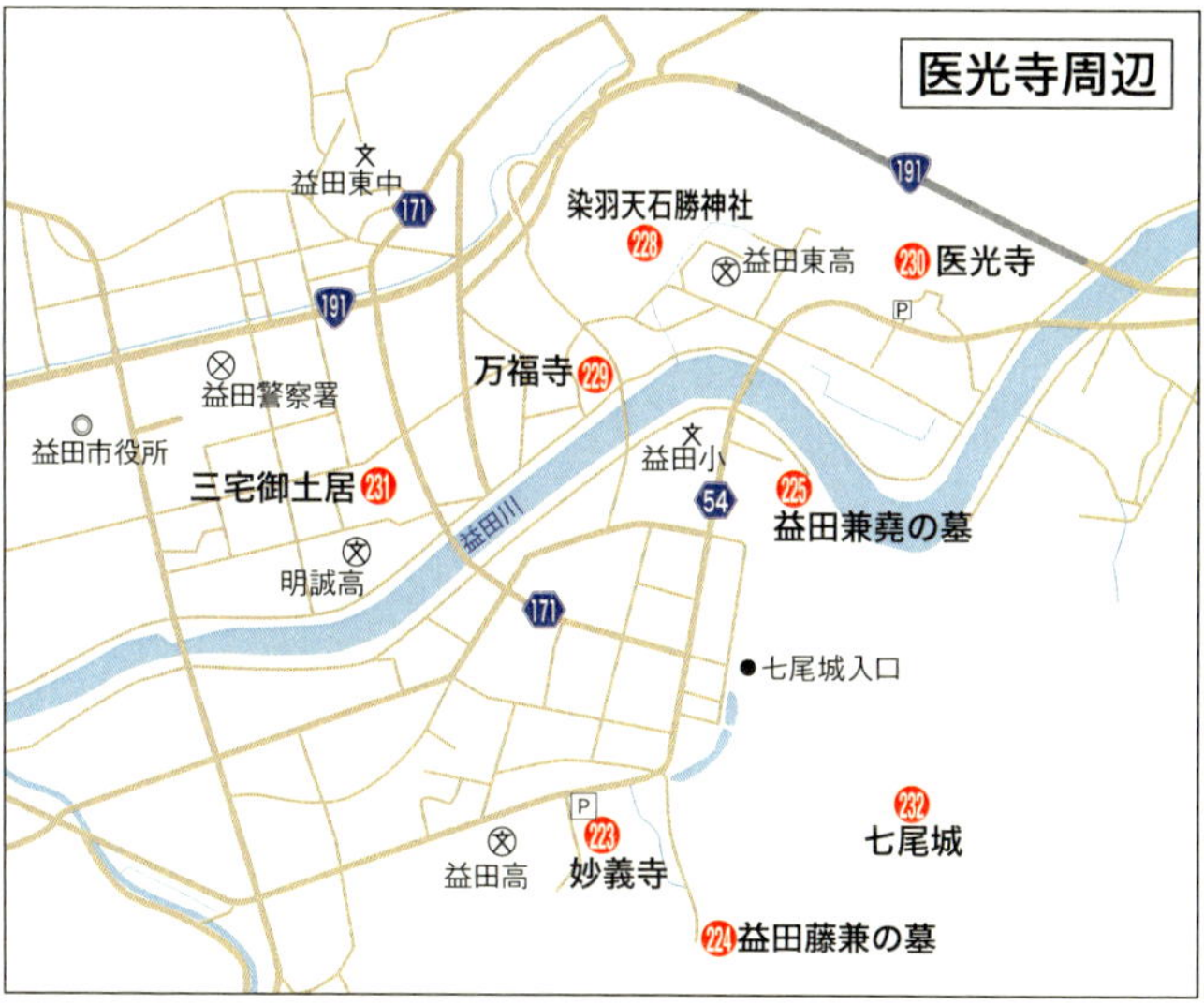

医光寺周辺
191
益田東中
171
染羽天石勝神社
228
益田東高
230
医光寺
191
万福寺
229
益田警察署
益田市役所
益田小
三宅御土居
231
益田川
54
225
益田兼堯の墓
明誠高
171
七尾城入口
232
七尾城
223
益田高
妙義寺
224
益田藤兼の墓

津和野城周辺
光明寺
238
津和野駅
永太院
239
永明寺
235
13
9
弥栄神社
太鼓谷稲成神社
241
小野寺義道の墓
240
津和野神社
リフト乗り場
津和野小
237
本性寺
津和野城
駐車場
津和野高
226
17
236
津和野城
13
鳴滝神社
山口線
242
鷲原八幡宮
光園寺
津和野川
下山神社
226
恵比寿神社

156 矢滝城

144 岩山城・145 円光寺

161 鞆ヶ浦

159 石見八幡宮・160 石見城

163 不言城・164 楞厳寺・168 浄光寺

162 温泉城・178 温泉氏の墓

181 東光寺・184 本明城

179 亀山城・180 普済寺

186 浜田城・189 天満畷古戦場・192 洞泉寺

182 松山城

190 聖徳寺・191 周布城

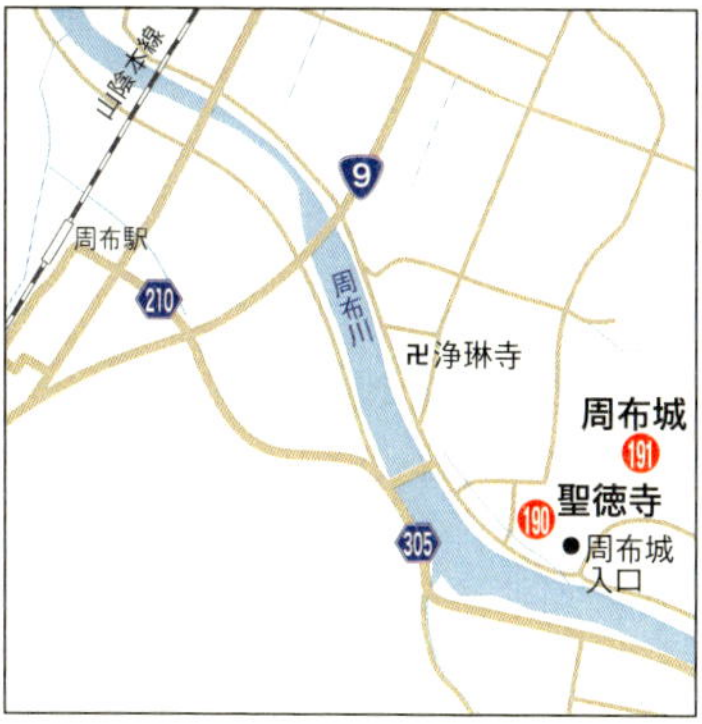

187 長浜港・浜田港・188 訂心寺

高城周辺

193 大麻山神社

201 温湯城・205 広汲寺跡

196 針藻城

207 金洞寺・208 光宅寺・209 尼子陣所

203 丸山城・204 武明八幡宮・206 大竜寺跡

215宗林寺・216琵琶甲城・217宮尾山八幡宮

212加茂神社・213高橋興光の墓・214藤掛城

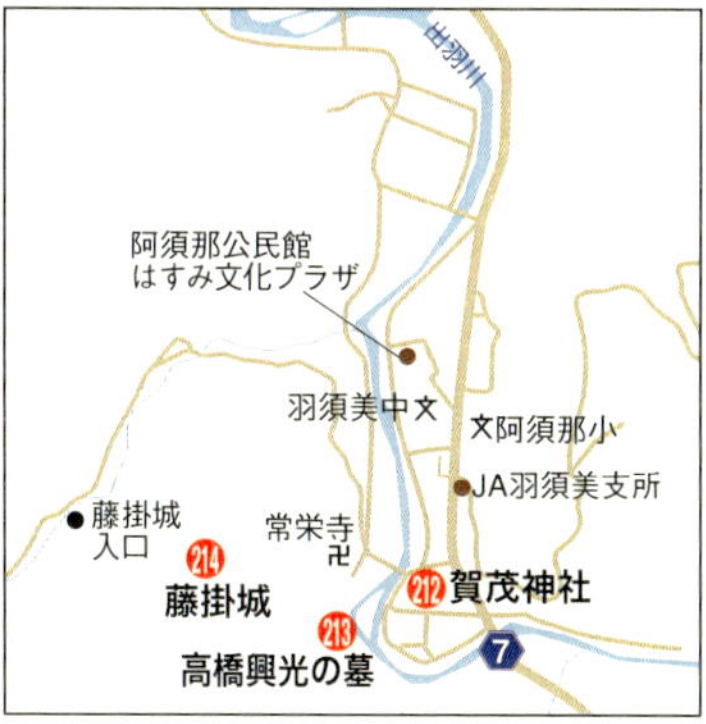

233四ツ山城・234品川大膳の墓

221二ツ山城・222本城

248下瀬山城

御嶽城周辺

144 岩山城《いわやまじょう》

天文年間（一五三二〜五五年）頃、小笠原長隆*1の四男・長信が築城し刺鹿《さっか》氏を名乗ったのが始まりだという。ただし小笠原氏の系図では長隆の息子に長信という人物はおらず、天文二十二（一五五三）年に長信が大内義長から領地を安堵されていることから、大内氏によって当地に派遣されたか地元の武将のようである。

当時、大田市波根町から久手町の辺りは潟湖（波根湖）で、刺鹿には波根湖の南西に位置する港があり中国にまで知られていた。ただし大型船が入らないため、十六世紀までには久手港に貿易港の機能が移ったようである。当城は刺鹿港と雲石の国境を守る要衝だった。

長信は毛利元就が石見東部に侵攻してくると降伏し、山吹城*2の守備についている。弘治二（一五五六）年、山吹城が落ちて元就の勢力が当地から一旦駆逐されると尼子晴久の家臣・波根久綱が入ったようである。永禄五（一五六二）年、毛利軍の侵攻を阻止しようと尼子氏の家臣・多胡辰敬*3が守備したが落城し辰敬も

岩山城の全景

岩山城主郭にある巨石

戦死したという（この頃に築城されたという説もある）。

この辰敬の戦死は有名だが同時代史料からは確認できず、辰敬は天文二十三（一五五四）年頃に毛利元就と通じ尼子家を去っていたという説がある。

円光寺＊4近くの標柱が建つ場所から全景が望める。主郭までの道はロープなどもあって整備されており登りやすい。入口までの道を横切るように山陰自動車道が走っているためトンネルを通る必要がある。

＊1　人物事典：石見小笠原氏（378頁）
＊2　山吹城（197頁）
＊3　人物事典：多胡辰敬（382頁）
＊4　円光寺（187頁）

所在地／大田市久手町刺鹿
駐車場／なし
遺構／曲輪・櫓台など
標高／98m　比高／88m

145 円光寺《えんこうじ》

円光寺本堂

曹洞宗。天文年間（一五三二〜五五年）、多胡辰敬＊1が創建したという。境内の墓地の奥には明治四十四（一九一一）年に当時の住職が建てた當山開基田湖家累代之碑があり、本堂には辰敬の位牌が安置されている。

寺宝に絹本著色多胡辰敬像（県指定文化財）がある。

＊1　人物事典：多胡辰敬（382頁）

所在地／大田市久手町刺鹿１３６９
駐車場／あり

146 長福寺《ちょうふくじ》

浄土宗。重蔵山城主[*1]だった富永元保の三男・三休は京都で修行したのち、母の死を知って天文九（一五四〇）年に戻り長福寺谷に庵・満蓮社を建て菩提を弔った。天文十二（一五四三）年、第一次月山富田城攻防戦[*2]に敗れた毛利元就は撤退中、満蓮社に数日間滞在し、三休に帰依して「矢違秘法の符」[*3]を受け取る。

當山開基田湖家累代之碑

永禄八（一五六五）年、父の元保が長福寺を建立して三休を住職にする。永禄十（一五六七）年、富田城を手に入れた元就は安芸への帰路に再び立ち寄り「三休の徳と矢違秘法の符のお陰で今日まで無事にいられた」と感謝して寺領と陣羽織を寄進

長福寺

した。その後、陣羽織は袈裟に作り直され現存している。三休は元就の要請で伽僧*4として九州出兵にも従軍したが、永禄十二（一五六九）年に尼子再興軍*5が出雲に上陸すると毛利軍と共に戻る。永禄十三（一五七〇）年、長旅の疲れからか病死した。

慶長五（一六〇〇）年の関ヶ原の戦いで毛利氏が石見を去った後も交流があり、大正時代初期まで続いていたという。寺宝に矢違秘法の符の判木や木造著色地蔵菩薩立像（市指定有形文化財）がある。元就にゆかりの鎧掛松や手洗い池があったようだが現存しているのか不明である。

*1　同市富山町
*2　月山富田城（41頁）
*3　矢避けの御守り
*4　話し相手。御伽衆と同じ役割の僧
*5　人物事典：尼子再興軍（378頁）

所在地／大田市波根町706
駐車場／あり

147 鶴岡《つるがおか》南《みなみ》八幡《はちまん》宮《ぐう》
（鶴岡八幡宮《つるがおかはちまんぐう》・南八幡宮《みなみはちまんぐう》）

祭神は誉田別命など。正式名称は八幡宮である。嘉禄二（一二二六）年、小笠原弾正*1が相模の鶴岡八幡宮を勧請したという。ただ通説では小笠原氏が石見に来たのは弘安年間（一二七八～八八年）のた

鶴岡南八幡宮拝殿

め時代が合わない。祭神が武神であることから当地を支配した武将の崇敬が篤かった。

　六角形の経堂の中にある鉄塔（共に県指定文化財）は、源頼朝が寄進し尼子経久が修復したという。鉄塔の中にある鉄製の経筒*2一六八口（県指定文化財）などが納められている。経筒の刻印には出羽から薩摩まであり全国に知れ渡っていたことが分かる。奉納の時期は永正十（一五一三）年〜元亀二（一五七一）年で、石見銀山*3の産出量が増加していった時期と重なっており、銀の流通と共に名が広まっていったと推定される。

鶴岡南八幡宮六角経堂

　永禄五（一五六二）年に毛利元就が門客神一対を奉納し、元亀年間（一五七〇〜七三年）には毛利輝元が社領を寄進している。永禄十（一五六七）年に小笠原長実が社殿を造営したという。同年には毛利氏に命じられた小笠原長雄が八幡大菩薩像三体と門客神獅面を奉納した。近世も幕府の保護を受け、大久保長安*4なども参拝している。

＊1　人物事典：石見小笠原氏（378頁）
＊2　経典を納めて経塚に埋める円筒形容器
＊3　石見銀山（192頁）
＊4　人物事典：大久保長安（379頁）

所在地／大田市大田町ロ954
駐車場／境内にあり。ただし境内までの道が
　狭いため注意が必要。

148 喜《き》多《た》八《はち》幡《まん》宮《ぐう》（北八幡宮《きたはちまんぐう》・北《きた》の宮《みや》・大田八幡宮《おおだはちまんぐう》）

喜多八幡宮の鳥居と拝殿

祭神は誉田別尊など。正式名称は八幡宮である。延暦年間（七八二～八〇六年）、豊前の宇佐八幡宮から勧請されたという。当地に関わった武家の崇敬が篤く、南北朝時代に足利直冬《ただふゆ》が社領を保護したと伝わる。元亀二（一五七一）年に小笠原長旌＊1が内殿を再建し、天正十二（一五八四）年にも佐波連良が本殿を再建した。大内義興・義隆父子、尼子晴久、毛利輝元、吉川元春が社領・神器・狛犬・刀や弓矢を寄進・奉納している。

近世になっても松江藩主・京極忠高や吉永藩主・加藤明友から寄進を受け、加藤氏は祈願所としている。

以前は大内義隆や小笠原長徳が奉納した刀があったという。毎年十月十五日は当社と鶴岡南八幡宮＊2から高野聖、負幟、獅子舞、大天狗などの行列が出て市内を練り歩く大田両八幡宮祭礼風流が行われる（県指定無形民俗文化財）。

＊1　人物事典：石見小笠原氏（378頁）
＊2　鶴岡南八幡宮（189頁）

所在地／大田市大田町大田イ2743
駐車場／なし

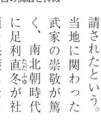

149 石見銀山《いわみぎんざん》

本来、石見銀山とは石見国全体の鉱山の総称だったが近世以降に当山のみを指すようになった。戦国時代は佐間（摩）銀山、温泉銀山（温泉津*1と合わせた名称）、単に銀山《かなやま》などと呼ばれている。延慶年間（一三〇八～一一年）、大内弘幸が開発したが南北朝時代に銀が枯渇したという。

龍源寺間歩

大永六（一五二六）年、博多の商人・神屋寿禎が仙山で鉱脈を発見し再開発が始まったと伝わる。享禄元（一五二八）年には早くも大内義興が支配に乗り出し、その後大内氏・尼子氏・毛利氏の間で激しい争奪戦が繰り広げられた*2。天文二（一五三三）年には灰吹法*3が導入され生産量が上がり最盛期は世界の三分の一を占めるまでになったという。

仙山

永禄五（一五六二）年、石見を平定した毛利元就が手中に収めている。天文十二（一五八四）年頃から毛利輝元と豊臣秀吉との共同管理になるが、関ヶ原の戦い後は石見から去った毛利氏に代わって徳川家康が押さえ、以降は江戸幕府の管理となる。近世に入ると産出量が低下、明治時代には銅の産出を主力とするが振るわず大正十二（一九二三）年に閉山となった。

　現在は周辺の城趾や温泉津などを含めた地域が石見銀山遺跡として観光地になっており、平成十九（二〇〇七）年には世界遺産登録された。近世以降の間歩が多数あり、一部は間歩内を見学することができる。石見銀山世界遺産センターでは銀山の歴史などが学べる。

*1　温泉津（沖泊）（208頁）
*2　コラム「石見銀山争奪戦」（297頁）
*3　金や銀の含有量の高い鉛合金を加熱融解して鉛を酸化し、灰吹皿に吸収させて除去する方法

所在地／大田市大森町
駐車場／あり

150 城《き》上《がみ》神《じん》社《じゃ》（大森《おおもり》明神《みょうじん》）

　祭神は大物主命・徳川家康など。創建年代は不明だが「延喜式」に記載のある古社である（記載されているのは別の神社という説あり）。永享六（一四三四）年に大内氏が馬路村*1の高山から町内にある愛宕山に移した。天正五（一五七七）年には毛利氏が現在地に移し社領の寄進を行う。慶長八（一六〇三）年に大久保長安*2が社領を寄進した。寛政十二（一八〇〇）年、社殿な

城上神社拝殿

どが焼失する。この時、境内にあった森の大木も焼失しておりそこが大森の地名の由来だったと伝わる。文化九（一八一二）年に再建された。

城上神社拝殿の天井画「鳴き龍」

龍蔵寺*3に安置されていた徳川家康の肖像画を写した掛け軸を祀る東照宮が境内に建っていたが、現在は当社に合祀されている。

社宝に長安が寄進した能面三面と能面箱（市指定有形文化財）及び帽子二枚、毛利元就が奉納した鎧などがある。拝殿は県の文化財に指定されている。

*1　同市仁摩町馬路
*2　人物事典：大久保長安（379頁）
*3　愛知県岡崎市にあったという寺

所在地／大田市大森町イ1477
駐車場／石見銀山資料館の駐車場が近くにあるが利用して良いか不明

151 佐毘賣山神社《さひめやまじんじゃ》

祭神は金山彦命*1など。永享六（一四三四）年、足利義教の命で大内氏が比礼《ひれ》振《ふり》山*2にあった佐毘賣山神社を山吹城の麓に勧請したと伝わる。大永年間（一五二一～二七年）に大内氏が現在地に移している。石見銀山*3を支配した大内氏、尼子氏、毛利氏が崇敬し、毛利元就は社殿を再建し社領を寄進したという。近世になっても江戸幕府が保護し社殿を再建した。

佐毘賣山神社石段

かつては一月十一日に大盛祈願が行われていた。その際は鞆ヶ浦＊4まで行き海水・塩鯖・海藻を持ち帰り神前に供え、海藻を使い酒を社殿の扉にかけ「扉が腐るように」と願った。これは「腐る」が鏈《くさり》＊5に通じ、鉱石が多く出るように祈願していたのだという。銀山から採掘された銀が鞆ヶ浦から輸出されていたという関係から来ていると推測されている。

＊1　金、鉱山の神
＊2　益田市乙子町にある山
＊3　石見銀山（192頁）
＊4　鞆ヶ浦（204頁）
＊5　採掘された鉱石

所在地／大田市大森町ホ393
駐車場／石見銀山の駐車場を利用

152 豊栄神社《とよさかじんじゃ》

豊栄神社社殿

祭神は毛利元就。永禄年間（一五五八〜七〇年）、元就が山吹城内＊1に自身の木像を安置し、元亀二（一五七一）年に孫・輝元が麓に長安寺を建て木像を移した。

関ヶ原の戦い後、毛利氏が石見を去り江戸幕府が当地を支配すると長安寺が荒廃したため、元禄四（一六九一）年に長州藩は木像を萩に移す。しかし大森地区の住民から木像を安置したままにして欲しいとの要望があったため、長州藩は木像を新造し安置した。嘉永二（一八四九）年、火災があり伽藍や宝物は焼失するが木像は難を逃れている。

慶応二（一八六六）年、大村益次郎麾下の長州軍第三大隊が大森地区に進駐した際、長安寺の存在を知って驚いたと同時に荒廃ぶりを嘆き境内を整備した。明治三（一八七〇）年、明治天皇の命により長安寺を豊栄神社に改める。

＊1　山吹城（197頁）

─所在地／大田市大森町ホ211
─駐車場／石見銀山の駐車場を利用

153 大安寺跡《だいあんじあと》

浄土宗。慶長十（一六〇五）年、大久保長安＊1が菩提寺として創建し逆修塔を建立した。その後は不明だが、明治八（一八七五）年に再建される。しかし昭和十八（一九四三）年の水害で大破したため同町に建つ極楽寺と合併した。

大久保長安の墓

国指定史跡の大久保石見守墓所（正確には右記の逆修塔）は寛政六（一七九四）年に大

森地区の人々が長安の遺徳を偲んだのと石見銀山*2の再興を願って再建したものである。もとの逆修塔は側で崩れている宝篋印塔だと推測されている。

*1　人物事典：大久保長安（379頁）
*2　石見銀山（192頁）

所在地／大田市大森町
駐車場／石見銀山の駐車場から徒歩

154 山吹城《やまぶきじょう》

国指定史跡。延慶年間（一三〇八～一一年）、大内弘幸が石見銀山*1を守るため築いたという。南北朝時代に銀が枯渇すると存在を忘れられるが、大永六（一五二六）年に向かいの仙山から銀鉱が発見され再開発が始まると銀山防衛の拠点となった。その後大内氏・尼子氏の間で激しい争奪戦が繰り広げられ、その度に城主が変わる*2。

弘治二（一五五六）年、石見に侵攻してきた毛利元就軍が尼子晴久の軍勢を降して当城を手に入れる。これに対し晴久は同年に取り返し、本城常光*3を城主とした。元就は奪回のため自ら攻撃を指揮したが常光の守りは堅く容易に落ちなかったため、永禄五（一五六二）年加増を条件に降伏させる。

山吹城主郭

以降は大手に休《やすみ》役所《やくしょ》が置かれ毛利氏から不言城主*4・石見吉川氏が管理

を命じられた。
関ヶ原の戦い後、徳川家康の直轄地になると当初は休役所に大久保長安*5の陣屋が置かれ城内には吹屋・御銀蔵などの建物も置かれる。のちに奉行所が現在の石見銀山資料館がある場所に移転されたため廃城になった。

山吹城城趾碑

*1　石見銀山（192頁）
*2　コラム「石見銀山争奪戦」（297頁）
*3　人物事典：本城常光（384頁）
*4　不言城（206頁）
*5　人物事典：大久保長安（379頁）

所在地／大田市大森町
駐車場／石見銀山の駐車場を利用
遺構／曲輪・石垣・虎口・竪堀など
標高／414m　比高／240m

155 清《せい》水《すい》寺《じ》〈大田市〉

真言宗。推古天皇が聖徳太子に命じて仙山の頂上に建立させた天智寺が始まりだと伝わる。清水寺が一国一寺と決まったことから延暦十七（七九八）年に当寺が石見国の清水寺となり、山麓の清水谷地区に移転された。

戦国時代になると石見銀山*1を巡って大内氏・毛利氏・尼子氏などが激しい争奪戦を繰り広げるが、どの大名からも当寺は保護を受け寺領は安堵されている。慶長四（一五九九）年には毛利輝元が本堂の建立を行った。しかし近世に入ると銀の産出量の減少と共に衰微し当寺の周辺の民家も激減したことから住職の生活が困難になり、明治十一（一八七八）年に現在地にあった伽藍を修造して移っている。

寺宝に備中の出身で銀山の山師・安原伝兵衛が慶長八（一六〇三）年に徳川家康から拝領した辻《つじ》ケ《が》花染《はなぞめ》丁字文道服《ちょうじもんどうふく》（国指定重要文化財）と扇（市指定有形文化財）がある。伝兵衛は毛利氏の時代から銀山の経営に関わり、徳川家康に支配者が代わっても大久保長安*2と間歩の開発を行い巨万の富を築いた。そこで家康に銀を献上したことから賜っている。境内には「安原備中因繁」と刻まれた伝兵衛の墓が建つ。他にも毛利輝元から領地を与えられた銀山六人衆の一人・熱田秀信が天正二十（一五九二）年に寄進した絵馬二面（県指定文化財）がある。描かれた馬が毎晩抜け出すので繋ぐための杭を描き加えると抜け出すことがなくなったという伝説がある。長安の位牌も安置されている。

清水寺本堂

*1 石見銀山（192頁）
*2 人物事典：大久保長安（379頁）

所在地／大田市大森町ニ95
駐車場／石見銀山の駐車場を利用

156 矢滝城《やたきじょう》

享禄元（一五二八）年、大内氏が築城したという。北西にある矢筈城と共に石見銀山防衛*1と陸路安全の役割を担っていた。享禄四（一五三一）年、温湯城主*2・小笠原長隆*3が城を奪い銀山を支配したが、天文二（一五三三）年には奪い返されたという。永禄元（一五五八）年、廃城になったと伝わる。

　山頂の主郭部から日本海まで望むことができる。山頂のテレビ塔は現在使用されておらず老朽化が進んでおり登るのは危険である。

＊1　石見銀山（192頁）
＊2　温湯城（244頁）
＊3　人物事典：大久保長安（379頁）

所在地／大田市祖式町矢滝・同市温泉津町西田
駐車場／あり
遺構／曲輪・竪堀など
標高／634m　比高／430m

矢滝城全景

157 物《もの》部《のべ》神《じん》社《じゃ》

祭神は物部氏の祖神・宇摩志麻遅命など。石見一宮。継体天皇八（五一四）年に創建されたと伝わり、武神として崇敬を受ける。天文十一年（一五四二）年、大内義隆が尼子氏を攻めた際に神馬と太刀銘了戒（国指定重要文化財）を寄進した。天文十九（一五五〇）年にも義隆が同様の寄進を行っている。

　永禄二（一五五九）年、毛利元就・隆元父子が社領と太刀を寄進している。天正十九（一五九一）年（天文十九（一五五〇）年とも）、吉川元春によって本殿（県指定文化財）が再建されたと伝わるが、天正十四（一五八六）年に元春は亡くなっており、天文十九年には毛利氏は当地まで進出していない。元春が亡くなる直

物部神社本殿

前の天正十四（一五八六）年四月と思われる文書で毛利輝元が神社の荒廃を嘆いて石見の国衆に修造の準備をさせるよう元春に命じ、同年七月には元春が屋根の葺き替え費用の支払いを輝元に依頼している。その後、天正十四（一五八六）年頃と比定されている文書には金子氏が益田元祥*1に造営のことを伝えているため、元春の死の前後に再建されたようである。その後、本殿は享保三（一七一八）年に焼失したが、宝暦三（一七五三）年に再建される。四百五十余りの社宝を所蔵している。

*1　人物事典：益田氏（384頁）

所在地／大田市川合町川合1545
駐車場／あり

158 石《いわ》清《し》水《みず》八《はち》幡《まん》宮《ぐう》

祭神は応神天皇など。天文三（一五三四）年、大嶽山城主・大家《おおえ》（藤原）兼公などが檀那となって創建された（移転説あり）。当地区は大家本郷と呼ばれ江津市・川本町・温泉津*1・大田市街に通じており街が形成されていた。大

石清水八幡宮鳥居

家氏は益田氏*2など同じく石見国衙在庁官人だったと推測されており次第に勢力を拡大していったが、その過程で同じく領地を広げていた石見小笠原氏*3と対立。天文十二（一五四三）年の第一次月山富田城攻め*4で大内氏に属した小笠原氏に対抗したのか、尼子氏に属したため没落したようである。天文十四（一五四五）年、小笠原長徳が拝殿を造立しており、この頃から大家本郷は小笠原氏の支配下に入ったと思われる。神主の大宮氏は小笠原氏に仕え街の統括を行う一方で、戦場で敵を討ち伏せる働きをしている。

永禄二（一五五九）年、温湯城*5が毛利元就に攻められると大宮公明も動員され、城内で勝利を祈祷していたと推測されている。

社宝の棟札五十一枚は市指定有形文化財である。天文三年の創建記念樹である大杉群は市指定天然記念物である。

*1　温泉津（沖泊）（208頁）
*2　人物事典：益田氏（384頁）
*3　人物事典：石見小笠原氏（378頁）
*4　月山富田城（41頁）
*5　温湯城（244頁）

所在地／大田市大代町大家1661

159 石《いわ》見《み》八《はち》幡《まん》宮《ぐう》

祭神は品陀別命など。欽明天皇十一（五五〇）年、石見山の山頂にあった光る珠を祀ったのが始まりだと伝わる。正平四（貞和五・一三四九）年に足利直冬

石見八幡宮の鳥居と拝殿

が戦勝祈願をして八幡神を祀る。宝徳年間（一四四九～五二年）、現在地に移転された。天正十一（一五八三）年、吉川元春が社殿を再建する。近世以降は都野氏*1の一族で高田城主*2だった大崎氏の後裔が神主を務めたという。
社宝に毛利元就が寄進した笛と、吉川元春と毛利輝元が寄進した萌葱威《もえぎおどし》がある。

*1　亀山城（220頁）
*2　江津市二宮町神主

所在地／大田市仁摩町大国３７４
駐車場／あり

160 石見城《いわみじょう》

国指定史跡。石見銀山街道と日本海に流れる潮川沿いにある要衝だった。築城年代は不明だが温泉《ゆ》氏*1が領域の境を守るため竜巌山《りゅうがんざん》に築城し、戦国時代は石見銀山*2を掌握した大内氏が銀山防衛のため利用したと考えられている。
城域に案内がほとんどないため迷いやすく注意が必要である。

*1　温泉城（205頁）
*2　石見銀山（192頁）

所在地／大田市仁摩町大国　駐車場／なし
遺構／曲輪・堀切など
標高／１５３ｍ　比高／１３０ｍ

石見城主郭

石見城全景

161 鞆《とも》ヶ《が》浦《うら》

国指定史跡。石見銀山*1から最短距離に位置する港で、銀山が開発された初期の十六世紀前期に銀の積み出しに利用された。当時、この辺りでは温泉津*2が良港として知られていたが温泉氏*3の支配下にあったため、銀山を支配していた大内氏は領有していた当港を利用したようである。船の係留に利用された鼻ぐり岩が残っており、現在は友漁港《ともぎょこう》になっている。

天然の防波堤の役割を果たしていた鵜島《うのしま》には銀山を開発した神屋寿禎が天文四（一五三五）年に勧請した鵜島厳島神社が建つ。橋が架かっており参拝可能である。

鞆ヶ浦

鵜島

*1　石見銀山（192頁）
*2　温泉津（沖泊）（208頁）
*3　温泉城（205頁）

所在地／大田市仁摩町馬路
駐車場／港に駐車スペースあり

162 温泉城《ゆのじょう》

築城年代は不明だが、櫛山城主*1で益田氏*2の庶流と推測されている温泉氏が陸の拠点としていた城で、石見銀山*3から温泉津*4に繋がる要衝だった。永禄四（一五六一）年頃、温泉英永は毛利元就から調略を受けたが拒否したため、永禄五（一五六二）年に当城を攻撃される。

温泉城全景

英永は城を明け渡して退却し月山富田城*5に入った。永禄八（一五六五）年、英永は元就に奪われた土地の奪還を願って出雲大社*6に常灯を寄進している。富田開城後の温泉氏の消息は不明である。

温泉城南曲輪

地元の伝承では毛利氏に攻められた際、城主の親族が裏切って敵に通じたため落城したという。

遺構までの道が整備されていないため注意が必要である。特に主郭に辿り着くのは困難が伴う。

＊1　櫛山城(211頁)
＊2　人物事典：益田氏(384頁)
＊3　石見銀山(192頁)
＊4　温泉津(沖泊)(208頁)
＊5　月山富田城(41頁)
＊6　出雲大社(126頁)

所在地／大田市温泉津町湯里
駐車場／なし
遺構／曲輪など
標高／100m　比高／80m

163 不言城《ふげんじょう》（物不言城《ものいわずじょう》・福光城《ふくみつじょう》）

築城年代は不明だが周布氏＊1の庶流・福光氏の居城だった。山全体に断崖が多くあり、東から北に流れる福光川が濠の役目している天然の要害だった。北と西に温泉津＊2と福光の港、側には同町井田を経由して川本町に通じる道があり、近くには市場もあったと推測されている。

永禄二（一五五九）年、井田殿村城にいた石見吉川氏の当主・経安は石見を制圧しつつあった毛利元就から没落していたと思われる福光氏の所領を与えられた。永禄四（一五六一）年、元就に反旗を翻した福屋隆兼＊3に当城を攻められるが経安など毛利軍の活躍によって撃退している。この戦いが鉄砲が石見国内で使用された最初の事例である。永禄五（一五六二）年、経安は更に福光の港などを与えられ、殿村城から当城に移り改修を加えた。経安は毛利氏からの信頼が厚く邇摩郡＊4周辺の領主との取次を行っている。

経安の子・経家は鳥取城＊5に籠もり豊臣秀吉に対抗したことで知られている。経家自刃後は経家の子・経実が城主を務めたが、関ヶ原の戦いで毛利氏が防長に去ったため、経実もそれに従い退去した。その際に廃城となる。

＊1　周布城（233頁）
＊2　温泉津（沖泊）（208頁）
＊3　本明城（225頁）
＊4　大田市と江津市の一部
＊5　鳥取編：鳥取城（18頁）

不言城本丸と二の丸跡

不言城番所跡

所在地／大田市温泉津町福光
駐車場／なし
遺構／曲輪・石垣など
標高／100m　比高／80m

164 楞《りょう》厳《ごん》寺《じ》

楞厳寺本堂

真言宗。元は法相宗だったが、弘仁四（八一三）年に空海が当地を訪れた際、真言宗に改宗されたと伝わる。延応元（一二三九）年に知見が再興した。十三世紀に福光氏が当地を所領とした際に祈願所とする。永禄二（一五五九）年に石見吉川氏＊1が領主になると保護を受けた。慶長六（一六〇一）年、石見吉川氏が周防岩国に去ると保護者を失い衰微する。

　境内には吉川経家の遺品が埋葬されているという供養塔が建つ。裏山は福光氏と石見吉川氏の居城だった不言城である。

＊1　不言城（206頁）

所在地／大田市温泉津町福光ハ67

吉川経家供養塔

165 温泉津《ゆのつ》（沖泊《おきどまり》）

温泉津は平安時代末期から日本海水運の要港だった。戦国時代は温泉氏＊1が支配している。弘治三（一五五七）年、石見を制圧しようとした毛利元就が海上から温泉津を攻撃させ手に入れた。しかし翌年、松山城＊2を攻めて失敗した尼子晴久軍が当地に撤退しており、この頃までに尼子氏と温泉氏が協力して奪回していたようである。

　永禄五（一五六二）年、石見を制圧した元就は石見銀山＊3から

沖泊港

の銀の輸出を鞆ケ浦*4から当地に変更し、管理させるため都野《つの》氏*5などに温泉津在番を命じた。その後、児玉就久と武安就安を温泉津奉行に任じ、国内のみならず海外との交易を視野に入れた役割を担わせている。温泉津地区の中でも当地を支配した領主（特に毛利氏）に重要視されたのが沖泊で、銀・物資の搬入出の他に兵糧の中継地としても利用され櫛山城*6と鵜丸城*7が築かれた。永禄十三（一五七〇）年頃には現在の温泉津の原型となる街が形作られる。

温泉津の街並み

　近世になっても重視され、江戸幕府が銀の輸送経路を把握し西国商人を排除するため搬出先を山陽地方に変えたが、石見銀山との物資の搬入出港として利用された。街も遊女がいる歓楽街になっていたという。大正七（一九一八）年に山陰本線が開通すると衰微し、現在は温泉街と漁港になっている。

　沖泊港には船を係留するための鼻ぐり岩が残っており、二つの城に挟まれた入り江にある良港だったことが今でも分かる。温泉津・沖泊共に国の指定史跡になっており、温泉津地区の一部は国の重要伝統的建造物群保存地区に指定されている。

＊1　温泉城（205頁）
＊2　松山城（222頁）
＊3　石見銀山（192頁）
＊4　鞆ヶ浦（204頁）
＊5　亀山城（220頁）
＊6　櫛山城（211頁）
＊7　鵜丸城（210頁）

所在地／大田市温泉津町温泉津
駐車場／港に駐車スペースあり・街はゆうゆう館の駐車場を利用

166 鵜丸城《うのまるじょう》

鵜丸城全景

永禄十三（一五七〇）年二月二十日、毛利元就・輝元は尼子再興軍*1を布部合戦*2で破ったものの油断ならない状況が続いていたため、兵站基地として沖泊*3の南に築城を開始。合戦の最中だったため一ヶ月後の三月二十日までに築城するよう温泉津奉行に命じ当地周辺の邇《に》摩郡《まぐん》*4の領主に普請の負担を割り当てている。こうして急遽完成した当城によって基地として整った温泉津から出雲方面に水軍の出撃と兵糧の輸送がより円滑に行われた。

しかし翌年には再興軍が出雲を去ったため、当城は沖泊の安全な経済活動を守る役割に代わる。その後も普請が何度か行われたが、関ヶ原の戦い後、毛利氏が石見を去ると廃城になった。

*1　人物事典：尼子再興軍（378頁）
*2　布部合戦古戦場（30頁）
*3　温泉津（沖泊）（208頁）
*4　大田市と江津市の一部

所在地／大田市温泉津町温泉津
駐車場／なし
遺構／曲輪・虎口など
標高／59m　比高／55m

167 櫛山城《くしやまじょう》（串山城《くしやまじょう》・櫛島城《くしじまじょう》）

弘安四（一二八一）年、元寇に備え築かれた石見十八砦の一つだと伝わる。戦国時代は温泉氏*1の居城で温泉津*2を押さえる役割を担っていた。永禄五（一五六二）年に温泉氏が当地を追われた後は毛利氏によって整備されたと推測されている。

砂浜を通る必要がある。

*1　温泉城（205頁）
*2　温泉津（沖泊）（208頁）

所在地／大田市温泉津町温泉津
駐車場／櫛島キャンプ場の駐車場があるが利用して良いか不明
遺構／曲輪・土塁など
標高／37ｍ　比高／37ｍ

櫛山城主郭

櫛山城全景

168 浄光寺《じょうこうじ》

浄土宗。永禄二（一五五九）年、不言城主*1・吉川経安の妻が当寺の墓地のある場所に葬られた。その関係で元亀元（一五七〇）年に吉川家

浄光寺

吉川経安夫妻の墓

の菩提寺として創建される。本尊だった薬師如来像は経安の守り本尊だったという。像は延宝五（一六七七）年に建てられた薬師堂に移され、本尊は阿弥陀如来像となった。

墓地には経安夫妻の墓が建つ。

*1　不言城（206頁）

所在地／大田市温泉津町福光イ１０３

169 厳島神社《いつくしまじんじゃ》

祭神は市杵島姫命など。昔、当社の前の田圃に建っていたという。永禄十一（一五六八）年、毛利元就が現在地に移転した。その際、温泉津奉行の児玉就久と武安就安が実務を担当している。

毎年二月十四日に行われる御日待祭は無形民俗文化財に指定されている。

—所在地／大田市温泉津町小浜1097

—駐車場／なし

厳島神社鳥居

170 高野寺《たかのじ》

真言宗。弘仁五（八一四）年、空海が創建したと伝わり西の高野山《こうやさん》と呼ばれている。十五世紀初め、大内盛見が大内氏の氏寺・興隆寺*1の末寺にする。これは統治していた邇摩郡*2の信仰の中心とし郡内の支配強化を狙ったものだと推測されている。文明十一（一四七九）年には大内政弘が寺領を安堵している。

高野寺本堂

大内氏の保護のもとで隆盛したが、永禄年間（一五五八～七〇年）の尼子氏と毛利氏の戦いの兵火で焼失してしまう。その後、毛利元就が本尊の聖観音から霊告を受け、祈願所とし寺領を寄進したという。天正十三（一五八五）年頃、丸山城主*3・小笠原長旌が持仏堂（現在の大師堂）を寄進したと伝わる。

享保十八（一七三三）年の火災で全焼して衰微したが、その後に再建された。

寺宝に県指定文化財の銅鐘がある。

*1　山口県山口市大内御堀
*2　大田市と江津市の一部
*3　丸山城（246頁）

所在地／大田市温泉津町井田ハ480

171 七騎坂《しちきざか》

永禄二（一五五九）年、毛利元就は山吹城*1を攻めたが敗退し、本城常光*2の追撃を受け降露《ごうろ》坂*3で追いつかれ窮地に陥る。そこで家臣の渡辺通《とおる》が身代わりになるため元就の兜を被って幟を持ち、他の六人と共に当地まで本城軍を誘導し戦死した。おかげで元就は無事に帰国することが出来ている。

七騎坂の祠

入口には上記の旨を記した案内板があるが、七人を祀っていると伝わる祠の横に建っている説明板には天文十二（一五四三）年の第一次月山富田城攻防戦の際だと記載してある*4。どちらのことなのか真偽は不明であるが、通説では通の没年は天文十二年である。

＊1　山吹城（197頁）
＊2　人物事典：本城常光（384頁）
＊3　同町西田と同市大森の境にある標高四〇〇メートルの難所
＊4　七曲りも参照（215頁）

所在地／大田市温泉津町小浜
駐車場／なし。温泉津インターの出入口付近にあるため路上駐車は危険である

172 七曲《ななまが》り

天文十二（一五四三）年の第一次月山富田城攻防戦＊1で大内軍に従軍した毛利元就だったが敗退。元就は古志村＊2で伏兵を退け長福寺＊3で休息し降露坂＊4まで逃げ延びたが、尼子軍の追撃を受け危機に陥る。そこで家臣の渡辺通が元就の甲冑と馬を受け取って身代わりとなり、当地で他の六人と共に戦死した。おかげで元就は居城の安芸吉田郡山城まで帰還している。

湯里川沿いの山麓に七人の墓（供養塔）と伝わる五輪塔が建つが、入口に竹藪があり五輪塔までの案内もないため注意が必要である。

七人の墓（供養塔）

＊1　月山富田城（41頁）
＊2　出雲市古志町
＊3　長福寺（188頁）
＊4　同町西田と同市大森の境にある標高四〇〇メートルの難所

所在地／大田市温泉津町西田
駐車場／なし

173 恵珖寺《えこうじ》

日蓮宗。大永五（一五二五）年に宝塔院として創建された。大永六（一五二六）年には大内義興が石見銀山＊1周辺の城を落として当寺に本陣を構えたという。天正十五（一五八七）年、九州に向かう細川幽斎が宿泊し百韻《ひゃくいん》＊2を連ねた。

境内には大久保長安＊3の逆修塚が建つ。

＊1　石見銀山（192頁）
＊2　連歌や俳諧連句で、一巻が百句で成り立っているもの
＊3　人物事典：大久保長安（379頁）

大久保長安の逆修塚

所在地／大田市温泉津町温泉津ロ14―3
駐車場／ゆうゆう館の駐車場を利用

174 愛宕神社《あたごじんじゃ》

祭神は奥津彦命など。永禄元（一五五八）年に上総の僧・智岡が来て秋葉山大権現と勝軍地《しょうぐんじ》蔵《ぞう》を安置して鐘楼堂（建物名ではなく寺号）を創建した。朝鮮出兵の際、豊臣秀吉が源福寺＊1の梵鐘を供出させ軍鐘として使用、返還の時に誤って温泉津＊2に揚

愛宕神社鐘楼堂

げたという伝承がある（明治時代の廃仏毀釈の際に運ばれたという説もある）。梵鐘は現在も鐘楼に吊されている。享保四（一七一九）年に焼失するが再建され愛宕山金鐘堂と改称した。

明治維新後、愛宕神社となる。その後、当社は龍御前神社に合祀されるが、太平洋戦争後に独立し平成三（一九九一）年に社殿と鐘楼が改築された。

境内には大久保長安*3の逆修塚が建てられている。ここから温泉津の街並みと温泉津港が一望できる。

大久保長安逆修塚

*1 隠岐郡海士町海士に建つ寺
*2 温泉津（沖泊）（208頁）
*3 人物事典：大久保長安（379頁）

所在地／大田市温泉津町温泉津
駐車場／ゆうゆう館の駐車場を利用

175 海《かい》蔵《ぞう》寺《じ》跡《あと》

応永元（一三九四）年に真言宗として創建されたと伝わる。温泉氏*1の菩提寺だったという説がある。応永三十（一四二三）年、曹洞宗に改宗する。弘治二（一五五六）年に山吹城*2を守っていた毛利軍の刺鹿長信*3が尼子軍に包囲され兵糧不足に陥り降伏した。

海蔵寺跡

この時、兵の命と引き替えに長信は当寺で自害したという。慶長九（一六〇四）年、毛利輝元が長門に移し海潮寺*4と改号した。

現在、建物はなく五輪塔などが残るのみである。

*1　温泉城（205頁）
*2　山吹城（197頁）
*3　岩山城（186頁）
*4　山口県萩市北古萩町

所在地／大田市温泉津町温泉津
駐車場／ゆうゆう館の駐車場を利用

176 西楽寺《さいらくじ》

浄土真宗。創建年代は不明だが、覚兆庵として創建された。大永元（一五二一）年、浄土真宗に改宗した。元亀三（一五七二）年に毛利輝元が城普請以外の諸役を免除している。二代目住職の正円は大和の領主だった鹿野可辰の三男・園左衛門尉という。石山合戦が起こると顕如からの密書を使者の下間刑《しもつま》部が竹杖に仕込んで携え織田信長軍の目をかいくぐって当寺を訪れ、正円に味方するよう依頼した。この依頼状（通称・杖籠りのご消息）が現在も寺宝として残っている。慶長八（一六〇三）年に現在の寺号となった。

寺宝に隣の恵珖寺*1で作成された百韻がある。

西楽寺本堂

*1　恵珖寺（216頁）

所在地／大田市温泉津町温泉津イ727－1
駐車場／ゆうゆう館の駐車場を利用

177 西念寺《さいねんじ》〈大田市〉

西念寺本堂

浄土宗。創建年代は不明だが、海蔵寺*1の末寺で寺道谷*2にあった禅宗の西念庵が始まりである。その後、浄土宗に改宗して現在の寺号とする。その頃、石見に侵攻していた毛利元就は長福寺*3の三休に帰依しており、三休の弟子・念休も師と共に元就の伽僧《とぎそう》*4として従軍することが度々あった。永禄四（一五六一）年、その功を賞して当地を与えられる。その際、毛利軍の兵や信徒が手で岩山を掘って伽藍を建てるだけの空間を開いて移転したと伝わる。

境内には元就手植えの紅梅があったが枯れてしまい現在は二代目が植えてある。

＊1　海蔵寺跡（217頁）
＊2　同町温泉津の法泉地区
＊3　長福寺（188頁）
＊4　話し相手。御伽衆と同じ役割の僧

所在地／大田市温泉津町温泉津イ787
駐車場／ゆうゆう館の駐車場を利用

178 温泉《ゆ》氏《し》の墓《はか》

温泉城主*1・温泉氏の墓で嘉永二（一八四九）年に後裔の山根氏が再建したものである。中央の墓には「高祖温泉氏　郭了院心法道雲居士城主新兵衛墓」「慶長元年二月十二日没」と刻んであり、左右に宝篋印塔の頭部がある。平成二十八（二〇一六）年八月現在、道の途中に倒木があり通るには注意が必要である。

＊1　温泉城（205頁）

所在地／大田市温泉津町湯里
駐車場／近くに湯里まちづくりセンターの駐車場があるが、利用して良いのか不明

温泉氏の墓

179 亀山城《かめやまじょう》

築城年代は不明。都野氏の居城だったという。都野氏は石見国衙在庁官人の流れを汲むと思われ都野郷＊1を支配した。南北朝時代には南朝や足利直冬に属して戦っている。戦国時代になると良港・都野津や江津港を領し江の川水運を押さえ発展した。

二楽閣跡

しかし独立するほどの力はなく大内氏や石見小笠原氏*2に従い、弘治三（一五五七）年頃毛利元就に属す。その後、第一次尼子再興戦*3・朝鮮出兵などに参陣した。関ヶ原の戦いで都野氏が去ると廃城になったと思われる。

明治三十年代（一八九七〜一九〇六年）、飯田家が城趾の麓に別邸「二楽閣」を建てるが現在は廃屋となっている。

*1　江津市江津町・都野津町などと浜田市の一部
*2　人物事典：石見小笠原氏（378頁）
*3　人物事典：尼子再興軍（378頁）

所在地／江津市江津町
駐車場／山辺神宮の駐車場を利用
遺構／曲輪など
標高／30m　比高／不明

180 普済寺《ふさいじ》

曹洞宗。興国四（康永二・一三四三）年、亀山城主*1・都野保通が祈願所として建立した。

墓地には毛利氏に仕え九州攻めで活躍し、慶長二（一五九七）年に朝鮮出兵の際の蔚山城の戦いで戦死した都野家頼と妻の墓がある。家頼の菩提を弔うため家頼の子・元勝や家臣が伽藍を建立したとも伝わる。家頼の遺骨が朝鮮半島から戻る際、一

都野家頼夫妻の墓

緒に持って帰られたのが当寺の本尊・延命地蔵菩薩像である。

*1 亀山城(220頁)

所在地／江津市江津町723
駐車場／あり。ただし寺に行くまでの道が狭いため注意が必要

181 東光寺《とうこうじ》

臨済宗。永正四（一五〇七）年、本明城主*1・福屋国兼が創建した。天正年間（一五七三～九二年）に兵火で焼失したが、天正十四（一五八六）年に吉川元春が再建している。当寺に福屋氏の位牌や墓所はないが、創健した人物や位置から菩提寺だった可能性がある。

東光寺宝篋印塔

*1 本明城(225頁)

所在地／江津市有福温泉町本明576
駐車場／あり。ただし急坂を登る必要がある

182 松山城《まつやまじょう》（川上城《かわのぼりじょう》・河上城《かわのぼりじょう》）

南から西にかけて江の川、北に都治《つち》川、南東に上津井《かんづい》川が流れ、天然の濠の役割を果たしていた。江の川河口と温泉津道*1に繋がる水運の要衝にあり、戦国時代には市場もあった。

鎌倉時代、当地の地頭に任ぜられた中原房隆が築き川上氏を称した。しかし川上氏は南北朝時代に滅び、佐々木祐直が当地を与えられ祐直

も川上氏を称している。天文年間（一五三二〜五五年）、その川上氏も本明城主＊2・福屋隆兼に攻め滅ぼされ隆兼の次男・隆任《たかとう》が入った。永禄四（一五六一）年、隆兼が毛利元就から離反すると、翌年に毛利軍の攻撃を受け落城する。その後、石見小笠原氏＊3や吉川氏が利用したと伝わる。

城山入口近くに、毛利軍によって殺された松山城兵を祀る「首塚趾入口」の看板が建っているが、道が荒れており地元の方の案内なしでは辿り着くのは困難である。地元の方によると以前はここで慰霊祭が行われていたという。南東の堀切にも供養塔が建つ。

＊1　温泉津（沖泊）（208頁）
＊2　本明城（225頁）
＊3　人物事典：石見小笠原氏（378頁）

松山城主郭

首塚趾

所在地／江津市松川町市村
駐車場／なし
遺構／曲輪・竪堀・土塁など
標高／１４４m　比高／１３０m

183 福《ふく》城《じょう》寺《じ》

曹洞宗。もとは臨済宗の波堂庵が建っていたが、天正年間（一五七三～九二年）に海蔵寺*1の通天正達が曹洞宗に改宗した。近世中期に焼失するが再建されている。

福城寺

　利光城主・石田氏が菩提寺とし本堂や山門を寄進したという。石田氏は尼子氏や毛利氏の元で商人として活躍した坪内氏の一族ではないかと思われる。毛利氏に仕えた石田主税介は厳島神社*2の普請奉行・城番（城名は不明）・警固衆に任ぜられる一方で、石見・出雲での海上貿易による経済活動を行った。利光城の北側には江の川に繋がる都治川が流れており、それらの水運を利用していたと思われる。石田氏が近世に当地の豪農となってからも福城寺を菩提寺としており、境内には石田家の墓所がある。しかし主税介の墓は不明である。境内のスギ・カヤは市の天然記念物に指定されている。

　同地区に利光城があるが現状は不明である。

*1　海蔵寺跡（217頁）
*2　厳島神社（212頁）

所在地／江津市波積町本郷251
駐車場／石段前にスペースがあるが駐車場かどうか不明

184

本明城《ほんみょうじょう》（乙明城《おとあけじょう》）

市指定史跡。天福年間（一二三三～三四年）、益田兼高*1の三男・兼広が福屋郷*2などを与えられて福屋氏を名乗った。その後、文永・弘安年間（一二六四～八八年）頃本明山に築城し居城としたと伝わる。福屋氏は南北朝時代に南朝や足利直冬に属して活躍した。

大永二（一五二二）年、尼子経久によって福屋正兼は城を追われ浜田に逃れたが大内氏に属して城に戻ったようである。だが、のち尼子氏に仕える。永禄二（一五五九）年に正兼の息子・隆兼は毛利元就に従い温湯城*3を攻めるが、戦後に所領を削られた。これは隆兼が毛利氏に従いながら尼子氏に情報を流していたことが露呈したためである。そこで隆兼は永禄四（一五六一）年に尼子氏に寝返り毛利方の不言城*4を攻めた。包囲中に毛利の援軍が迫ったため撤退したが、支城の松山城*5を落とされ当城も支えきれなくなる。しかもこの頃は室町幕府により尼子義久と元就の和睦交渉が進んでおり援軍は期待できなかった。

結局、隆兼は出雲に逃走したが義久に拒否されたため大和の松永久秀を頼り、次いで阿波の蜂須賀家に身を寄せたという。

本明城主郭

本明城全景

第一次尼子再興戦*6では尼子勝久に従い、天正八〜九（一五八〇〜八一）年の因幡攻めでは豊臣秀吉配下で参加したようだが、別人説もある。

隆兼逃亡後は毛利氏が利用した可能性も指摘されている。山頂に建つ金刀比羅神社は隆兼が崇敬していた神社を天正十（一五八二）年に移したものだと伝わる。

*1　人物事典：益田氏（384頁）
*2　江津市と浜田市の一部
*3　温湯城（244頁）
*4　不言城（206頁）
*5　松山城（222頁）
*6　人物事典：尼子再興軍（378頁）

所在地／江津市有福温泉町本明・浜田市金城町入野
駐車場／登山口にあり
遺構／曲輪・土塁など
標高／417m　比高／280m

185 甘《かん》南《な》備《み》寺《じ》

「かんなびじ」とも呼ばれる。真言宗。山全体が市指定史跡である。天平十八（七四六）年に行基が法相宗として開基したが、大同年間（八〇六～一〇年）に空海が当地に来た際、真言宗に改宗したという。鎌倉時代より当地を支配した石見小笠原氏*1の祈願所になる。永禄二（一五五九）年毛利元就に降伏した小笠原長雄が一時期蟄居したが、永禄五（一五六二）年に福屋隆兼*2との戦功により弥山土居*3に移った。

戦国時代までは甘南備寺山の山頂から中腹にかけて伽藍があったが、元亀年間（一五七〇～七三年）の大火で大半が焼失した。その後山頂に再建されたが、明治五（一八七二）年の浜田地震で飲料水の確保が難しくなり寺領も国有化されたため、明治十七（一八八四）年現在地に移転している。

甘南備寺仁王門

寺宝の黄櫨《はじ》匂《におい》威《おどし》大鎧残闕《おおよろいざんけつ》（国指定重要文化財）は佐々木高綱が所有し子孫の小笠原氏の家宝になっていたが、天正十七（一五八九）年に長雄が武運長久のため奉納したと伝わる。その他にも小笠原氏の書状（市指定有形文化財）など多数ある。これらの品は境内の宝物館で見ることが出来る。

*1　人物事典：石見小笠原氏（378頁）
*2　本明城（225頁）
*3　川本町湯谷にあったという

所在地／江津市桜江町坂本3842−1

186

浜田城《はまだじょう》

県指定史跡。元亀元（一五七〇）年、周布氏*1・三隅氏*2の連合軍が毛利氏に反旗を翻し小石見城*3の大陣平に砦を築いた。対する毛利軍は吉川元春の次男・元氏が夕日ヶ丘（夕日の丸）を経由して松山に布陣し連合軍を破ったという。その後、夕日ヶ丘に陣屋を築き在番したと伝わる。

一般的には元和五（一六一九）年に浜田に移封された古田重治が、翌年に浜田城の築城を開始したとされるが、主郭には古田氏以前の空堀などが確認され、毛利氏が石中地方を支配するための城があったと思われる。重治の築城時には夕日ヶ丘も取り込まれた。慶安元（一六四八）年に古田氏が改易された後は松井松平氏が城主となり、その後に移封された越智松平氏が慶応二（一八六六）年の第二次長州戦争で長州藩に攻められ自焼して退却している。明治維新

浜田城石垣

後は浜田県の県庁が置かれるなどしたが、明治三十四（一九〇一）年から公園としての整備が開始され、現在は城山公園になっている。

　夕日ヶ丘は国道九号で城山公園と分断され宅地化されている。

＊1　周布城（233頁）
＊2　高城（239頁）
＊3　同市原井町

所在地／浜田市殿町
駐車場／あり（夕日ヶ丘にはなし）
遺構／曲輪・石垣など（夕日ヶ丘にはなし）
標高／68m　比高／67m

夕日ヶ丘

187 長《なが》浜《はま》港《こう》・浜《はま》田《だ》港《こう》

　浜田市長浜町にある長浜港は古くから石見の重要な港だったが、注目されるようになったのは応永三十二（一四二五）年に朝鮮官船が暴風雨に遭い生き残った十人が漂着した事件である。周布城主＊1・周布兼仲が漂着民を救助し送り返したことで朝鮮との通交が始まり、文亀二（一五〇二）年まで四十九回の

浜田港

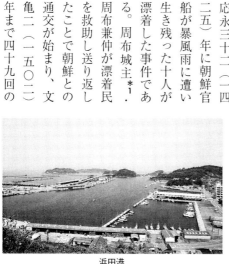

交易があり、刀剣・漆器類・蝋燭などを輸出し、豹皮・人参などを輸入した。

明応八（一四九九）年には浜田港の北に浮かぶ瀬戸ヶ島と長浜の中原城で周布氏・三隅氏*2と益田氏*3・福屋氏*4が戦ったという。天正三（一五七五）年、薩摩の島津家久が浜田に立ち寄った際には鹿児島衆・坊津衆など薩摩の人々と酒宴を開いていることから、各地から寄港していたことが分かる。

天正九（一五八一）年の第二次鳥取城攻め*5の際は吉川元春が海路から鳥取城を救おうと浜田港など石見の諸港から警固船と兵糧船を因幡に送るよう命じている。

近世になって浜田藩が城下町を整備したことから大きく地形が変わってしまったため中世の浜田港の位置ははっきりと分からないが、現在の元浜町ではなく浜田城の西を流れる浜田川沿いの港町・片庭町の辺りだと推測されている。

現在は長浜港と浜田港を合わせ浜田港という名称になっている。山陰地方最大規模の国際貿易港として整備されており、東の元浜町・原井町の辺りは福井地区、西の長浜町の辺りは長浜地区と呼ばれている。

＊1　周布城（233頁）
＊2　高城（239頁）
＊3　人物事典：益田氏（384頁）
＊4　本明城（225頁）
＊5　鳥取編：鳥取城（18頁）

所在地／浜田市長浜町・原井町・元浜町など
駐車場／港の駐車場を利用

188 訂心寺《ていしんじ》

曹洞宗。寛和二（九八六）年、紀伊の僧・智周が津摩村*1に天台宗の海潮寺を創建する。

その後、無住となり荒れ果ててしまうが、応永年間（一三九四～一四二八年）に周布城主*2・周布兼仲が祈願所として三宅村*3に再建し曹洞宗に改宗した。その後、兼仲の息子・兼宗が寺号を訂心寺と改める。天正年間初め（一五七三～七八年）に火災が相次いで堂宇の傷みが激しくなったため、周布元兼が現在地に再建した。本堂右奥の墓地には元兼・元盛父子の墓が建つ。

訂心寺山門

周布元兼（右端）・元盛（左端）の墓

*1　同市津摩町
*2　周布城（233頁）
*3　同市治和町

所在地／浜田市長浜町1588
駐車場／あり

189 天《てん》満《ま》畷《なわて》古《こ》戦場《せんじょう》

大永六（一五二六）年、大内義興は高城主*1・三隅氏などが尼子経久に味方したと聞き石見に攻め入った。そして高城を攻め三隅氏を降すが、これを知った経久も大軍を率いて石見に攻め入り瀬戸細越に陣を構え、義興も坂井山に本陣を置き浜田川を挟んで睨み合う。やがて経久が攻撃をしかけ天満畷で激戦が繰り広げられるが勝敗はつかなかった。しかし伯耆方面で反尼子の動きがあったため経久は撤退している。

だが、この戦いは「陰徳太平記」に記載があるのみで実際に両氏が戦ったのかは分からない。ただしこの頃に経久が石中地方や安芸まで進出しており、この年に浜田市内で何らかの衝突があった可能性もある。

天満畷古戦場

古戦場の場所は昭和二十六（一九五一）年に浜田市が発刊した「濱田」に当地だと記載されているが、合戦当時から天満町の辺りが天満と呼ばれていたのかは不明である。

＊1　高城（239頁）

所在地／浜田市紺屋町・天満町

190 聖徳寺《しょうとくじ》

曹洞宗。推古天皇十六（六〇八）年に創建されたと伝わる。安貞二（一二二八）年、当地を支配した周布氏＊1が菩提寺に定める。応永年間（一三九四～一四二八年）、曹洞宗に改宗した。天正年間（一五七三～九二年）の兵火と、慶長五（一六〇〇）年に周布氏が毛利氏に従って長門に去ったことにより衰退する。

聖徳寺本堂

慶長年間（一五

九六～一六一五年）に泰屋全雄が再興した。慶応二（一八六六）年、周布氏の後裔がいた長州藩が石見に侵攻し、当寺に陣を構えた幕府軍と対峙した。その時の弾痕が今でも本堂の柱にある。

境内の向かって左手奥にある墓地には周布家代々の墓が建つ。

＊1　周布城（233頁）

所在地／浜田市周布町ロ10

191 周布城《すふじょう》（鳶巣城《とびのすじょう》）

市指定史跡。安貞二（一二二八）年、益田兼季＊1の次男・兼定が周布郷＊2を与えられて周布氏を名乗り、十三世紀に築城されたと伝わる。

戦国時代は大内氏に属し、大内氏の滅亡後は毛利氏に従った。

「石見軍記」によると、元亀元（一五七〇）年に第一次尼子再興戦＊3の間隙をぬって毛利氏に不満のあった三隅氏が周布氏の当主・元兼の不在を狙い従兄弟の周布晴氏を誘って毛利氏に反旗を翻したという。だが敗走し当城に籠もるが味方の内応もあり落城した。

その後も元兼は当主だったが、天正六

周布城堀切

（一五七八）年に播磨上月城の攻防戦で戦死し息子の元盛も文禄二（一五九三）年に朝鮮出兵で戦死している。関ヶ原の戦い後、元盛の跡を継いだ弟・長次が毛利氏に従って長門に去ると廃城になった。

当城は周布氏の菩提寺・聖徳寺*4の東側にあり、境内には案内板がある。右側の墓地から登ることができる。

*1　人物事典：益田氏（384頁）
*2　当地を含む浜田市の一部
*3　人物事典：尼子再興軍（378頁）
*4　聖徳寺（232頁）

所在地／浜田市周布町
駐車場／なし
遺構／曲輪・土塁・堀切など
標高／82m　比高／70m

192 洞泉寺《とうせんじ》

臨済宗。正和二（一三一三）年に京都から福《ふく》園寺《おんじ》*1に招かれた石門源義が、晩年に隠居のため当地に創建したのが始まりである。元亀元（一五七〇）年に吉川元春が夕日ヶ丘*2に在陣中、大祭《おおまつり》天石門《あめのいわと》彦神《ひこじん》社《じゃ》*3の神主・岡本氏の女性との間に授かった四歳の娘が死去。元春は当寺に葬り位牌を安置した。しかし夕日ヶ丘に出陣した

洞泉寺の山門と地蔵堂

のは元春ではなく次男の元氏と伝わる。そのため元氏の娘が誤伝された可能性もあるが、元氏は当時十五歳で四歳の娘がいたとは考えにくい。

現在ある元春の娘（周信源園大童女《しゅうしんげんえんだいどうじょ》）の墓は近年になって建て替えられたもので、以前の墓石は不明である。地蔵堂に安置されている地蔵菩薩（咳止め地蔵尊）は元春が娘の追善供養のため奉納したものと伝わり、咳止めなどに御利益があるという。

社宝に絹本著色石門源義頂相（市指定史跡）がある。

＊1　同市上府町に建つ安国寺の前身
＊2　浜田城（228頁）
＊3　同市相生町に建つ。石見三宮

所在地／浜田市清水町67―5
駐車場／なし

193 大麻山神社《たいまさんじんじゃ》（尊勝寺跡《そんしょうじあと》）

祭神は天日鷲命・大麻比古命など。寛平元（八八九）年、阿波の大麻比古神社＊1と忌部神社＊2を勧請して創建された。天暦三（九四九）年には当地に真言宗の尊勝寺が創建され当社の神宮寺となる。尊勝寺は「西の高野山」と呼ばれるほどの寺勢を誇った。大永三（一五二三）年大内義興軍に敗れた尼子経久軍が籠もり、敗走する際

大麻山神社拝殿

に火を放ったため尊勝寺は全焼したという。天文三（一五三四）年にも火事により焼失したが、都度再建されている。
　慶長三（一五九八）年には大麻山神社に対して佐世元嘉*3が三五石を寄進するが、慶長十（一六〇五）年に山崩れで十二石が荒地となってしまう。翌年、大久保長安*4が減った十二石分を寄進した。

尼子・大内戦死者の首塚

　天保七（一八三六）年に長雨による地滑りで崩壊したため再建されるものの、明治五（一八七二）年の浜田地震で倒壊。大麻山神社は再建されたが、尊勝寺は廃仏毀釈の盛んな時期だったため再建されることはなく廃寺となった。
　現在、尊勝寺跡は駐車場になっている。駐車場から下がった場所に大内・尼子両軍の戦死者を祀った首塚がある。その近くには胴塚と呼ばれる木があったということだが現在はない。
　道中石は市指定史跡である。

*1 徳島県鳴門市
*2 徳島県徳島市
*3 佐世城（155頁）
*4 人物事典：大久保長安（379頁）

所在地／浜田市三隅町室谷1097−3
駐車場／あり

194 三《み》隅《すみ》悪《あく》五《ご》郎《ろう》国《くに》定《さだ》の墓《はか》

高城主*1・三隅隆繁の弟である悪五郎国定の墓と伝わる五輪塔である。国定は武勇に優れた武将で隆繁と共に益田氏*2からの独立を計ったが、元亀元（一五七〇）年に討ち死にしている。

　側に崩れた五輪塔や宝篋印塔があるが三隅氏との関係は不明である。

*1　高城（239頁）
*2　人物事典：益田氏（384頁）

所在地／浜田市三隅町三隅
駐車場／なし

三隅悪五郎国定の墓

195 龍《りゅう》雲《うん》寺《じ》

曹洞宗。創建年代は不明だが美濃郡種村*1に教院*2としてあったという。永徳二（弘和二年・一三八二）年に高城主*3・三隅氏が檀那となり曹洞宗に改めた。嘉吉元（一四四一）年、三隅信兼が寺領を寄進し現在地に移して菩提寺とする。

　永禄五（一五六二）年頃に毛利元就が石見を支配すると寺領

龍雲寺本堂

のほとんどを没収された。しかも元亀元（一五七〇）年に毛利軍が高城を攻撃した際に兵火で全焼してしまう。同年、益田氏*4が本堂を再建したという。のち三隅氏の一族（国定*5の子か？）が戦乱を逃れ当寺で出家している。境内の西には三隅信兼の墓が建つ。

寺宝に紙本墨書大般若経六百巻（県指定文化財）や伝空海筆十三佛画幅・木造阿弥陀如来坐像・紺紙金泥金剛経（いずれも市指定文化財）がある。

*1 益田市種村町
*2 禅宗の寺院以外の教宗の寺院の総称
*3 高城（239頁）
*4 人物事典：益田氏（384頁）
*5 三隅悪五郎国定の墓（236頁）

所在地／浜田市三隅町芦谷909
駐車場／あり

196 針《はり》藻《も》城《じょう》（針《はり》藻《も》山《やま》鐘《かね》尾《お》城《じょう》・針《はり》藻《も》島《じま》鐘《かね》尾《お》城《じょう》）

当地は針藻島とも呼ばれることから以前は島だったようだ。地元では七櫓と呼ばれていることから七つの砦があったと思われる。南北朝時代に高城主*1・三隅氏が築いたという。近隣の良港・三隅港を守るためだったと思われる。正長元（一四二八）年、戦に敗れた土佐大崎城主*2・大賀政清が当地に来て三隅氏の客将となり、城主とな

針藻城曲輪

って海事を担ったという。その後、大賀氏は大内氏や益田氏のもとで海上で活動したことが同時代史料で確認できる。

　天文二十一（一五五二）年に三隅領が益田藤兼*3の傘下に入った後、三隅兼隆の弟・兼忠は大賀道豊を頼って当城に身を寄せた。しかし弘治三（一五五七）年頃、兼忠が尼子晴久に内通したため藤兼に攻められ降伏したという。だが天文二十四（一五五五）年に益田藤兼が当城の普請を命じている同時代史料があることから疑問が残る。

　「石見軍記」によると元亀元（一五七〇）年、毛利氏に反旗を翻した三隅隆繁が当城に籠もって奮戦するが、毛利軍によって落城させられ隆繁は切腹したという。

針藻城跡の碑

　現在、公園として整備されており麓には碑が建っている。

*1　高城（239頁）
*2　高知県吾川郡仁淀川町大崎にあった城か？
*3　益田藤兼の墓（268頁）

所在地／浜田市三隅町古市場
駐車場／なし
遺構／曲輪など
標高／51m　比高／44m

197 高城《たかじょう》（三隅城《みすみじょう》・三隅高城《みすみたかじょう》）

弘安四（一二八一）年に三隅信盛が築城したと伝わる。

　南北朝時代に三隅兼連が南朝や足利直冬に味方したため周辺の領主に当城を攻められるが撃退している。三隅氏は益田氏*1の庶流であるが（本流という説もある）度々対抗した。戦国時代に入ると両氏は津茂・丸毛・疋見の三郷*2を巡って争っている。文亀元（一五〇一）年、大内義興の調停で三郷は益田宗兼の領地と決まったが、その後も争いは止むことなく何度か小競り合いを繰り返している。大永六（一五二六）年には三隅興信が尼子経久に味方したため、当城は義興に攻められ降伏したという。

高城主郭

天文二十（一五五一）年に陶晴賢が大内義隆を討って大内氏の実権を握ると、晴賢の縁戚である益田藤兼*3は翌年大内氏から三隅領の支配を認められた。永禄四（一五六一）年、三隅兼忠が藤兼の風下に立つのを良しとせず蜂起するが鎮圧されている。

永禄十二（一五六九）年、第一次尼子再興戦*4が始まり益田藤兼・周布元兼*5らが毛利氏の命で出雲に出兵した隙を狙って、三隅隆繁と弟・国定*6は元兼の従兄弟の周布晴氏を誘って毛利氏に反旗を翻し独立を計った。しかし毛利軍に敗れ、晴氏が撤退して籠もった周布城も落ち、隆繁・国定兄弟は孤立無援のまま当城に籠もって抵抗する（針藻城説*7もある）。だが元亀元（一五七〇）年に隆繁は力尽きて自害し国定は討ち死にしたという。その後は益田氏の支城となったようである。三隅氏は一族の者が生き残り毛利氏に仕えた。

中丸近くに駐車場があるが、そこまでの道が狭いため対向車に注意が必要である。本丸からの眺望は素晴らしく三隅氏の支城や日本海が一望できる。

＊1　人物事典：益田氏（384頁）
＊2　益田市の一部
＊3　益田藤兼の墓（268頁）
＊4　人物事典：尼子再興軍（378頁）
＊5　周布城（233頁）
＊6　三隅悪五郎国定の墓（236頁）
＊7　針藻城（238頁）

所在地／浜田市三隅町芦谷・三隅
駐車場／山頂近くに駐車場あり
遺構／曲輪・堀切など
標高／362m　比高／162m

198 厄《やく》よけ石《いし》

南北朝時代に活躍した三隅兼連《かねつら》を祀る三隅神社の境内にある。兼連の後裔・三隅隆繁は毛利氏に反旗を翻したことから元亀元（一五七〇）年に居城の高城*1を攻められ落城させられる。

厄よけ石

その際、十一歳の息子・梅千代を家臣の加藤惣蔵と乳母のお房に守らせ尊勝寺*2へ逃がそうとした。逃亡中、正法寺谷*3で毛利軍に見つかり惣蔵は討ち死にするが、お房は梅千代を抱いて谷川の石橋の下に隠れてやり過ごした。

　無事、尊勝寺に逃げ込んだ二人だったが、お房は梅千代を寺の僧に任せて追っ手に向かい「私一人しかいない」と叫び殺されてしまう。その後、吉川元春と小早川隆景は梅千代の存在を知ったが、哀れに思い捨て置いたと伝わる。

　助かった梅千代は成長すると出家して良海と号し尊勝寺を中興したという。大麻山神社の社宝・紙本墨画淡彩大麻山縁起（県指定文化財）は天正二十（一五九二）年に良海が描いたものである。

　良海らが隠れた石橋に使われていたのがこの石で、厄よけに御利益があるとされている。

＊1　高城（239頁）
＊2　大麻山神社（尊勝寺跡）（235頁）
＊3　同地区の正法寺付近か？

所在地／浜田市三隅町三隅１５２７
駐車場／三隅神社の駐車場を利用

199 永昌寺《えいしょうじ》

曹洞宗。創建年代は不明だが永正寺と号していた。永正十三～十六（一五一六～一九）年頃、京都東福寺の僧・明海賢宝が尼子経久の招きで

永昌寺本堂

山陰を訪れ当寺に滞在している。天文二（一五三三）年、経久は嫡男・政久を弔うため当寺に法華経三千部と銀二百貫を奉納し臨済宗東福寺派に属させたという。天文十（一五四一）年、経久が死去す

ると明海が月山富田城下*1を訪れ遺骨の一部を受け取り当寺に分骨している。

正保年間（一六四四～四八年）、火災のため文書や寺宝を焼失した。延宝八（一六八〇）年、庄屋の田中長右衛門が永明寺*2の住職・龍松を開山として中興し曹洞宗に改宗する。

本堂の左奥の山腹に経久の墓が建つ。

尼子経久供養塔

＊1　月山富田城（41頁）
＊2　永明寺（280頁）

所在地／浜田市金城町波佐イ533

200
安楽寺《あんらくじ》

臨済宗。元は天台宗だったが、貞和年間（興国六～正平五・一三四五～五〇年）に臨済宗として再建された。文明六（一四七四）年、北野天満宮より菅原道真が勧請されている。永禄五（一五六二）年、毛利氏が本明城*1を攻めた際に陣を構えたという。この時、吉川元春が弓一張を奉納し寺宝として現存している。天正十（一五八二）年に吉川元春は当地にあった笠松城の城主・岡本氏の戦功を賞し加増すると共に、岡本氏の菩提寺だった当寺に寺領の寄進を行った。天正二十（一五九二）年、周辺の住民が身内の戦死者を弔うため木像の地蔵を建立している。

近世になってからも石見銀山奉行*2と津和

野藩から寺領の寄進を受けた。

＊1　本明城（225頁）
＊2　石見銀山（192頁）

所在地／浜田市金城町今福769

安楽寺

201
温湯城《ぬくゆじょう》（温井城《ぬくいじょう》・河本城《かわもとじょう》）

矢谷川と会下《えげ》川の合流地点にあり、両川が天然の濠だった。小笠原長氏＊1が観応元（正平五・一三五〇）年に築城したという。それから数年後、北朝に属していたため足利直冬に攻められている。永禄二（一五五九）年、尼子晴久に属していた城主・小笠原長雄は毛利元就に攻められ、晴久の援軍も間に合わなかったため降伏。城か

温湯城曲輪

ら退去させられ甘南備寺*2に移っている。その後、吉川元春が管理したと推測されている。

*1　人物事典：石見小笠原氏（378頁）
*2　甘南備寺（227頁）

所在地／邑智郡川本町川本　駐車場／なし
遺構／曲輪・堀切など
標高／219m　比高／180m

温湯城東側の大堀切

202 長江寺《ちょうこうじ》

曹洞宗。永禄三（一五六〇）年、前年に小笠原長雄*1は毛利元就に降伏し領地を移されたため、菩提寺の広汲寺*2を現在地に移転し長江寺に改める。天正十九（一五九一）年頃、小笠原氏は出雲神西*3に移されたが当寺はそのまま残された。

小笠原一族の墳墓

永正四～永正十五（一五〇七

〜一八）年にかけて大内義興が足利義稙を奉じて上洛した際、小笠原長隆も従った。永正八（一五一一）年の船岡山の戦いで活躍した長隆が義稙から賞され賜ったのが寺宝の獏頭《ばくとう》の玉《ぎょく》枕《ちん》だという。獏が悪夢を食べると言われる想像上の動物であることから、この枕で寝ると良い夢が見られると伝わる。長隆自身の髭を使用した像も安置されている。

本堂の裏手には広汲寺から移された小笠原一族の墓が建つ。

長江寺の向かいにある湯谷温泉は戦国時代に戦いで負傷した兵の傷を癒したという伝承がある。

＊1　人物事典：石見小笠原氏（378頁）
＊2　広汲寺跡（248頁）
＊3　出雲市の神西西町・神西東町・湖陵町・多伎町の辺り

所在地／邑智郡川本町湯谷783
駐車場／あり

203 丸山城《まるやまじょう》

県指定史跡。天正十一（一五八三）年、石見小笠原氏＊1の当主・長旌《ながはた》は毛利氏に降伏する前の隆盛を戻そうと武明八幡宮＊2に祈願し、天正十三（一五八五）年に当城を築城し弥山土居＊3から移った。しかし家督相続問題などで小笠原氏は毛利輝元の心証を害していたため、天正十九（一五九一）年頃に出雲神西＊4に移封させられ没落している。その時、廃城になったと思

丸山城本丸

われる。

この頃、石見では戦乱はなかったことから城下町の整備を主とし、また輝元を刺激することを恐れたため、横矢を射るための折《おれ》や竪堀・櫓台はなく館のような造りだった。

現在は丸山城森林浴公園として整備されている。駐車場までの道が狭く注意が必要である。

＊1　人物事典：石見小笠原氏（378頁）
＊2　武明八幡宮（247頁）
＊3　川本町湯谷にあったという
＊4　出雲市の神西西町・神西東町・湖陵町・多伎町の辺り

丸山城石垣

所在地／邑智郡川本町三原　駐車場／あり
遺構／曲輪・石垣など
標高／482m　比高／250m

204 武《たけ》明《あきら》八《はち》幡《まん》宮《ぐう》
（三原郷《みはらごう》八幡宮《はちまんぐう》・御氏八幡宮《おんうじはちまんぐう》・河上御八幡《かわかみおんはちまん》）

祭神は応神天皇など。永承五（一〇五〇）年、京都の石清水八幡宮から勧請され降居山に創建されたと伝わる。当初は美原八幡社などと称していた。応安二（正平二十四・一三六九）年、小笠原長義＊1が現在地に移した。その後、氏《うじ》神社《がみしゃ》とされ小笠原氏の崇敬を受ける。永正八（一五一一）年、小笠原長隆が京都の船岡山の戦いで勝利できたことを祭神に感謝して太刀を奉納した。弘治二（一五五六）年、小笠原長雄が社領を寄進する。永禄九（一五六六）年、毛利元就が小早川隆景を通じて社領を寄進した。天正七（一五七九）年、小笠原長旌・元枝の兄弟が現在の社名に改称する。天正十一（一五八三）年、長旌・元枝が丸山城築城*2の成就を祈願して社領を寄進した。

天正十九（一五九一）年頃に小笠原氏が当地を去った後は地元の住民によって修築や再建が行われている。

武明八幡宮

当社から北に一キロほどの場所に建つ三原八幡宮は別称の三原郷八幡宮と名前が似ているが別の神社である。

社宝に雩《あまごい》の神面がある。これは長隆が近畿にいた際、干魃が襲ったため宮廷で雩の能を舞ったところ雨が降り天皇より拝領したものだと伝わる。その後、長旌の時代に当地が干魃になったため、その神面を長旌の弟・長秀が着けて当社に能を奉納すると大雨が降ったという。

*1 人物事典：石見小笠原氏（378頁）
*2 丸山城（246頁）

所在地／邑智郡川本町三原

205 広汲寺跡《こうきゅうじあと》

十四世紀初期頃、小笠原長胤*1が村之郷*2に菩提寺として参内《さんない》寺を創建したのが始まりだという。明応六（一四九七）年、小笠原長隆が会下谷に移転し長隆の戒名・広汲寺殿古剣宗快

小笠原一族の墓

大居士から取って広汲寺に改称された。永禄三（一五六〇）年、小笠原長雄が湯谷村*3に移転し長江寺*4に改称される。

寺跡には石垣の跡があり一段高い場所に小笠原一族のものと伝わる墓がある。寺跡に行くには個人の敷地を通る必要がある。

＊1　人物事典：石見小笠原氏（378頁）
＊2　同郡美郷町村之郷
＊3　同町湯谷
＊4　長江寺（245頁）

所在地／邑智郡川本町川本
駐車場／なし

206 大竜寺跡《だいりゅうじあと》

伝・小笠原一族の墓

創建時の宗派は不明だが現在の大竜寺は臨済宗である。創建年代も不明だが石見小笠原氏*1の菩提寺だったと伝わる。天正十三（一五八五）年、大森村*2に移転したという。明治二十七（一八九四）年、高津村*3に移転した。

寺跡には八基の宝篋印塔があり、高い位置にある二基が小笠原長徳・長雄父子の墓だと推測されている。石垣もあるが近代以降の窯のもので寺とは関係がない。

＊1　人物事典：石見小笠原氏（378頁）
＊2　大田市大森町
＊3　益田市高津町

所在地／邑智郡川本町三原（三原トンネル西側出入口付近の上）
駐車場／なし

207 金洞寺《きんとうじ》

曹洞宗。創建の経緯は次のように伝わっている。本尊の十一面観世音菩薩は行基の作と伝わり、小早川隆景の守り本尊であった。隆景は兜の中に納め戦場に向かい、兵達に「自分が何度も勝利を得ることができたのは、この観世音菩薩のお陰だ」と話していたという。その後、慶長二（一五九七）年に隆景が亡くなる際、妻に「相応しい場所に安置し菩提を弔ってくれ」と頼んだ。

金洞寺

隆景の没後、妻は出家し霊松院と名乗って安置する場所を思案していたところ、菩薩が枕元に現れ「我を都賀にある石窟に安置せよ。そうすれば毛利家を守ってやろう」と告げたため、当地に来て石窟を見つけ十一面観世音菩薩を安置すると金色に光った。この話が毛利輝元の耳にも届いたため、輝元は口羽春良＊1に命じて当寺を創建させている。その際、山号は霊松院の法号から霊松山、寺号は金色に光ったことから金洞寺と名付けられている。

十一面観世音菩薩は六十年に一度だけ開帳される秘仏である。

＊1 通説では春良は天正二十（一五九二）年に亡くなっている

所在地／邑智郡美郷町都賀本郷154

208 光宅寺《こうたくじ》

真言宗。鎌倉時代、佐々木高綱が当地に来て近江堂を建立したと伝わる。永禄五（一五六二）年、本城常光＊1が毛利元就に謀殺されると、郡奉行として当寺にいた常光の息子・隆光は元就の家臣の天野元定に攻められ自害したという。元亀・天正年間（一五七〇～九二年）、当寺の背後にあった丁《よぼろ》城主・口羽春良の崇敬が篤く祈願所とした。慶長六（一六〇一）年に焼失したがのちに再建される。享保十九（一七三四）年、佐々木高綱と口羽春良の位牌が作り直される。

光宅寺本堂

口羽春良供養碑

寺宝に春良の兜と煙草盆があり、寺の裏には明治十二（一八七九）年に建てられた春良の供養碑がある。

＊1 人物事典：本城常光（384頁）

所在地／邑智郡美郷町都賀西463

209

尼子陣所《あまごじんしょ》

南北朝時代初期に小笠原氏*1が築城したという。江の川の渡河地点を押さえるために築かれたと推測されている。天文十（一五四一）年一月、尼子晴久は毛利元就の籠もる安芸吉田郡山城を攻めるが敗れ石見に撤退する。その際、晴久が三月まで本陣とした要害で、石見から赤名*2に入る要衝だったため、大内・毛利氏の連合軍も容易に追撃できなかったという。

永禄三（一五六〇）年に吉川元春が山吹城*3を攻める際も陣を敷いたという。

江の川の対岸から陣所跡が一望できる。山を通っている県道は車一台程度の幅なので注意が必要である。

*1 人物事典：石見小笠原氏（378頁）
*2 飯南町赤名
*3 山吹城（197頁）

所在地／邑智郡美郷町都賀西
駐車場／なし
遺構／曲輪
標高／273m　比高／179m

尼子陣所

210 余《よ》勢《せ》城《じょう》（中《なか》村《むら》要《よう》害《がい》）

応仁二（一四六八）年、出雲守護・京極持清に従っていた多胡俊英が応仁の乱の戦功により当地を与えられ築城したという。しかし当地は本明城主＊1・福屋氏もしくは石見小笠原氏＊2の領地だったため、両氏の一方から与えられたのではないかと思われる。

余勢城城趾碑

永禄年間初期（一五五八～六一年）に多胡辰敬＊3の跡を継いで城主になった弟・正国は永禄四（一五六一）年五月に吉川元春の攻撃を受けるが撃退した。しかし同年十二月、再度攻撃を受け落城。正国は辰敬のいた岩山城＊4に逃れたが、岩山城の落城時に討ち死にしている。だが、いずれも後世の史料の記載ばかりで同時代史料に余勢城は出て来ないため城史については疑問視する説が有力である。

余勢城家老・沖弾正正藤之碑

現在は碑公園になっており、多数の碑が建っている。その中に正国を逃がした後に自害した多胡氏の家臣・沖弾正正藤の碑もある。

＊1　本明城(225頁)
＊2　人物事典：石見小笠原氏(378頁)
＊3　人物事典：多胡辰敬(382頁)
＊4　岩山城(186頁)

所在地／邑智郡邑南町中野
遺構／曲輪　標高／211m　比高／不明

211 宝光寺《ほうこうじ》

浄土宗。南北朝時代、東屋《あずまや》城主・領家《りょうげ》玉光が城内に堂を建て玉光寺と号し薬師如来を安置して崇敬したのが始まりだと伝わる。暦応四（興国二・一三四一）年、南朝方の玉光が北朝の軍勢に敗れ滅ぶと堂床《どうとこ》山に移され、玉光の霊を弔ったが次第に荒廃する。

寛永三（一六二六）年、亀井茲矩*1の家臣だった柳風は主君の没後に出家して茲矩の位牌を携え菩提を弔う場所を探すため諸国を行脚。津和野城主・亀井家の領地だった日貫村に立ち寄った際、代官・山崎与左衛門が玉光寺を勧め寺領を寄進したことから禅宗を浄土宗に改宗して再建し位牌を安置している。その後、宝光寺と改号し亀井家から保護を受けた。明暦三（一六五七）年に本堂が焼失した際、本尊の薬師如来が現在地の辺りに飛んで難を逃れたことから、土地の所有者が寺領として寄進し再建されている。

茲矩と津和野藩主の位牌が本堂に安置されている。

宝光寺

*1 人物事典：亀井茲矩（379頁）
*2 津和野城（281頁）

所在地／邑智郡邑南町日貫3375

212
賀茂神社《かもじんじゃ》

　祭神は賀茂別雷命など。創建年代は不明だが京都の上賀茂神社を勧請して創建した。延文二（正平十二・一三五七）年、足利尊氏が再建したという伝承がある。天文十九（一五五〇）年に毛利隆元と琵琶甲城主*1・口羽通良が再興し、永禄三（一五六〇）年には両者が拝殿を新造した。天正元（一五七三）年には通良が藤掛城主*2・高橋興光ら高橋一族の霊を鎮魂するため八注連神楽*3を奉納している。

賀茂神社

　境内社には興光を祀るため木須田村*4の住民が建てた剣神社、興光が同地区の八幡ヶ段から大永五（一五二五）年に移した八幡宮、弘治四（一五五八）年に通良が創建した天満宮がある。

　社宝に大宅就光が永禄十二（一五六九）年に奉納した板絵著色神馬図（国指定重要文化財）がある。就光は毛利元就によって滅ぼされた高橋氏の名跡を継いだ人物だと推測されている。他にも三十六歌仙（町指定有形文化財）などがある。

剣神社

＊1　琵琶甲城（259頁）
＊2　藤掛城（256頁）
＊3　縄などで八角形に仕切られた神域で死霊鎮魂のため奉納される神楽
＊4　同町木須田

所在地／邑智郡邑南町阿須那1834
駐車場／なし

213 高橋興光《たかはしおきみつ》の墓《はか》

享禄三（一五三〇）年、藤掛城主*1・高橋興光は毛利元就に攻められ自害させられる。墓は明治時代になってから建てられた供養塔である。

高橋興光の墓

地図があっても道が分からないような状況で、地元の方に案内してもらうしか辿り着く方法がない。道中も一部が崩れていて危険である。

＊1　藤掛城（256頁）

所在地／邑智郡邑南町阿須那
駐車場／なし

214 藤掛城《ふじかけじょう》（藤根城《ふじねじょう》）

高師直《こうのもろなお》・師泰《もろやす》兄弟に従って戦功を立てた高橋師光が、観応元（正平五・一三五〇）年に当地を与えられ、のち藤掛山に築城したという。その後、高橋氏は二ツ山城*1を攻略し安芸の毛利氏と婚姻関係を結ぶなど石見・安芸の両国で勢力を拡大していった。しかし興光*2が大

藤掛城本丸

内氏から尼子氏に鞍替えしたため、大内方の毛利元就に攻められた。興光は当城に籠もって塩冶興久*3の援軍を待ったが尼子氏の内紛により不可能となり、享禄二（一五三〇）年に元就の計略によって自害に追い込まれている。
その後は利用されず廃城になったと思われる。

*1　二ツ山城（265頁）
*2　高橋興光の墓（256頁）
*3　尼子興久の墓（36頁）

所在地／邑智郡邑南町木須田
駐車場／なし
遺構／曲輪・櫓台など
標高／358m　比高／180m

215 宗《しゅう》林《りん》寺《じ》

臨済宗。永正三（一五〇六）年、現在の本堂の裏山に開山したと伝わる。天文年間（一五三二〜一五五五年）、琵琶甲城主*1・口羽道良の菩提寺になる。関ヶ原の戦い後、口羽氏が当地を去ると同氏の館のあった現在地に移転された。
本堂の裏に口羽家墓地（町指定史跡）があり、中央の大きな墓石が初代・道良の墓で他に道良の妻・芳心院と三代・通平の墓が建つ。本来は五輪塔や宝篋印塔であったが風化により傷んだ

宗林寺山門

口羽家墓地

宗林寺の境内に建つ正満寺

ため享保十六（一七三一）年に建て直された。

境内には正満寺が建ち藤掛城主*2・高橋興光の位牌が安置されている。大永五（一五二五）年に興光の菩提寺として建てられた海雲寺が明治初年に廃寺となったため阿須那村*3の正満寺に寺宝が移された。しかし正満寺も明治九（一八七六）年に焼失する。その後、僅かに再建された堂宇に位牌が安置されていたが、風雨などで傷みが激しく近年当寺に移転再建された。

寺宝に通良の像、天正二（一五七四）年に通良が寄進した釈迦涅槃図、通良が所持していた陣扇や刀、芳心院の鏡がある。

*1　琵琶甲城（259頁）
*2　藤掛城（256頁）
*3　同町阿須那

―所在地／邑智郡邑南町下口羽371
―駐車場／あり

216

琵琶甲城《びわこうじょう》（矢羽城《やばじょう》）

東西と南に出羽川が流れ天然の濠となっている。当地は備後・安芸方面から出雲・石見方面に通じる要衝にあった。北を流れる江の川の対岸は大津*1という地名で河港があったと思われる。

琵琶甲城本丸

享禄三（一五三〇）年、毛利元就は藤掛城主*2・高橋氏を滅ぼすと志道元良の次男・通良を当地に置いた。その際、通良は高橋氏の一族・口羽を苗字とし当城を築城する。それ以前に高橋氏が築城しており通良は改修したという説もある。その後、通良は雲芸攻防戦などで活躍し、吉川元春・小早川隆景・福原貞俊と共に毛利宗家を補佐する「御四人」の一人になった。関ヶ原の戦いで口羽氏が当地を去った際、廃城になったと思われる。

宮尾山八幡宮*3の社殿の裏から城址に行くことが出来る。近年までアスレチックがあったため遺構と見間違えるような場所がある。

*1　広島県三次市作木町大津
*2　藤掛城（256頁）
*3　宮尾山八幡宮（260頁）

所在地／邑智郡邑南町下口羽
駐車場／なし
遺構／曲輪・竪堀など
標高／280m　比高／160m

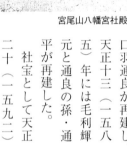

217 宮《みや》尾《お》山《やま》八《はち》幡《まん》宮《ぐう》

祭神は足仲彦命など。琵琶甲城*1の南東の麓に建つ。弘仁三（八一二）年に豊前の宇佐八幡宮から勧請されたと伝わる。文明九（一四七七）年に藤掛城主*2・高橋氏の庶流と思われる者が再建している。永禄十一（一五六八）年に口羽通良が再建し、天正十三（一五八五）年には毛利輝元と通良の孫・通平が再建した。

宮尾山八幡宮社殿

社宝として天正二十（一五九二）年に通平が奉納した燭台がある。東彼岸は町指定天然記念物である。

*1 琵琶甲城（259頁）
*2 藤掛城（256頁）

所在地／邑智郡邑南町下口羽2051
駐車場／鳥居前に広場があるが駐めて良いか不明

218 西《さい》蓮《れん》寺《じ》

浄土真宗。永禄三（一五六〇）年、琵琶甲城主*1・口羽通良が真言宗として創建する。天正四（一五七六）年、第一次木津川口合戦で毛利水軍が織田水軍を破り石山本願寺に兵糧などを送り届けることができた。この時の通良の功績に感謝した本願寺第十一世・顕如が通良に直筆の書状を送ったことから関係が深まり、天正五（一五七七）年に通良の三男・元通（元可）が顕如の弟子となって泉秀という法名を賜り当寺の住職になっている。その際に浄土真宗に改宗した。
　しかし合戦で通良が活躍したという話は伝承のみで、軍記物にすら毛利水軍の武将の中に通良の名はない。後方で活躍、もしくは織田軍との戦いでのことが形を変えて伝わった可能性もある。

西蓮寺楼門

　関ヶ原の戦いの後、口羽氏が当地を去ったのちも浜田藩の菩提寺と徳川家の位牌所になって隆盛し、石見・安芸・備後に多くの門徒がいた。
　寺宝に上記の伝・顕如直筆書状や通良が泉秀に送った起請文などがある。楼門と輪蔵は町有形文化財である。

*1　琵琶甲城（259頁）

所在地／邑智郡邑南町阿須那985

219 別当城《べっとうじょう》

貞応二（一二二三）年に出羽《いずは》氏が二ツ山城*1を築城すると、久永荘*2の荘官（和田氏？）が対抗するため築城したという。永禄元（一五五八）年、吉川元春が二ツ山城を本陣として石見小笠原氏*3の拠点の一つ・黒岩城*4を攻めようとした際、尼子晴久は本城常光*5など家臣を当城に送り両軍は出羽川を挟んで対峙した。この時、尼子軍によって改修されたと考えられている。しかし毛利軍の別働隊が城の背後から迫ったため尼子軍は撤退したという。

別当城

登山道は笹が多く迷いやすいため注意が必要である。

＊1　二ツ山城（265頁）
＊2　同町井原の周辺
＊3　人物事典：石見小笠原氏（378頁）
＊4　同町高見
＊5　人物事典：本城常光（384頁）

所在地／邑智郡邑南町和田
駐車場／なし
遺構／曲輪・堀切・土塁など
標高／437m　比高／170m

220 久《く》喜《き》・大《おお》林《ばやし》銀《ぎん》山《ざん》（天《てん》下《か》墓《ばか》、高《たか》橋《はし》弾《だん》正《じょう》盛《もり》光《みつ》の墓）

石見銀山＊1の影に隠れて注目されることが少ないが、匹敵するほどの規模を持つ。安芸国との国境に位置し、南北二キロ、東西四・五キロあり、久喜・大林・岩屋の三地区に跨がっている。

建久元（一一九〇）年、佐貫利政が鉱脈を発見し、天文九（一五四〇）年頃から毛利氏が再開発を行い佐貫氏が要職についている。永禄三（一五六〇）年には岩屋の温泉蒼《ゆのそう》で鉱脈が発見され、その後に久喜の大横屋でも発見された。関ヶ原の戦い後、毛利氏が石見から去ると江戸幕府の直轄領になり石見銀山の代官が管理し、近世中期までは盛んに採掘された。明治時代になると津和野町の堀藤十郎が再開発を行ったが明治四十一（一九〇八）年に休業後、廃坑になっている。

岩屋間歩・水抜き間歩・道小《どうこ》間歩など複数の間歩や藤十郎が経営した久喜精錬所跡（町指定史跡）が残っている。最盛時には十六の寺院があったが銀山の衰退と共に人口が減少したため、ほとんどが移転か廃寺となった。

間歩跡には案内板などが建つが国有地などになって立ち入り禁止の場所もあるため見学前に邑南町に問い合わせた方が良い。久喜銀山ガイドの会による案内もある。

久喜地区との県境沿いの広島県安芸高田市美土里町生田には天下墓と呼ばれる伝・足利義昭

水抜き間歩

道小間歩

天下墓

の墓がある。天正元（一五七三）年、織田信長に追われた義昭が毛利輝元を頼ったが不和となった。義昭は尼子氏を頼って山陰に向かったが、途中で病のため山陰行きを断念し智教寺を創建し数年後に亡くなり、跡地に墓だけが残っている。足利義昭が将軍だった頃には尼子氏が滅んでいるなど伝承に矛盾があるため、南北朝時代に石見で亡くなったと伝わる足利直冬の墓が誤伝されたのではないかとも思われるが確かなことは分からない。

同地区には藤掛城主[*2]・高橋興光の叔父と伝わる高橋弾正盛光の墓もある。大永三（一五二五）年[*3]、前当主の元光が戦死すると興光が家督を継ぐが盛光は不満を持っていた。享禄三（一五三〇）年、興光が大内方の城を攻め落とし帰城しようとしたところ、盛光に襲われ自害する。盛光は元就に「興光の首を差し出せば盛光を当主にする」とそそのかされていたのだ。しかし事後に元就は盛光に対して「主人を討つとは人面獣心の犬武士なり」と言い、当地にある犬伏山で殺害したという。そして現在、墓がある場所より三〇メートルほど登った場所に葬られたと伝わる。

高橋弾正盛光の墓

盛光は天文九（一五四〇）年

の安芸吉田郡山城攻めで尼子晴久に属して戦死したという説もある。

＊1　石見銀山（192頁）
＊2　藤掛城（256頁）
＊3　通説では永正十二（一五一五）年

所在地／邑智郡邑南町久喜、同町大林、同町岩屋

221 二ツ山城《ふたつやまじょう》（出羽城《いずはじょう》）

町指定史跡。貞応二（一二二三）年、出羽朝輔が築城したという。南北朝時代に出羽氏は北朝につくが、康安元（正平十六・一三六一）年南朝方の藤掛城主＊[1]・高橋氏に敗れ地頭所城＊[2]に引く。しかし明徳三（元中九・一三九二）年に北朝と南朝の統一が実現したことで領地の一部が返還され宇山城＊[3]に移った。

戦国時代、毛利元就が台頭し享禄三（一五三〇）年に高橋氏を滅ぼすと、毛利氏に従っていた出羽氏は一七〇年ぶりに旧領を取り返し当城も戻っている。その後、出羽氏の支城として機能していたようだ。永禄四（一五六一）年には毛利軍が本明城＊[4]を攻める際に入城している。毛利元就の六男・元倶《もととも》が養子に入ると城の規模が拡大されたと考えられている。天正十九（一五九一）年頃、出羽氏が備後に移封され廃城となった。

二ツ山城本丸

＊1　藤掛城（256頁）
＊2　同郡美郷町地頭所
＊3　同町原村
＊4　本明城（225頁）

所在地／邑智郡邑南町鱒渕
駐車場／あり
遺構／曲輪・竪堀など
標高／530m　比高／230m

二ツ山城天神丸

222 本城《ほんじょう》

出羽川流域を見下ろせ安芸との国境にある要衝だった。康安元（正平十六・一三六一）年、南朝方の藤掛城主＊1・高橋氏は北朝方の二ツ山城＊2を落とし出羽郷＊3を手に入れると当城を築き拠点としたという。高橋氏の家督を譲った先代が当城に入り本城の姓を名乗ったという説

本城主郭

がある（本城氏と高橋氏の関係については諸説あり）。本城常光*4は当城で育ったという。享禄三（一五三〇）年に高橋氏が滅んだ後は出羽氏によって利用されたようである。

主郭は徹底的に破城されており今でも明確に分かる。破城された理由については毛利元就の六男・元倶が出羽氏の養子となり二ツ山城に入る際、元就に疑念を抱かれないよう近くにあった当城を利用できないようにしたのではないかという説がある（諸説あり）。

*1　藤掛城（256頁）
*2　二ツ山城（265頁）
*3　同町の出羽・上田所・下田所の周辺
*4　人物事典：本城常光（384頁）

所在地／邑智郡邑南町下田所
駐車場／なし
遺構／曲輪・破城など
標高／486m　比高／160m

223 妙《みょう》義《ぎ》寺《じ》

曹洞宗。文永・弘安年間（一二六四～八八年）に臨済宗として創建され、応永年間（一三九四～一四二八年）に益田秀兼*1が寺領を寄進して曹洞宗に改め益田氏の菩提寺に定めた。

妙義寺山門

戦国時代は益田藤兼*2・元祥《もとよし》父子が手厚い保護をし度々寺領を寄進する。天正十二（一五八四）年には二人が益田氏の位牌や仏具などを整えた。境内には益田氏の武神を祀った神社も建っていたが、水害などにより現在はない（神社の位置については異説あり）。

妙義寺は長門の大寧寺《たいねいじ》*3と深い関係があり、天正九（一五八一）年に藤兼は大寧寺の僧を招いて寺法を定めさせるなどした。益田氏領内で妙義寺と曹洞宗は隆盛し、新たに建立されたり曹洞宗に改宗する寺が増え、末寺は十五ヶ寺に増えている。

関ヶ原の戦い後、毛利氏に従って元祥が長門に退去した後も寺勢が衰えることはなかった。

益田兼堯の像

文政二（一八一九）年、益田氏一族の松本良佐衛門が表門を寄進している。

山門から道を挟んだ向かい側に益田兼堯*4の像が建つ。境内は県指定史跡である。

*1　人物事典・益田氏（384頁）
*2　益田藤兼の墓（268頁）
*3　山口県長門市にある曹洞宗の名刹。大内義隆や毛利氏の家臣の墓などがあることで知られる
*4　益田兼堯の墓（269頁）

所在地／益田市七尾町1―40
駐車場／あり

224 益田《ますだ》藤兼《ふじかね》の墓《はか》

益田藤兼*1は弘治三（一五五七）年に毛利元就への降伏後、雲芸攻防戦・北九州での戦い・第一次尼子再興戦*2などで活躍した。永

禄十三（一五七〇）年、元祥に家督を譲り慶長元（一五九六）年に亡くなり妙義寺*3に葬られる。

　塔頭だった単丁庵は藤兼が隠居した寺で跡地に墓（市指定文化財）が建つが、様式は鎌倉時代後期と推測されており隠居した場所も大寺*4だったという覚書が残っているため藤兼のものかは伝承の域を出ない。

益田藤兼の墓

*1　人物事典：益田氏（384頁）
*2　人物事典：尼子再興軍（378頁）
*3　妙義寺（267頁）
*4　龍雲寺（237頁）か？

所在地／益田市七尾町
駐車場／なし

225 益田《ますだ》兼堯《かねたか》の墓《はか》（大雄庵跡《だいゆうあんあと》）

益田兼堯*1は応仁の乱では東西両軍との関係を保ち所領を拡大する高い政治力を持つ武将だった一方で雪舟を招く文化人でもあった。晩年を七尾城下*2の大雄庵で過ごし文明十七（一四八五）年に亡くなる。大雄庵はすでにないが大雄庵墓地の一角に兼堯の墓と伝わる宝篋印塔の一部と五輪塔（市指定文化財）が建つ。

*1　人物事典：益田氏（384頁）
*2　七尾城（276頁）

所在地／益田市七尾町
駐車場／なし

益田兼堯の墓

226 東伝寺《とうでんじ》

東伝寺本堂

曹洞宗。永仁年間（一二九三〜九九年）に天台宗として創建された東田庵《とうでん》が始まりである。明応年間（一四九二〜一五〇一年）、本尊以外が全焼した。益田兼堯＊1の庶兄・忠勝を祖とする赤雁益田家の崇敬が篤く、永正年間（一五〇四〜二一年）に忠勝が再建する。天文十七（一五四八）年には忠勝の曾孫・兼《かね》順《そう》が再建の際、曹洞宗に改宗した。天正二（一五七四）年には兼順の子・兼豊が寺領を寄進している。

本堂には赤雁益田家の位牌が安置してある。寺宝として益田氏染筆紺紙金泥般若心経の額がある。

＊1　益田兼堯の墓（269頁）

所在地／益田市木部町イ409−2

227 普月城《ふげつじょう》

蒙古襲来に備えて築かれた石見十八砦の一つだったたという。品川大膳＊1の居城だったと伝わる。大膳の没後は息子の勝貞が居住していたが、関ヶ原の戦い後に主君の益田元祥＊2が長門に移ると勝貞は城を去り廃城になった。

普月城全景

専光寺

現在は小高い丘の上に専光寺が建っており北西と南西に急斜面の崖がある。これらは城の遺構だと思われる。

＊1　品川大膳の墓（益田市）（278頁）
＊2　人物事典：益田氏（384頁）

所在地／益田市久城町２１８　駐車場／あり
遺構／切岸？
標高／32ｍ　比高／不明

228 染《そめ》羽《ば》天《あめの》石《いわ》勝《かつ》神《じん》社《じゃ》

祭神は天石勝命など。神亀二（七二五）年に現在の社名で創建されたが、大同三（八〇八）年に紀伊から熊野十二所権現を勧請して滝蔵熊野権現や滝蔵権現と呼ばれるようになった。承平元（九三一）年、境内に別当寺として勝達《しょうたつ》寺《じ》が建てられる。

中世には益田氏*1の氏神として崇敬を受け、勝達寺の別当も益田氏の代官を務め関係を深める。天正九（一五八一）年に社殿が焼失したため、天正十一（一五八三）年に益田藤兼・元祥父子が本殿（国指定重要文化財）を再建、天正十四（一五八六）年には拝殿（現在は内部が神楽殿になっている）も再建した。明治初年に勝達寺は廃寺となり社名も復している。

染羽天石勝神社本殿

*1　人物事典：益田氏（384頁）

所在地／益田市染羽町1-60
駐車場／あり

229 万福寺《まんぷくじ》〈益田市〉

時宗。万寿三（一〇二六）年、中須浦*1にあった天台宗の安福寺《あんぷくじ》が津波のため全壊。再建された小庵のみで存続していた。正和二（一三一三）年に僧・呑海が再興し時宗に改宗する。

万福寺本堂

応安七（文中三・一三七四）年、益田兼見*2が現在地に移して菩提寺とし万福寺と改称した。

益田兼堯*3は画僧・雪舟を招いて文明十一（一四七九）年に庭園

万福寺庭園

（国指定史跡及び名勝）を造らせている。天正十四（一五八六）年には益田藤兼*4・元祥父子が本堂（国指定重要文化財）の修復を行った。

益田兼方・兼見父子の墓（兼見の墓のみ市指定文化財）が境内の東側の椎山墓地に建つ。社宝に書院襖絵三十二面（県指定文化財）などがある。

＊1　同市中須町
＊2　人物事典：益田氏（384頁）
＊3　益田兼堯の墓（269頁）
＊4　益田藤兼の墓（268頁）

所在地／益田市東町25−33
駐車場／あり

230 医《い》光《こう》寺《じ》

臨済宗。貞治二（正平十八・一三六三）年、益田兼弘*1が崇《すう》観《かん》寺の塔頭として創建する。崇観寺は益田氏の保護を受け千五百石の寺領を持つ大寺院だったが、戦国時代の争乱による兵火などで崇観寺と当寺が荒廃したため、

医光寺総門

医光寺庭園

天文年間（一五三二～五五年）に益田宗兼が崇観寺を医光寺に統合し再建した。ただし十六世紀後半まで崇観寺の名前が確認できるため廃寺となった時期には疑問が残る。

関ヶ原の戦い後、益田氏の退去した七尾城*2を管理していた者（益田氏の旧臣・久原氏か？）が大手門を平和祈念のため寄進し総門（県指定文化財）として移築されたと伝わる。

益田兼堯*3が招いた画僧・雪舟が文明年間（一四六九～八七年）に作庭した庭園（国指定史跡及び名勝）がある。中門（国登録文化財）の左手には宗兼の墓が建っている。

*1　人物事典：益田氏（384頁）
*2　七尾城（276頁）
*3　益田兼堯の墓（269頁）

所在地／益田市染羽町4－29
駐車場／あり

231 三《み》宅《やけ》御《お》土《ど》居《い》

益田氏*1の居館跡である。応安年間（天平二十三～天授元・一三六八～七五）に益田兼見が建てたと推測されている。東西一九二メートル、南北八五メートルあり、周囲を土塁・堀・川に囲まれていた。津和野城主*2・吉見正頼や毛利元就と対立した天文二十四（一五五五）年頃からしばらくは館を離れて七尾城*3に居住地を移していたと考えられており、発掘調査で七尾城から十六世紀中期～後期の瓦や白磁などが見つかっている。天正十二（一五八四）年、益田元祥が修築した覚書が残っているが、それ以前にも何度か修築されたと思われる。

関ヶ原の戦い後、元祥が毛利氏に従って長門に去ると石見銀山*4の代官が管理したが、寛永年間（一六二四～四四年）に建物は解体され銀山に運ばれて代官の屋敷となった。敷地内には益田氏の旧臣・鬼村祐光によって慶長八（一六〇三）年泉光寺が建てられたが、平成十六（二〇〇四）年に七尾城と共に益田氏城館跡として国指定史跡になったため、泉光寺は益田市昭和町に移転された。

大元神社の右手に西側の土塁があり、東側にも土塁が残っている。令和五（二〇二三）年現在、整備中ですでに井戸などが復元されている。

三宅御土居

三宅御土居土塁

＊1　人物事典：益田氏（384頁）
＊2　津和野城（281頁）
＊3　七尾城（276頁）
＊4　石見銀山（192頁）

所在地／益田市三宅町
駐車場／整備中か？
遺構／土塁・掘立柱建物跡など

232 七《なな》尾《お》城《じょう》（益《ます》田《だ》城《じょう》）

石見最大の勢力を誇った益田氏*1の居城で、平時は三宅御土居*2などに居住していた。建久四年（一一九三）年、益田兼高が築城したという。延元元（建武三・一三三六）年、北朝だった益田氏は南朝方の高城主*3・三隅氏の攻撃を受け尾崎丸で戦闘が行われている。

七尾城

天文二十四（一五五五）年に益田藤兼*4は同心していた陶晴賢が毛利元就に敗れると、元就の攻撃に備え城の改修を行った。だが吉川元春の周旋で元就に降伏し難を逃れている。

藤兼の跡を継いだ元祥は関ヶ原の戦い後、毛利氏に従い長門に退去する。その後は益田氏の家臣・久原氏が管理していたが、古田重治が浜田に移封されると城を引き渡した。それからまもなく廃城になったと思われる。

登り口の住吉神社は本来は搦手《からめて》だったが城下

町の形成で大手になったと推測されている。現在は国指定史跡となっており、多数の遺構が良好な状態である。

＊1　人物事典：益田氏（384頁）
＊2　三宅御土居（274頁）
＊3　高城（239頁）
＊4　益田藤兼の墓（268頁）

所在地／益田市七尾町
駐車場／住吉神社に駐車場があるが利用して良いか不明
遺構／曲輪・虎口・堀切など
標高／116m　比高／110m

七尾城本丸

七尾城馬釣井

233
四《よ》ツ《っ》山城《やまじょう》

市指定史跡。元暦元（一一八四）年に益田兼高＊1が当地を源頼朝から与えられ、永徳三（弘和三・一三八三）年までに益田氏によって築かれたという。その後、当地を高城主＊2・三隅氏が領有したが、永享三（一四三一）年に大内氏が益田氏に与えたため戦国時代には両氏の紛争地帯になっている。その後、天文七（一五三八）年に大内義隆が調停して三隅氏の手に戻り、当城に家臣の須縣《すがけ》忠朝が入り忠朝の没後は子の忠高が入ったと伝わる。

永禄十二（一五六九）年、第一次尼子再興戦*3が始まると周辺の領主が手薄になった隙を狙って三隅隆繁が挙兵したため、三隅氏の支城である当城も元亀元（一五七〇）年に毛利軍の攻撃を受け落城したという。この時、忠高の家臣・加藤氏広が毛利軍の佐々田盛時に一騎打ちを挑むが首を獲られたと伝わる。その後は益田氏が再び管理した。

四ツ山城一の岳

＊1　人物事典：益田氏（384頁）
＊2　高城（239頁）
＊3　人物事典：尼子再興軍（378頁）

所在地／益田市美都町朝倉
遺構／曲輪・堀切・竪堀など
標高／233m　比高／143m

234 品川《しながわ》大膳《だいぜん》の墓《はか》
〈益田市〉

市指定史跡。安芸武田氏の家臣に品川信定という者がいたが、安芸武田氏は大内義隆や毛利元就のため衰退し、信定も天文十（一五四一）年に戦死してしまう。天文十三（一五四四）年、信定の息子・貞永（員永）は親族を頼って石見に移り益田藤兼*1に仕えたという。貞永の息子が山中鹿介と一騎討ちをしたことで知られる品川大膳である。大膳の没後、品川氏は関ヶ原の戦いで主君・益田元祥が長門に移った後も石見に残り、小原村*2を経て当地に移ったという。

品川家合祀碑

伝・品川大善の墓

品川家墓地には寛延三（一七五〇）年に後裔の品川嘉兵衛が建てた五代夫婦の合祀墓（貞永・大膳・勝貞・吉勝・勝忠）が建つ。地元の伝承では同じ品川家墓地に建つ宝篋印塔が大膳の墓だと伝わっている。

当地には貞永が天文年間（一五三二～五五年）に創建した品川家の菩提寺・相続庵があったが、明治二十二（一八八九）年同市乙吉町に建つ大喜庵（東光寺）の背後の丘に移され位牌も安置されていた。しかし失火により全焼し廃寺になっている。

＊1　益田藤兼の墓（268頁）
＊2　同町小原

所在地／益田市美都町仙道
駐車場／なし

235 永明寺《ようめいじ》

曹洞宗。応永二十七（一四二〇）年、津和野城主*1・吉見頼弘によって創建され菩提寺になったと伝わる。天文二十三（一五五四）年に陶晴賢が津和野城を攻めた際の兵火で焼失。坂崎出羽守*2に寺領の一部を没収され、慶長十三（一六〇八）年にも焼失したという。

永明寺本堂

しかし出羽守の後に津和野藩主となった亀井氏の菩提寺となり寺領の寄進を受け、近世には曹洞宗の寺院の中で加賀の大乗寺*3と共に全国に知られた存在となり末寺が四十ヶ寺以上あった。

坂崎出羽守の墓

山門は津和野城の城門だったが「小藩には過ぎたもの」として幕府から注意を受けたため、移築されたと伝わる。境内奥の墓地には寛永五（一六二八）年の出羽守の十三回忌に小野寺義道*4や出羽守の旧臣・堀平吉が建てた墓がある。両氏の後裔は出羽守の五十年の回忌ごとに法要を行った。墓地には亀井氏の重臣で多胡辰敬*5の後裔である多胡家累代の墓も建つ。吉見広頼の妻（毛利隆元の娘）や吉見元頼の墓もあったと伝わるが所在は不明である。
　寺宝の大日如来は後醍醐天皇が大山寺*6に寄進したものだったが、大山寺から譲られている。亀井氏が大山寺や境内にあった下山神社*7への寄進を行ったことへの返礼だと思われる。他に亀井茲矩*8の木像や出羽守の位牌が安置されている。本堂・庫裏・鐘楼と棟札二枚は県指定文化財である。絹本著色十六羅漢像図も県の文化財に指定されている。

*1　津和野城（281頁）
*2　人物事典：坂崎出羽守（381頁）
*3　石川県金沢市長坂町
*4　人物事典：小野寺義道（379頁）
*5　人物事典：多胡辰敬（382頁）
*6　鳥取編：大山寺（185頁）
*7　鳥取編：大神山神社奥宮（188頁）
*8　人物事典：亀井茲矩（379頁）

所在地／鹿足郡津和野町後田ロ107
駐車場／近くに共同駐車場がある

236 津和野城《つわのじょう》（一本松城《いっぽんまつじょう》・三本松城《さんぼんまつじょう》）

国指定史跡。弘安五（一二八二）年、能登の吉見頼行が津和野に来て永仁三（一二九五）年に築城を開始し御嶽城*1から移り吉見氏の居城になったと伝わる。

津和野城太鼓丸

　天文二十（一五五一）年に陶晴賢が大内義隆を滅ぼすと義隆の姉妹を娶っていた吉見正頼は晴賢に反抗する。そのため天文二十三（一五五四）

津和野城石垣

津和野城天守台

年に晴賢と益田藤兼*[2]に津和野城を包囲された。しかし毛利元就が晴賢に反旗を翻したため和議が成立し、晴賢は安芸に向かう。天文二十四（一五五五）年の厳島の戦いで晴賢が敗北すると、元就と共に長門に侵攻した。以降、吉見氏は毛利氏に従い関ヶ原の戦い後は長門に移る。それまでに城下町の整備が進んでいたと推測されている。

代わって坂崎出羽守*[3]が入ると鉄砲に対応するため新たな石垣や出丸を築くなど改修し、城下町を拡張した。しかし一代で改易されたため、因幡鹿野から亀井氏が入り幕末まで治めている。明治七（一八七四）年に建物が解体された。

太鼓谷稲成神社の参道沿いにある有料のリフトで山頂近くまで行ける（徒歩も可）。

＊1　御嶽城（293頁）
＊2　益田藤兼の墓を参照（268頁）
＊2　人物事典：坂崎出羽守（381頁）

所在地／鹿足郡津和野町後田・鷲原・田二穂
駐車場／リフト乗り場近くにあり
遺構／曲輪・石垣・虎口など
標高／３６７ｍ　比高／１９０ｍ

237 本《ほん》性《しょう》寺《じ》

日蓮宗。元和三（一六一七）年、津和野城主*1・亀井政矩が創建した。嘉永六（一八五三）年の大火で記録など一切が焼失したため詳細は不明である。

境内から国道九号に向かう山道の途中に小野寺義道*2の墓が建つ。

＊1　津和野城（281頁）
＊2　人物事典：小野寺義道（379頁）

所在地／鹿足郡津和野町森村１３２５

小野寺義道の墓

238 光《こう》明《みょう》寺《じ》

浄土宗。天正七（一五七九）年、津和野城主*1・吉見正頼が妻の大宮姫（大内義隆の姉

妹）の菩提を弔うため津和野神社*2の裏手に信盛寺《しんせいじ》を創建する。しかし関ヶ原の戦いで吉見氏が津和野から去ると、坂崎出羽守*3により寺領が没収される。

光明寺本堂

元和三（一六一七）年、因幡鹿野から津和野に移封された亀井政矩は祖父・山中鹿介の菩提寺だった幸盛《こうせい》寺《じ》*4を城下に移した。寛永十二（一六三五）年、幸盛寺は信盛寺に合併される。慶安二（一六四九）年に亀井政矩の妻・光明院が亡くなったため、今市*5にあった悟真寺を菩提寺とし寺号を光明寺に改めた。慶応三（一八六七）年に光明寺の領地が召し上げられたため、現在地に移り信盛寺を合併する。

寺には、大宮姫、山中鹿介夫妻、亀井茲矩*6を始めとする亀井家歴代当主の妻、小野寺義道*7の妻の位牌が安置され、山門の左手には大宮姫の墓が建つ。

＊1　津和野城（281頁）
＊2　津和野神社（285頁）
＊3　人物事典：坂崎出羽守（381頁）
＊4　鳥取編：幸盛寺（64頁）
＊5　同町後田の今市地区
＊6　人物事典：亀井茲矩（379頁）
＊7　人物事典：小野寺義道（379頁）

所在地／鹿足郡津和野町後田1014
駐車場／あり

239

永《えい》太《たい》院《いん》

曹洞宗。天文二（一五三三）年に永明寺の塔頭として創建され、天文八（一五三九）年に津和野城主*1・吉見隆頼が亡くなると菩提寺となる。大正十五（一九二六）年、東京にあった津和野藩主・亀井家歴代の墓（国指定史跡）を境内に移した。

本堂の右手を登って行くと歴代の墓の他、山中鹿介夫人の墓（亀井氏の娘・高松院）、政矩の義父・松平康重の墓などが建つ墓地に行ける。

*1　津和野城（281頁）

所在地／鹿足郡津和野町後田106

駐車場／近くに共同駐車場がある

亀井政矩の墓

山中鹿介夫人の墓

240

津《つ》和《わ》野《の》神《じん》社《じゃ》

祭神は亀井茲矩*1など。創建年代は不明だが勧請された牛王神社が建っていた。だが衰退したため、明徳元（元中七・一三九〇）年に津和野城主*2・吉見直頼が再び勧請する。しかし坂崎出羽守*3により神殿が廃止されてしまう。宝永四（一七〇七）年、当社の崇敬の篤かった津和野藩主三代の亀井茲親《これちか》が、社殿を始めとして神社全体を整備し埴安《はにやす》神社と改称し領内の総鎮守とした。

明和五（一七六八）年、京都の吉田家から亀井氏の祖・茲矩の霊に対して武茲矩霊社の号が送られたため、七代・矩貞《のりさだ》が埴安神社に相殿する。文化八（一八一一）年、八代・矩賢《のりかた》が茲矩没後二百年祭を催した際、頌徳碑《しょうとくひ》を建立した。文久元（一八六一）年、十一代・茲監《これみ》が社殿の修造と没後二百五十年祭を催した。この際に元武大明神の号が送られたため、武茲矩霊社を元武神社に改称している。明治四（一八七一）年、埴安神社と元武神社が合祀され喜《き》時《じゅ》雨《う》神社に改称した。明治四十三（一九一〇）年、現在の社名に改称している。

津和野神社拝殿

亀井茲矩頌徳碑

社宝として茲矩の朝鮮出兵での戦利品と伝わるフランキ砲がある（貿易で手に入れたという説もある）。町内には当社の宝物館と津和野町郷土館に五門のフランキ砲が現存している。

*1　人物事典：亀井茲矩（379頁）
*2　津和野城（281頁）
*3　人物事典：坂崎出羽守（381頁）

所在地／鹿足郡津和野町田二穂1051甲
駐車場／あり

241 弥《や》栄《さか》神《じん》社《じゃ》

弥栄神社

祭神は素戔嗚尊など。祇園社を貞観十八（八七六）年に滝の本*1に創建したのが始まりと伝わり、正長元（一四二八）年、津和野城主*2・吉見氏によって城の鬼門鎮護のため現在地に移されたという（諸説あり）。戦国時代は吉見氏の保護を受けた。

天文七（一五三八）年、途絶えていた祇園会《ぎおんえ》が復活。天文十一（一五四二）年、大内氏が京都の祇園会から山口に取り入れていた鷺舞《さぎまい》を吉見正頼が招致したという。

関ヶ原の戦い後、坂崎出羽守*3が津和野藩主となると社領も大幅に削られ鷺舞も中止となる。しかし寛永二十（一六四三）年に津和野藩主・亀井茲政《これまさ》が京都に使いをやって鷺舞を習得させ復活した。

慶応三（一八六七）年、現在の社名となる。鷺舞は現在も毎年七月に催され、国の重要無形民俗文化財に指定されている。

*1　同地区の太皷谷稲成神社の辺り
*2　津和野城（281頁）
*3　人物事典：坂崎出羽守（381頁）

所在地／鹿足郡津和野町後田67
駐車場／近隣に有料駐車場あり

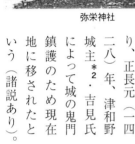

242 鷲《わし》原《ばら》八《はち》幡《まん》宮《ぐう》

祭神は誉田別命など。天暦年間（九四七～五七年）、山根六左衛門が豊前の宇佐八幡宮を勧請したのが始まりだという。その他に嘉慶元（元中四・一三八七）年に津和野城主*1・吉見頼直が福川村*2に冨長山八幡宮*3を鷲原の地に勧請し、応永十二（一四〇五）年現在地に移転したという説などがある。

鷲原八幡宮拝殿

鷲原八幡宮馬場

天文二十三（一五五四）年に陶晴賢が津和野城を攻めた際焼失したため、永禄十一（一五六八）年に吉見正頼が再建した。再建に際して、晴賢が攻城時に持ってきたが毛利元就を討つため引き返した際に置いていった洪鐘《こうしょう》を奉納している。永禄十二（一五六九）には鰐口を奉納した。鰐口には播磨の銘があり、尼子晴久が播磨に攻めて持ち帰ったものを第一次月山富田城攻防戦*4に参加した正頼が戦利品として手に入れたという説がある。天正四（一五七六）年、吉見広頼が社領二十石を寄進する。

坂崎出羽守*5が社領を没収し三石だけを改めて寄進したこともあったが、近世に亀井氏が社領十石を寄進したという。亀井氏の時代には弥栄神社[6]・津和野神社[7]と共に藩内の三大社と呼ばれている。

八幡宮の前にある流鏑馬《やぶさめ》馬場（県指定史跡）は相模の鶴岡八幡宮を勧請した際に造られたと伝わる。長さ二五〇メートル、幅二七メートルあり、近くに津和野川が流れるなど地形的な制約の中で鶴岡八幡宮の馬場を模したため、社殿に対して横馬場である。正頼が再建した社殿は国指定重要文化財となっている。流鏑馬神事は毎年四月に行われ町無形民俗文化財に指定されている。

＊1　津和野城（281頁）
＊2　同郡吉賀町福川
＊3　冨長山八幡宮（291頁）
＊4　月山富田城（41頁）
＊5　人物事典：坂崎出羽守（381頁）
＊6　弥栄神社（287頁）
＊7　津和野神社（285頁）

所在地／鹿足郡津和野町鷲原イ632―2
駐車場／なし

243 正楽院《しょうらくいん》の墓《はか》

津和野城主[1]・吉見頼興の妻は京都にいた上野図書の娘もしくは公家の娘と伝わっており、熱心な浄土真宗の信者だった。享禄五（一五三二）年に頼興が亡くなると妙輪尼と号し、息子の正頼の建てた正楽庵で菩提を弔う。妙輪尼は天文十二（一五四三）年に亡くなり正楽院殿釈

正楽院の墓

妙輪大姉の法名をつけられた。現在、同地区にあった正楽庵の後身・正楽寺は廃寺になり、妙輪尼の五輪塔だけが残っている。戦前には正楽院画像が残っていたようだが、それも現在は失われている。

通説では頼興の妻は内藤弘矩の娘であることから妙輪尼は後妻か側室だと思われる。

*1　津和野城(281頁)

所在地／鹿足郡津和野町直地
駐車場／なし

244 同《どう》泉《せん》寺《じ》

曹洞宗。天正十（一五八二）年、御嶽城主*1・長野頼久が長清庵を開基したのが始まりである。天正十八（一五九〇）年、現在の寺号に改めた。天正十五（一五八七）年に亡くなった頼久の位牌が安置されており、本堂の南の墓地には頼久の墓が建つ。

*1　御嶽城(293頁)

所在地／鹿足郡津和野町中川70
駐車場／あり

長野頼久の墓

245 冨《とみ》長《たけ》山《やま》八《はち》幡《まん》宮《ぐう》（中《なか》曽《そ》野《の》八《はち》幡《まん》宮《ぐう》）

祭神は応神天皇、吉見頼行や正頼など吉見氏十二代の歴代当主、吉見氏一族で初代宮司の岡頼治など。弘安五（一二八二）年、御嶽城主*1・吉見頼行が相模の鶴岡八幡宮を勧請して徳永城*2の麓に木部八幡宮を創建したのが始まりと伝わる。元応二（一三二〇）年、吉見頼直が現在地の冨長山に移したことから今の社名で呼ばれるようになる（この時に創建されたとの説もある）。

冨長山八幡宮

弘治二（一五五六）年、宮司の岡益忠は吉見正頼に従軍し武功を上げたが戦死した。天正三（一五七五）年、正頼が社領を寄進する。関ヶ原の戦い後、吉見氏が去り坂崎出羽守*3が領主になると社領を没収され荒廃した。しかし元和三（一六一七）年に亀井氏が津和野城主になると保護を受け、出羽守の時代には身を隠していた岡氏が宮司として復帰している。

社宝に正頼が陶晴賢に勝利できたことに感謝して、永禄三（一五六〇）年に奉納した太刀があった。だが太平洋戦争で供出させられ現在はない。

*1 御嶽城（293頁）
*2 徳永城（292頁）
*3 人物事典：坂崎出羽守（381頁）

所在地／鹿足郡津和野町中曽野

246

徳《とく》永《なが》城《じょう》

弘安五（一二八二）年頃、吉見頼行が御嶽城*1の支城として築城し一族の岡氏を城主としたと伝わるが、天文二十三（一五五四）年に陶晴賢の軍勢が御嶽城を攻めた際の陣城という説もある。

徳永城曲輪

　関ヶ原の戦い後に新領主の坂崎出羽守*2は、主君の吉見氏が去った後も城に残っていた岡盛福を降伏させるため城を攻める。城内には百八十名程しかおらず食糧も乏しかったため逃げ出す者が相次ぎ、盛福も城を出て片又村*3に身を隠した。しかし亀井氏が津和野藩主になると元和五（一六一九）年冬に戻ったという。

　途中、道が分かりづらくなっている箇所があり注意が必要。入口から真っ直ぐ北に進めば三の丸に出る。本丸にある祠は岡氏が宮司を務めた冨長山八幡宮*4の前身が移転されたものだという。

*1　御嶽城（293頁）
*2　人物事典：坂崎出羽守（381頁）
*3　現在の山口県萩市片俣だと思われる
*4　冨長山八幡宮（291頁）

所在地／鹿足郡津和野町中曽野
駐車場／なし
遺構／曲輪など
標高／327m　比高／60m

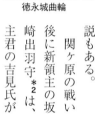

247

御《み》嶽《だけ》城《じょう》

御嶽城遠景

元寇後の弘安五（一二八二）年、鎌倉幕府から西石見の海岸警備を命じられた能登吉見氏の一族・吉見頼行が築城し居館の詰の城とした（警護のためではなく所領を与えられただけという説もある）。城は盆地の当地を望むことができ、北側の日本海から盆地に侵攻してくる敵を素早く察知し防ぐには最適な場所であった。吉見氏が津和野城*1に居城を移した後も、長門との国境沿いにあったことと不仲だった益田氏*2との領地の境目近くにあったことで支城として重視され庶流の長野氏が守備する。

御嶽城本丸に建つ祠

天文二十三（一五五四）年、陶晴賢の軍勢が石見に侵攻してくると城主・長野美作守は良く防戦し津和野城を支えた。同年、吉見正頼と晴賢の間に和議が成立したことから陶軍は軍勢を退いている（その前に落城していたという説もある）。石見・長門が毛利氏の支配下になった後も益田氏への備えの城として機能していたようだが、関ヶ原の戦い後に吉見氏が長門に去ると廃城になった。

＊1　津和野城（281頁）
＊2　人物事典：益田氏（384頁）

所在地／鹿足郡津和野町中山・長福、山口県萩市鈴野川
駐車場／なし
遺構／曲輪・土塁・虎口など
標高／504m　比高／220m

---

248 下《しも》瀬《せ》山城《やまじょう》（横山城《よこやまじょう》）

町指定史跡。東は高津川、北と西に程彼川《ほどがん》が流れ、南には谷があるという天険の要害だった。

鎌倉時代末期、津和野城＊1を築城した吉見頼行の次男で三河八橋＊2の下之瀬を領していた下瀬頼右《よりすけ》が築城したという。

下瀬山城の主郭

天文二十（一五五一）年、陶晴賢が大内義隆を自害に追い込むと晴賢と親密だった益田藤兼＊3が、反陶派で以前より不仲だった吉見正頼の領内に攻め込む。天文二十三（一五五四）年と弘治元（一五五五）年に当城も益田軍の攻撃を受けたが、城主・下瀬頼郷は謀略にも屈せず守り抜いた。

天正七（一五七九）年頃、吉見正頼が密かに城の強化を命じ、天正十（一五八二）年には息子の広頼が上領肥後守に当城の普請を命じてい

る。この頃も毛利氏の家臣でありながら吉見氏と益田氏の関係は悪く、互いを警戒していたことが分かる。

関ヶ原の戦い後、毛利氏に従って吉見氏が当地を去り坂崎出羽守が治めた後も利用されたが、元和元（一六一五）年の一国一城令で廃城になる。

下瀬山城

主郭の東端には下瀬頼重と頼郷のものと伝わる墓（町指定史跡）がある。国道九号に看板が出ており階段があるが、道が整備されていないためそこからの登頂は困難である。南側に車道があり遺構近くには駐車場もあるが、悪路で危険なためその道を徒歩で登頂することをお勧めする。

＊1　津和野城（281頁）
＊2　愛知県北設楽郡設楽町八橋
＊3　益田藤兼の墓を参照（268頁）

所在地／鹿足郡津和野町池村
駐車場／あり
遺構／曲輪・竪堀など
標高／317m　比高／270m

249 李《り》郎《ろう》子《し》の墓《はか》

朝鮮出兵で津和野城主＊1・吉見広行に従軍した三ノ瀬城主・斎藤信賢は、慶長二（一五九七）年の蔚山城の戦いで明軍の李郎子を捕虜にして帰国した。そして浅葱土《あさぎつち》*2のある杉ヶ峠に住まわせ、窯を築かせて陶器などを焼かせ又左衛門と改名させる。妻を娶ったが子は出来ないまま寛文六（一六六六）年に亡くなった。

後年、赤穂浪士の一人・武林唯七の娘が李郎子の墓を参拝している。彼女の先祖は李郎子と同族で同じく蔚山城の戦いで浅野幸長の家臣に捕まっていた。隆重から聞いていた李郎子を案じて当地に来たのだという。

久賀禅定門霊位の戒名が刻んである墓が李郎子のもので、周りには木地屋*3らの墓が建っている。西の杉ヶ峠を貫いている唐人屋トンネルの近くには唐人焼窯跡（町指定史跡）があり、斜面に築かれた五室ほどの窯が確認されている。

李郎子の墓

唐人焼窯跡

*1　津和野城（281頁）
*2　緑がかった薄い藍色の粘土質の土
*3　木彫りなどの材料の木を荒挽きしたり、ろくろを用いたりして、盆や椀など、木地のままの器類を作る職人のこと

所在地／鹿足郡吉賀町柿木村福川
駐車場／なし

コラム

石見銀山争奪戦

戦国時代の石見銀山の歴史は戦いの歴史でもある。大永六（一五二六）年に石見銀山の開発が始まってから周囲の領主が獲得に乗り出した。享禄元（一五二八）年、大内氏が銀山を押さえ矢滝城*1を築いて守るが、享禄四（一五三一）年には温湯城主*2・小笠原氏*3が矢滝城を落として銀山を支配する。天文六（一五三七）年、今度は尼子経久が銀山を奪い小笠原氏など石見の諸将を従わせたが、天文八（一五三九）年に大内義隆が奪い返した。天文九（一五四〇）年、再び小笠原長隆が銀山を奪っている。これは尼子晴久による安芸吉田郡山城*4攻めに呼応したものであった。しかし晴久が敗退し急速に

勢力を失っていくと長隆の跡を継いだ長徳が、天文十一（一五四二）年に義隆に寝返って山吹城*5にいた尼子軍を追い出し銀山を押さえている。天文十二（一五四三）年、義隆が月山富田城*6で敗北し晴久が石見に侵攻すると長徳は晴久と共同経営をした。

それからしばらくは尼子氏が支配する時代が続いたが、元就が天文二十四（一五五五）年に陶晴賢を厳島で破ると状勢が再び動

き出す。弘治二（一五五六）年に吉川元春は銀山周辺で尼子軍を破り奪い取るが、同年に晴久が新原（忍原）で毛利軍に大勝し奪い返した。永禄二（一五五九）年に元就は温湯城を攻撃し晴久に味方していた長徳の子・長雄を降伏させる。永禄五（一五六二）年に室町幕府の仲介で毛利氏と尼子氏の和睦が成立し小康状態となるが、同年六月に元就が一方的に和睦を破棄する。同月、山吹城を守っていた本城常光*7が降伏し銀山のみならず石見全体が元就の手中に収まった。

だが、このように激しい争奪戦が繰り広げられたことを疑問視する説もある*8。享禄四（一五三一）年に小笠原氏が銀山の近くで軍事行動を行っているが銀山を掌握したかは不明である。天文六（一五三七）年の経久による銀山奪取だが、この頃の尼子氏は東進政策を進め西の大内氏との戦いを避けており、銀山のあった邇摩郡も掌握していない。よって天文八（一五三九）年に義隆が奪い返した事実もなくなる。天文九（一五四〇）年は晴久と長隆が協力して大内軍と戦ったことは同時代史料から分かるが、銀山を押さえたのかは不明である。

天文二十（一五五一）年、晴賢が実質的に大内氏を掌握した後も銀山を支配しており、元就によって晴賢が討ち取られるまで大内氏の支配下にあったようである。その後、空白地帯となった銀山を巡って尼子氏と毛利氏との戦いが行われるようになった弘治二（一五五六）年以降の流れは旧来通りである。

*1　矢滝城（199頁）
*2　温湯城（244頁）
*3　人物事典：石見小笠原氏（378頁）
*4　広島県安芸高田市吉田町にあった毛利元就の居城
*5　山吹城（197頁）
*6　月山富田城（41頁）
*7　人物事典：本城常光（384頁）
*8　左記の内容は山陰史談二九号「尼子氏の石見国進出をめぐって」を参考にした

島根県隠岐地域

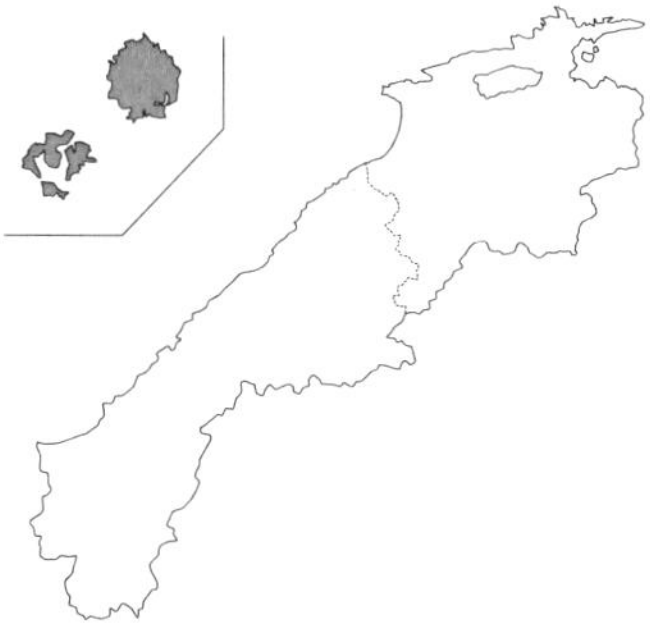

隠岐郡隠岐の島町
隠岐郡海士町

島根県隠岐地域 史跡位置図

250

国府尾城《こうのおじょう》

十四世紀初め頃に築城されたようだが詳細は不明である。東に八尾《やび》川が天然の濠としてあり南には西郷港がある水運の要衝だった。

国府尾城曲輪

国府尾城堀切

戦国時代は隠岐守護代・隠岐（佐々木）氏が居城としており、天文元（一五三二）年には隠岐宗清が尼子経久の援兵と共に奈森城主*1・都万氏らを降し隠岐諸島統一を果たしたという。以降、隠岐氏は宗清の孫・為清の代まで尼子氏に従っていたが、雲芸攻防戦では毛利元就に従う。しかし第一次尼子再興戦*2が始まると為清は再興軍に協力。だが毛利軍に帰参しようとしたため再興軍によって自害に追い込まれている。

為清の跡を弟・清家が継いで毛利氏に従った。しかし天正十（一五八二）年に毛利軍が豊臣秀吉に苦戦しているのを知り、秀吉に内通しようとしたが、為清の子・経清（光清）は毛利氏に従う道を選んで清家を討った。経清が秀吉に内通しようとしたが、清家の反対にあい謀殺したとも言われる。だが、その経清も清家の子・才五郎（甚五郎）に討たれたという。

尼子再興戦後、代官を派遣して監視し支配を強めていた毛利氏と領民・公文職*3など下層階級の上下からの圧力で隠岐氏内部での意見が対立し、度重なる内紛が起こって弱体化したとの説があり、それが前記のような形で伝わったと思われる。その後、隠岐諸島は吉川元春の支配化となり、隠岐氏は吉川氏の家臣となっている。

本丸跡には佐々木氏の祖霊社が建っている。

国府尾城本丸に建つ祖霊社

251 護《ご》国《こく》寺《じ》

所在地／隠岐郡隠岐の島町港町・下西
遺構／曲輪・土塁など
標高／129m　比高／129m

曹洞宗。文保元（一三一七）年より以前に、佐々木清秀が先祖の追善のため護国寺村*1に創建した。戦国時代は国府尾城主*2・隠岐氏の位牌所となる。

護国寺

*1　奈森城（305頁）
*2　人物事典：尼子再興軍（378頁）
*3　荘園制で年貢の徴収などを行った荘官。隠岐地方では中世でも依然として力を持っており、近世に入ってからは中期まで村役人の呼称だった

明治二（一八六九）年に廃寺となるが後に再建され、明治四十五（一九一二）年当地に移された。近年、萬徳寺に改名している。

本堂には佐々木清秀・隠岐為清・隠岐経清の位牌が安置されており、かつて当寺があった場所には経清の墓と伝わる五輪塔が建つ。

＊1　同町城北町の八田地区
＊2　国府尾城（301頁）

所在地／隠岐郡隠岐の島町原田429

隠岐経清の墓

252 玉《たま》若《わか》酢《す》命《みこと》神《じん》社《じゃ》（惣《そう》社《じゃ》大《だい》明《みょう》神《じん》）

祭神は玉若酢命など。創建年代は不明だが隠岐の惣社で「三代実録」に記載がある古社である。中世においても隠岐の中心的な神社として重視され隠岐守護代の庇護を受けた。

戦国時代には当地を支配する領主の寄

玉若酢命神社鳥居

玉若酢命神社拝殿

進を受けた。寄進した者には、明応八（一四九九）年の国府尾城主*1・隠岐氏の重臣だった寺本氏ら、元亀二年（一五七二）年の奈森城主*2・都万久清、天正二（一五七四）年頃の吉川元春の代官が挙げられる。永禄十一（一五六八）年には隠岐為清が造営を行った。天正十（一五八二）年、隠岐経清も造営の準備をしていたが未遂に終わっている。

本殿・随神門・棟札などが国の重要文化財に指定されている。

*1　国府尾城（301頁）
*2　奈森城（305頁）

所在地／隠岐郡隠岐の島町下西713
駐車場／あり

253 東山《ひがしやま》神《じん》社《じゃ》

祭神は国府尾城主*1・隠岐経清（光清）や隠岐為清の妻など。天正十一（一五八三）年、経清が内紛により討たれ隠岐氏は没落した。その後、当地に旧臣が居住して寛永十二（一六三五）年に経清を祭った新正八幡宮を創建し、神主は隠岐家の筆頭家老だったと伝わる池田家が勤める。寛政十二（一八〇〇）年、当地の氏神を祀っていた日開山神社と合祀し合殿が建てられ東山神社となった。

経清の没年から五十年ごとに式年祭が行われ、神輿に経清の霊を乗せて国府尾城跡に行き祭典を執り行っている。

＊1　国府尾城（301頁）

―所在地／隠岐郡隠岐の島町西町八尾の四、92

―駐車場／なし

東山神社拝殿

254 奈森城《なもりじょう》（都万城《つまじょう》）

築城年代は不明だが都万氏の居城だった。都万氏は隠岐守護・佐々木氏の後裔で国衙領だった都万院を与えられ都万の姓を名乗ったという。天文元（一五三二）年、国府尾城主＊1・隠岐宗清が隠岐の島全土の制圧に乗り出したため、都万宗林＊2・義秀父子は対抗したが、落城し二人は自害している。その後も都万氏の一族が跡を継いで尼子氏に従属し当地を支配した。永禄九（一五六六）年、但馬・丹後の海賊と共に毛利方の因屋城＊3を攻めたが撃退されている。第一次尼子再興戦＊4が始まると再興軍に協力し出雲まで渡ったが、再興戦が失敗すると没落したようである。

城趾には義秀の墓が建っているが「天正三亥

年　弥次郎久清」と刻んであり、義秀らの戦死後に奈森城主となって再興軍に協力した人物のものだと思われる。

奈森城堀切

*1　国府尾城(301頁)
*2　都万豊前守宗林の墓(306頁)
*3　因屋城(308頁)
*4　人物事典：尼子再興軍(378頁)

所在地／隠岐郡隠岐の島町都万
遺構／曲輪・堀切など
標高／123m　比高／100m

255 都《つ》万《ま》豊《ぶ》前守《ぜんのかみ》宗《そう》林《りん》の墓《はか》

奈森城主*1だった宗林の墓である。

天文元（一五三二）年、隠岐守護代・隠岐宗清に敗れここで自害したと伝わる。しかし墓には「永禄六癸亥年　一王林宗居士　佐々木豊前守」と刻んであり、別人もしくは宗林が天文元年に自害したという「陰徳太平記」の記述が誤りの可能性があるが詳細は不明である。

＊1　奈森城（305頁）

所在地／隠岐郡隠岐の島町都万
駐車場／なし

都万豊前守宗林の墓

256 那久城《なぐじょう》（高尾城《たかおじょう》）

貞永元（一二三二）年、斎藤重基が築城したという。天文元（一五三二）年、国府尾城主＊1・

那久城西側の曲輪

隠岐宗清が隠岐の島全土の制圧に乗り出した際、当時の城主・斎藤清信は奈森城主*2・都万宗林らと共に対抗した。しかし奈森城の落城後、宗清から兵糧攻めを受け落城し清信は自害している。しかし都万氏との戦いで落城したなど諸説もあり、どれが正しいのか不明である。

その後、当地を尼子氏が支配するが第一次尼子再興戦後*3は吉川元春が支配したようである。

尾根の南の海岸側が崩落している上、巨石が多く東西の移動が危険な状態になっている。

*1 国府尾城（301頁）
*2 奈森城（305頁）
*3 人物事典：尼子再興軍（378頁）

所在地／隠岐郡隠岐の島町那久
遺構／曲輪など
標高／138m　比高／121m

257 因《いん》屋《や》城《じょう》（森《もり》城《じょう》）

築城年代は不明だが、承久三（一二二一）年の承久の変で敗れ当地に流された後鳥羽上皇を世話したと伝わる村上氏の居城と居館だった。

因屋城土塁

当時は城の前が海で門に着船することができたという。

戦国時代、村上氏は国府尾城主*1・隠岐氏に従っていたようだ。

永禄九（一五六六）年、

尼子方の但馬・丹後の海賊と奈森城主[*2]・都万氏が毛利方となっていた当城に攻めてくるが周囲の豪族等と協力して撃退している。

隠岐氏の没落後も当地での影響力は変わらず、近世には大庄屋に任ぜられた。城跡には村上家資料館（村上助九郎邸、町指定有形文化財）が建っている。

因屋城堀切

*1　国府尾城(301頁)
*2　奈森城(305頁)

所在地／隠岐郡海士町海士1700-2
駐車場／村上家資料館の駐車場を利用
遺構／曲輪・堀切など
標高／20m　比高／12m

村上家資料館

コラム

中務大輔家久公御上京日記 島根県編

戦国時代、山陰を旅した武将がいる。九州を席巻した薩摩の戦国大名・島津義久の弟・家久だ。家久が伊勢神宮を参詣するため天正三（一五七五）年二月に薩摩を出発し七月に帰国した旅の記録が「中務大輔家久公御上京日記（家久君上京日記）」である。二月七日、串木野*1を出発した島津家久は山陽側を経由して上洛。伊勢神宮や愛宕山を参詣した後、六月には山陰経由での帰路についた（鳥取県での旅の内容は「鳥取編」を参照）。

六月二十二日、米子の港*2を出発して中海を航行。馬潟村*3で通行税を取られ、更に進むと枕木山*4や大根島*5が見えた。その後、白潟*6を通過して宍道湖に入り檜ヶ山城*7を見て平田*8に上陸し一泊する。二十三日は出雲大社*9に参詣し斐伊川*10を越え、崎日*11に宿泊した。

二十四日には石見に入る。島津屋*12を通過して梁瀬のしゅく*13・大田村*14を経由し石見銀山*15に到着し宿泊している。二十五日に日本海に出て小浜*16で出雲の子供達の不思議な舞を温泉津*17に来ていた薩摩衆と見物した。これがのちに出雲阿国が京都で始めた阿国歌舞伎の原型ではないかという説もある。二十六日は小浜で風待ちをしていたところ、薩摩衆が来て酒宴を行った。戌の刻（二十時頃）、追い風になったため出航している。二十七日の未刻（十四時頃）、浜田*18に到着。九州に戻るための長期の船待ちとなり、

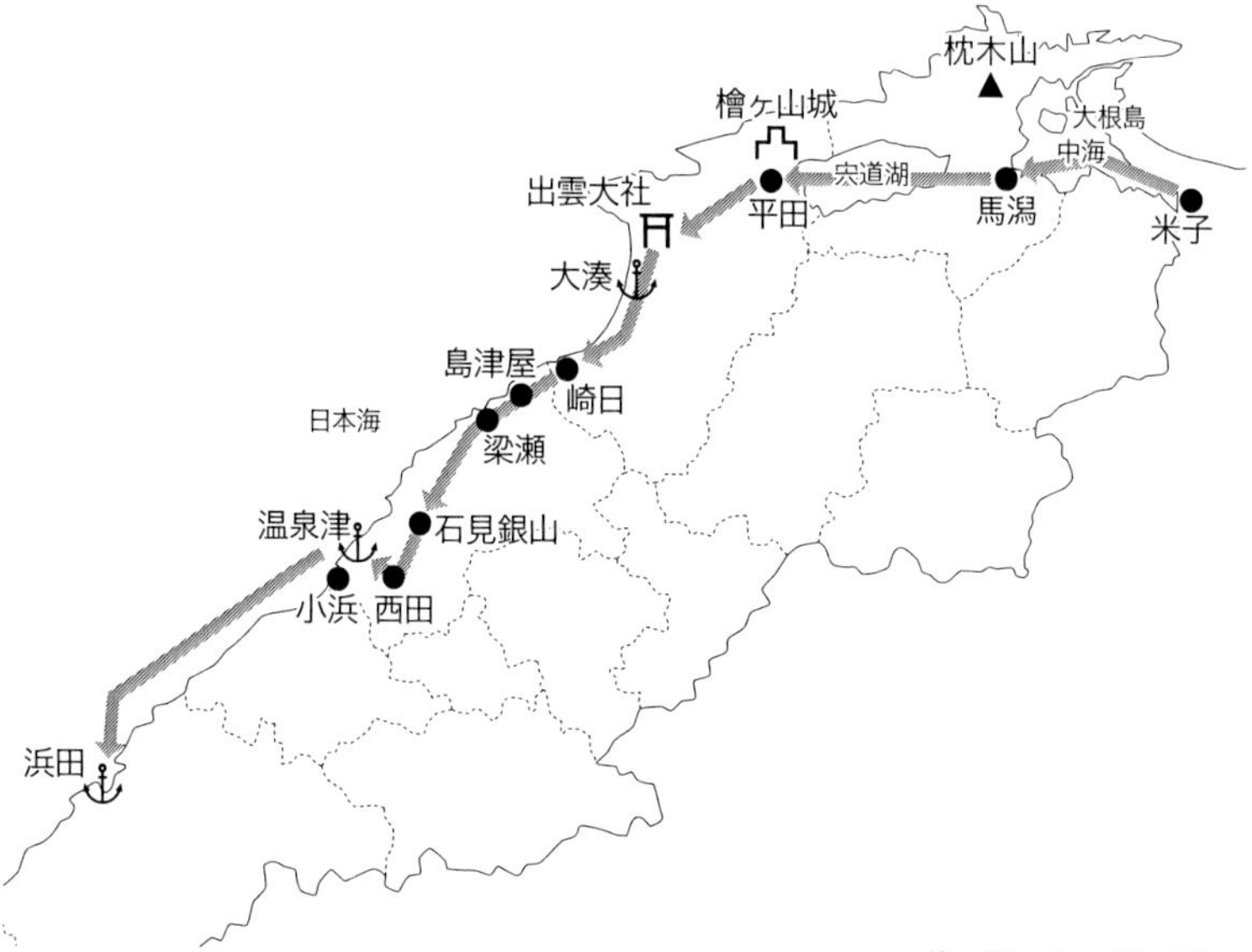

浜田に来ていた薩摩衆と連日のように酒宴を催し、たまに浜田の町を見学したり風呂に入るなどしている。七月十日、平戸行き[*19]の船に乗って山陰を去り二十日には串木野に到着した。

＊1 鹿児島県串木野市
＊2 鳥取県米子市深浦だと思われる
＊3 松江市馬潟町
＊4 松江市枕木町にある標高456メートルの山
＊5 松江市八束町
＊6 松江市白潟本町の辺り
＊7 島根県出雲市多久谷町にあった城
＊8 出雲市平田町
＊9 出雲大社(126頁)
＊10 当時は出雲大社の南に斐伊川の河口があり、そこを渡っていた
＊11 出雲市多伎町口田儀だと思われる
＊12 大田市朝山町仙山
＊13 大田市久手町波根西
＊14 大田市大田町
＊15 石見銀山(192頁)
＊16 大田市温泉津町小浜
＊17 温泉津(沖泊)(208頁)
＊18 長浜港・浜田港(229頁)
＊19 長崎県平戸市

雰囲気を味わってもらうため小浜での酒宴の様子を原文で記載しておく。

湯津に着、其より小濱といへる宮の拝殿にやすらふところに、伊集院に居る大炊左衛門、酒瓜持参、さて湯に入候へは、喜入殿の舟に乗たる衆、秋目船の衆、東郷の舟衆、しらハ衆、各すゝを持来り候、其より小濱のことくまかり、出雲之衆、男女わらハへあつまりて能ともなし、神まひともわかぬおひいれ、出雲歌とて舞うたひたる見物し、其より小濱のはたこ屋につき、亦湯の津のことく帰り候へハ、船頭各々、我々船に乗候へと中間、寔いせひを仕候、夜入候て、関東の僧とて見参有へき由候間、斟酌候へ共、薩摩にて聞及候しとてすゝを持せ、与風来られ候間、無了簡参合、亦亭主よりもすゝを得させ候、

＊ 頻繁に出てくる「すゝ」とは錫《すず》で出来た徳利のこと

東京大学史料編纂所研究紀要第16号の「東京大学史料編纂所所蔵『中務大輔家久公御上京日記』」に全文翻刻されており、ＰＤＦファイルをダウンロードすることが可能である。
URL:https://www.hi.u-tokyo.ac.jp/publication/kiyo/16/kiyo0016-murai.pdf

コラム

九州道《きゅうしゅうみち》の記《き》

戦国時代、島根県を旅した戦国武将は島津家久だけではない。同じく武将で一流の文化人だった細川幽斎も旅をしている。その様子を記録したものが「九州道の記」である。日記には豊臣秀吉の九州攻めに従軍するため隠居していた幽斎が丹後田辺城*1を天正十五（一五八七）年四月二十一日に出発し七月近畿に戻るまでが記してある。

四月二十六日、御来屋《みくりや》*2から舟で仁保の関（美保関*3のことだと思われる）に上陸し見物した後、磯辺に沿って行き錦の浦*4の漁師宅に泊まっている。ここで幽斎は

「あはれにも　いまだ乳《ち》をのむ　海士の子の　加賀《かか》のあたりや　離れざるらん」（哀れだが、海士の乳飲み子は母《かか》（加賀と掛けている）の近くを離れられないだろう）

と詠んでいる。この日記の特徴は県内の港や名所などに寄る度、このように歌才を見せていることである。

二十七日には佐太神社*5に参拝したところ、神職の者と思われる人物と話をしていたら日も暮れて激しい雨が降ってきたため宿を探して泊まった。

「千早振《ちはやぶ》る　神の社や　天地《あめつち》と分ち　そめつる国の　御柱《おんばしら》」（力があり恐ろしい神を祀る神社だ。天地を分けられた日本の二柱を祀る当社は）

二十八日に平田*6を経由し出雲大社*7に到着すると境内を見学し、宿に戻ると神主の千家・北島の両家から地元の肴や樽などが送られた。二十九日の出発前には両家からの希望で発句を送っている。

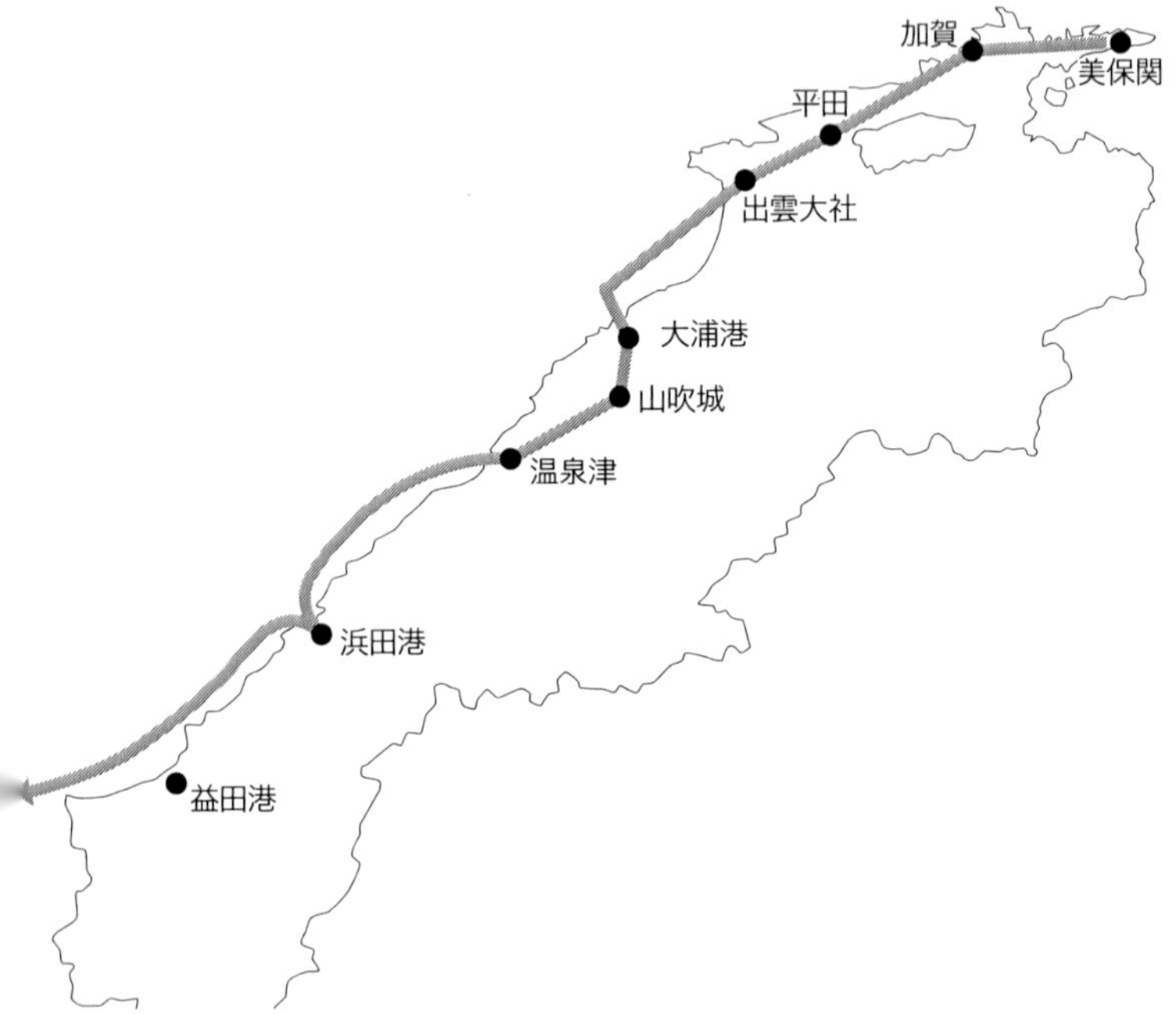

当日、石見に入り大浦*8に泊まって三十日には仁間の津*9に行くと、荒れている海岸沿いを舟が進んだ。

「これやこの　浮き世を巡る　舟の道　石見の海の　荒き波風」（石見の荒い波風の中を進むのは、浮世を巡る船路そのものだ）

それから石見銀山方面*10に山越えをすると山吹城*11が見えた。

「城の名も　ことわりなれや　間歩よりも掘る　銀《しろがね》を　山吹にして」（間歩から掘り出される銀を山吹色（大判や小判）に替えるから、城の名前が山吹なのはもっともな理由である）

その後、五月三日には恵珖寺*12に宿泊し百韻を連ねている。五日には温泉津*13と思われる港から出航し浜田港*14を経由して高角《たかつ》*15の側を通過した際、柿本人麻呂が詠んだ歌を思い出して幽斎も歌を詠んだ。

「移りゆく　世々は経《へ》ぬれど　朽ちもせぬ名こそ高角の　松の言《こと》の葉」（世の中は移り変わったが高角の松のように人麻呂の歌も色褪せない）

その後、長門を経由して九州に行き瀬戸内海を経由して近畿に戻っている。

＊1　京都府舞鶴市南田辺にあった城
＊2　鳥取県西伯郡大山町御来屋
＊3　美保関（70頁）
＊4　松江市島根町加賀
＊5　佐太神社（83頁）
＊6　出雲市平田町
＊7　出雲大社（126頁）
＊8　大田市五十猛町の大浦港
＊9　大田市仁摩町の港
＊10　石見銀山（192頁）
＊11　山吹城（197頁）
＊12　恵珖寺（216頁）
＊13　温泉津（沖泊）（208頁）
＊14　長浜港・浜田港（229頁）
＊15　益田市高津地区の益田港

資料

略年表

和暦	西暦	月	出雲・石見・隠岐の出来事	周囲の動き
応仁元年	一四六七年	五月	応仁の乱で出雲と隠岐の守護・京極持清は東軍に、石見守護・山名政清は西軍に付く	
応仁二年	一四六八年	六月	尼子清貞、富田庄境村で十神山城主・松田備前守と戦う	
		七月	尼子清貞、十神山城を攻撃する	
		九月	尼子清貞、美保関で西軍を破る	
		十二月	京極持清、尼子清貞を美保関の代官に任じる	
			▽この年、多胡俊英が余勢城を築城したという	
文明元年	一四六九年	十一月	西軍の石見山名氏、神西城を攻めるが撃退される	
文明二年	一四七〇年	四月	京極持清、尼子清貞に出雲竹矢郷を与える	
		十一月頃	尼子清貞と赤穴幸清、石見山名氏と神西港で戦う	
文明三年	一四七一年	七月	室町幕府、尼子清貞に命じて出雲大社が横領した土地を日御碕神社に返還させる	
		八月	尼子清貞、伯耆山名氏を美保関で破る	
		十二月	東軍に通じた大内道頓に同調した吉見氏・三隅氏・周布氏・小笠原氏などが、長門で西軍の大内政弘に従う陶弘護・益田貞兼らに敗れる	
文明四年	一四七二年	十月	陶弘護、益田貞兼に吉見成頼が降伏を申し出ても許さないことを誓う	
文明五年	一四七三年	二月	京極政高、松田三河守に島根郡法吉郷を与える	

		八月	室町幕府、多賀氏に法王寺の寺領への押妨の停止を命じる	
文明六年	一四七四年	二月	安楽寺、北野天満宮を勧請する	
		十一月	京極政高、尼子経久に美保関の税を納めさせる	
文明七年	一四七五年	九月	隠岐清綱、玉若酢命神社に社領を寄進する	
文明八年	一四七六年	四月	尼子清貞、能義郡土一揆の軍勢と戦い撃退する	
		六月	三沢為忠、横田八幡宮の遷宮を行う	
		九月	高橋命千代、益田兼堯・貞兼父子に誓書を出す	
		十一月	周布氏・三隅氏の連合軍と益田氏・福屋氏の連合軍が瀬戸ヶ島などで戦ったという	
文明九年	一四七七年	八月	大宅光慶、宮尾山八幡宮を再建する	
		十月	室町幕府、大内政弘に石見邇摩郡の所領を安堵する	
		十一月		応仁の乱終わる
文明十年	一四七八年	春	吉見氏、大内政弘に降伏する	
		十月	三沢為忠、三澤神社の社殿を造営する	
			▽この頃、尼子経久が家督を相続したという	
文明十一年	一四七九年	二月	大内政弘、高野寺の寺領を安堵する	
			▽この頃、雪舟が万福寺（益田市）の庭園を築造したという	
文明十二年	一四八〇年	一月	京極政経、平浜八幡宮の掟を定める	
文明十四年	一四八二年	五月	吉見信頼、陶弘護を大内氏の館で殺すが信頼も討たれる	
		十二月	この頃、大内政弘が吉見氏攻撃を中止している	
文明十六年	一四八四年	三月	室町幕府、吉川氏に尼子経久の退治を命じる	
		十月	京極政経、日御碕神社に社領を寄進する	

和暦	西暦	月	出雲・石見・隠岐の出来事	周囲の動き
文明十六年	一四八四年	十一月	この頃、尼子経久が出雲守護代を罷免され月山富田城から追放される	
文明十七年	一四八五年	五月	益田兼堯、没す	
文明十八年	一四八六年	八月	後土御門天皇、法王寺を勅願寺とし朝廷の再興を祈願させる	
		九月	この頃、出雲大社が兵火で焼失したという	
		〃	出雲大社、仮遷宮を行う	
			▽この頃、尼子経久が月山富田城に戻ったという	
長享二年	一四八八年	三月	尼子経久、月山富田城を攻めた三沢為幸を撃退する	
明応元年	一四九二年	三月	三刀屋久扶の伯母・梅之姫、梅窓院を創建したという	
明応三年	一四九四年	二月	大光寺が創建されたという	
明応四年	一四九五年	九月		大内政弘、没す
明応六年	一四九七年	四月	小笠原長隆が参内寺を会下谷に移し広汲寺に改めたという	
明応八年	一四九九年	五月	隠岐氏の重臣・寺本氏などが玉若酢命神社に社領を寄進する	
		十一月		足利義稙、大内義興を頼る
			▽この頃、尼子経久が洞光寺（安来市）を開基したという	
明応九年	一五〇〇年	九月	益田宗兼、高城を攻撃しようとするが三隅興信に小野口で撃退される	
文亀元年	一五〇一年	四月	益田宗兼と三隅興信、大内義興の調停により一旦和睦する	
		十二月	尼子経久、先例に従い雲樹寺の諸役を免除する	

文亀二年	一五〇二年		▽この年、室町幕府が益田氏・三隅氏・周布氏など石見の領主を含めた中四国・九州の諸将に大内義興の退治を命じる
		八月	周布和兼、朝鮮と最後の交易を行う
永正元年	一五〇四年	十二月	小笠原長隆と大家兼公、一揆契約状を交わす
永正三年	一五〇六年		▽この年、宗林寺が創建されたという
永正四年	一五〇七年	五月	大内義興、益田宗兼に三隅興信との和睦を命じる
			▽この年、東光寺が創建されたという
永正五年	一五〇八年	十月	京極政経、出雲・隠岐・飛騨の守護職と所領を孫・吉童子丸に譲り、後見を尼子経久と多賀経長に託す
		十二月	京極政経、没す
永正六年	一五〇九年	十月	尼子経久、鰐淵寺の掟を定める
			▽この年、尼子経久が出雲大社内の伽藍の造営に着手する
			▽この年、三沢為忠が藤ヶ瀬城を築城し晋叟寺を移転する
永正七年	一五一〇年	四月	尼子経久、出雲大社と日御碕神社の境界争いを裁定する
		五月	三沢為理が諏訪神社を創建したという
永正八年	一五一一年	八月	大内義興、出雲・石見などの諸将を率いて山城舟岡山で細川澄元らの軍勢を破る
		十一月	三沢為理、三澤神社の社殿を造営する
			▽この年、小笠原長隆が足利義稙から獏頭の玉枕を賜ったという
永正九年	一五一二年	六月	小笠原長隆、武明八幡宮に太刀を寄進する
永正十一年	一五一四年	六月	尼子経久、平浜八幡宮の造営を行う

和暦	西暦	月	出雲・石見・隠岐の出来事	周囲の動き
永正十一年	一五一四年	十月	尼子経久、藤ヶ瀬城の三沢為忠を攻めるが落とせず（経久が屈服させた説あり）。この時、為忠に味方した岩屋寺を焼く	
永正十二年	一五一五年	一月	三隅興信、益田氏の金山城を攻撃するが撃退される	
		三月	高橋興光、叔父の元光の戦死に伴い家督を相続する	
		十一月	石見八幡宮が再建される	
永正十三年	一五一六年	二月	三沢為忠・為国父子、晋叟寺に寺領を寄進する	
永正十四年	一五一七年	六月	益田宗兼、染羽天石勝神社の社領を安堵する	
		八月	大内義興、石見守護に任ぜられる。尼子経久が前石見守護・山名氏を助けるとの噂が立つ	
		十一月	室町幕府、朝廷の所領である千酌港・笠浦港の税を懈怠なく納めるよう尼子経久に命じる	
			▽この年、秋上氏が神魂神社の神主家と尼子氏の家臣に分かれる	
永正十五年	一五一八年	一月	尼子経久、赤穴光清の家督相続を承認する	
			▽この年、尼子経久が朝山八幡宮を移転したという	
		八月	三沢為忠・為国父子、晋叟寺に寺領を寄進する	
		九月	尼子政久、戦死する（年代には諸説あり）	
		十一月	尼子経久、鰐淵寺に対して寺領の名主に税を納めさせるよう努めると伝える	
		十二月	塩冶興久、日御碕神社に社領を寄進する	
永正十六年	一五一九年	四月	尼子経久、出雲大社の遷宮を行う	

		六月	尼子経久、戦死した嫡男・政久を弔うため常栄寺を建立する（年代には諸説あり）	
永正十七年	一五二〇年	六月	三沢為忠、横田八幡宮の遷宮を行う	
		十一月	神魂神社の仮遷宮が行われる	
永正十八年 大永元年	一五二一年	四月	高橋興光、安芸で戦死する	
		八月	尼子経久、大内義興と石見で戦うが足利義晴の命で和睦したという	
		〃	小笠原長国、武明八幡宮に社領を寄進する	
		十二月	多賀経長、大林寺に寺領を寄進する	
大永二年	一五二二年	二月	尼子経久、願主となって出雲大社で一万部法華経の読踊を行う	
		三月		大内義興、安芸にある尼子軍の城を落とす
		五月	尼子経久、三刀屋頼扶の所領を安堵する	
		六～七月	尼子経久、本明城を攻撃し落としたという	
大永三年	一五二三年	七月	尼子経久、石見の賀戸塩田浜で大内義興と戦う	
		八月	尼子経久、日御碕神社に石見波志浦を社領として寄進する	毛利元就、家督を継ぐ
		〃	尼子経久、周布郷の寺社を悉く破却する	
		十二月	秋上氏、尼子経久の権威を背景に神魂神社の実権を握る	
			▽この年、尼子経久が大麻山からの撤退時に尊勝寺を焼いたという	
			▽この年、尼子経久が神魂神社の正殿を完成させる	

和暦	西暦	月	出雲・石見・隠岐の出来事	周囲の動き
大永四年	一五二四年	四月	尼子経久、日御碕神社修造のため出雲・隠岐・石見三郡及び伯耆三郡に棟別銭を課す	
		五月	三隅氏と福屋氏、大内義興の命で和睦する	
		六月	亀井秀綱、平浜八幡宮に絹本著色両界曼荼羅図と灌頂法具を奉納する	
		七月		尼子経久、毛利元就を従え安芸銀山城を攻略したという
大永五年	一五二五年		▽この年、恵珖寺が創建されたという ▽この年、高橋興光が海雲寺を創建したという	
大永六年	一五二六年	三月	石見銀山の開発が始まる（諸説あり）	
		〃	大内義興、石見銀山開発を妨害されないよう周囲の城を落とし恵珖寺に本陣を構えたという	
		〃	尼子経久、郷原美濃守を石見守護代に任命する	
		九月	尼子経久、亡き政久の菩提を弔うため雲樹寺に寺領を寄進する	
		十二月	大内義興、高城を落としたという	
		〃	尼子経久と大内義興、浜田で戦ったという（天満畷の戦い）	
大永七年	一五二七年	一月	尼子経久、伯耆で不穏な動きがあるため浜田から撤退したという	

			▽この年、満願寺城が築城されたという（諸説あり）	この年、尼子経久と大内義興の軍勢が安芸・備後で何度も激突する
享禄元年	一五二八年	十二月		大内義興、没す
			▽この年、大内氏が石見銀山防衛のため矢滝城を築いたという	
享禄二年	一五二九年	四月	毛利元就、児玉小次郎に石見福光の地を与える	
		〃	尼子経久、平浜八幡宮に鳥居を寄進する	
		九月	細川高国、出雲に来て尼子経久に協力を依頼する	
			▽この頃、尼子経久と大内義隆が停戦したと思われる	
享禄三年	一五三〇年	二月	尼子経久、出雲大社で一万部御経読誦を行う	
		三月	塩冶興久が尼子経久に背き、出雲大社・鰐淵寺・三沢氏・多賀氏など出雲の有力勢力の多くが興久に味方する	
		秋	この頃、大内義隆と毛利元就が出雲国内での内紛に対して尼子経久の指示を表明する	
		冬	毛利元就、高橋氏が大内義隆から尼子経久に寝返ったことから藤掛城などを攻略した（享禄二年説あり）。石見の領主の一部が元就のこの行動を非難している	
		十二月	大内義隆、毛利元就に高橋氏の旧領地支配を認める	
享禄四年	一五三一年	二月	毛利元就、高橋氏に奪われていた出羽祐盛の領地を返還する	
		四月	尼子晴久、秋上氏に神魂神社の神主職を安堵する	

和暦	西暦	月	出雲・石見・隠岐の出来事	周囲の動き
享禄四年	一五三一年	四月	塩冶興久、尼子経久に敗れ出雲から備後に落ち延びる	
		〃	小笠原長隆、矢滝城を落とし石見銀山を支配したという	
		七月	尼子晴久、毛利元就と兄弟の契りを結ぶ	
			▽この年、一揆によって岩屋寺が焼失したという	
享禄五年	一五三二年	七月	尼子経久、佐太神社に御座替神事を行うよう命じる	
天文元年		十月	この頃、隠岐守護代・隠岐宗清が尼子経久の力を借りて隠岐諸島を統一したという	
天文二年	一五三三年	四月	大内義隆、小笠原長隆より石見銀山を奪い返したという	
		八月	石見銀山に灰吹法が導入される	
			▽この年、尼子経久が永昌寺に法華経三千部と銀二百貫を奉納したという	
			▽この年、永太院が創建されたという	
天文三年	一五三四年	二月	大家本郷に石清水八幡宮が創建される	
			▽この年、塩冶興久が自害する	
			▽この年、尊勝寺が焼失したという	
天文四年	一五三五年	十二月	神西久通、家督を庶家の三郎左衛門尉に譲る	
			▽この年、神屋寿禎が鵜島に厳島神社を勧請したという	
天文五年	一五三六年	十二月	この年、尼子晴久らが岩屋寺の仁王堂の造営の援助を行う	
			▽この年、三沢為国が尼子氏によって殺されたという	
天文六年	一五三七年	八月	尼子経久、石見銀山を攻略し石見の諸将を従わせたという	

天文七年	一五三八年	四月	尼子経久ら、報恩寺の本尊となる木像十一面観音立像を造立する	
		十二月	三沢為幸、岩屋寺の大師堂を建立する	
天文八年	一五三九年	五月	大内義隆、尼子氏から石見銀山を奪い返したという	
		七月	米原綱広と池田治部尉、学頭諏訪神社を創建する	
		八月	尼子氏や三沢氏などの援助を受け、快円が岩屋寺を再建する	
		十一月	出雲大社、仮遷宮を行う	
			▽この頃、毛利元就の家臣・光永中務少輔が大東で尼子兵に殺されたという	
天文九年	一五四〇年	七月	尼子晴久、大領神社に社領を寄進する	
		八月		尼子晴久、一族や家臣と共に近江の竹生島宝厳寺造営を行う
		九月		尼子晴久、安芸の吉田郡山城攻めを開始する
		〃	小笠原長隆、尼子晴久の軍事行動に呼応して石見銀山を攻略したという	
		十月	三沢為幸、吉田郡山城攻めの最中に戦死する	
			▽この年、三休が満蓮社を創建する	
天文十年	一五四一年	一月	尼子晴久、吉田郡山城攻めに失敗し撤退する。尼子義勝、戦死する	

和暦	西暦	月	出雲・石見・隠岐の出来事	周囲の動き
天文十年	一五四一年	三月	吉川経安、石見大田で尼子軍と戦う	
		十一月	尼子経久、没す	
天文十一年	一五四二年	春	大内義隆、出雲攻めを開始する	
		四月	大内義隆、物部神社に神馬と太刀を寄進する	
		〃	三沢為清、横田八幡宮の遷宮を行う	
		六月	大内氏配下の熊谷直続が瀬戸山城を攻め戦死したという	
		七月	大内義隆、瀬戸山城を落とす。赤穴光清、戦死する	
		八月	尼子晴久、日御碕神社に社領を返還する	
		〃	大内義隆、日御碕神社に太刀と神馬を寄進する	
		九月	大内義隆軍と尼子晴久軍が大根島で戦う	
		〃	陶晴賢、益田尹兼と兄弟の契りを結ぶ	
		十月	大内義隆、鰐淵寺の不知行寺領六ヶ所を領有させる	
		〃	この頃、高島城が大内軍によって落とされたという	
		十一月	熊谷信直、八重垣神社に陣を構えたという	
			▽この頃、尼子氏に味方した大家氏が没落したと思われる	
			▽吉見正頼が山口から津和野に鷺舞を招致したという	
天文十二年	一五四三年	一月	尼子晴久、朝山八幡宮に米を寄進する	
		二月	大内義隆、京羅木山を本陣とし月山富田城を包囲する	
		〃	吉見頼興の妻・正楽院が没したという	
		三月	大内義隆、揖夜神社に太刀と神馬を奉納する	
		〃	尼子晴久、鰐淵寺の造営に際し掟を定める	

		三〜四月	大内義隆、月山富田城を攻めるが落とせず
		四月	大内義隆、日御碕神社で戦勝祈願を行う
		五月	大内義隆に従っていた出雲・石見の国衆の一部が尼子晴久に寝返る。義隆、月山富田城からの撤退を開始。途中、大内晴持が馬潟津で溺死する（月については諸説あり）
		〃	毛利元就、古志後浜で尼子方の兵に襲われるが撃退する
		〃	渡辺通、毛利元就に身代わりとなって石見で戦死する
		〃	この頃、毛利元就が満蓮社に立ち寄り三休に帰依したという
		〃	小早川正平、月山富田城からの撤退の最中に戦死する
		〃	宍道隆慶、大内義隆に従って出雲を去る。この頃、金山要害山城が尼子軍によって落とされたという
		六月	尼子晴久、鰐淵寺の規則を定める
		七月	尼子晴久、日御碕神社に宇龍浦を寄進する
		〃	尼子晴久、小笠原長徳と石見銀山の共同経営を開始したという
		八月	尼子晴久、大内氏に味方した三沢左京亮を処す
		十月	備後の山内通続、岩屋寺に寺領を寄進する
		十二月	尼子晴久、鰐淵寺に寺領を寄進する
天文十三年	一五四四年	一月	益田宗兼、没す
		七月	尼子晴久、岩屋寺の寺領を安堵する
		九月	尼子晴久、佐太神社と神魂神社に太刀を寄進する

和暦	西暦	月	出雲・石見・隠岐の出来事	周囲の動き
天文十三年	一五四四年	九月	隠岐豊清が清安寺に寺領を寄進する。この時、清安寺が創建されたという（諸説あり）	
		十月	本城常光、須佐神社の鳥居を造営する	
天文十四年	一五四五年	八月	山中鹿介と品川大膳が生まれたという	
		〃	清水寺（安来市）と鰐淵寺のどちらが左座に着くかという月山富田城法席座次論争が起こる	
		九月	小笠原長徳、石清水八幡宮の拝殿を造立する	
天文十五年	一五四六年	四月	牛尾幸清、鰐淵寺に寺領を寄進する	
		六月	小笠原長徳・長雄、甘南備寺の寺領を安堵する	
		十一月	日御碕神社と出雲大社が黒田浦を巡って争い、尼子晴久に訴える	
天文十六年	一五四七年	八月	赤穴清勝、赤穴八幡宮に獅子頭を奉納する	
天文十七年	一五四八年	九月	尼子晴久、出雲大社の北島家に家職と家領を安堵する	
			▽この年、益田兼順が東伝寺を再建したという	
天文十八年	一五四九年	九月	尼子晴久、出雲大社の鳥居を建立する	
天文十九年	一五五〇年	一月	大内義隆、長浜神社に太刀と神馬の寄進をする	
		〃	大内義隆が益田藤兼の起請文提出に感謝する（天文二十年説あり）	
		二月		毛利元就の次男・元春、吉川家を継ぐ

		九月	尼子晴久、足利義輝の命で出雲大社仮遷宮の奉行を務める。晴久、大社から遷宮にあたって祈祷の巻数などが送られた礼をする	
		〃	毛利隆元と口羽通良、賀茂神社を再興する	
		十月	大内義隆、物部神社に太刀と神馬の寄進をする	
			▽この年、出雲大社に本願が常置されたという	
天文二十年	一五五一年	三月	尼子晴久、鰐淵寺の寺領の一部を安堵する	
		四月	尼子氏の奉行人、神魂神社に太刀を寄進する	
		七月	湯家綱、没す	
		九月	大内義隆、陶晴賢の謀叛により自害する。益田藤兼・毛利元就、晴賢を支持する	
		〃	陶晴賢、益田藤兼に都野氏と周布氏の領地争いを抑えるよう依頼する	
		十月	吉見正頼、野戸路山城に攻め込んで来た益田藤兼を破る	
天文二十一年	一五五二年	三月		陶晴賢、大内義長を大内家の家督につかせる
		〃	尼子晴久、出雲大社の法度を定める	
		四月	尼子晴久、因幡・伯耆・備前・備中・備後・美作の守護に任ぜられる	
		〃	尼子晴久、須佐神社に兵庫鎖の太刀と神馬を奉納する（年代については異説あり）	

和暦	西暦	月	出雲・石見・隠岐の出来事	周囲の動き
天文二十一年	一五五二年	四月	大内義長、益田藤兼を右衛門佐に推挙する	
		六月	尼子晴久、右記六ヶ国に加え出雲・隠岐の守護に任ぜられる	
		〃	尼子晴久、岩屋寺の本堂を上葺する	
		七月	大内義長、益田藤兼の三隅領の経営を認める	
		九月	尼子晴久、毛利元就と戦うため本願寺光教に安芸一向宗門徒の協力を依頼するが拒否される	
		十二月	大内義長、吉川経安の所領を安堵する	
天文二十二年	一五五三年	一月	尼子晴久、家臣や連歌師・宗養らと歌を詠み出雲大社に奉納する	
		八月	米原綱寛、学頭諏訪神社を造営する	
		〃	この頃、三沢為清が覚融寺を創建する	
		十月	尼子晴久、一畑寺に寺領を寄進する	
		〃	この頃、吉見正頼が挙兵し、大内義長・陶晴賢との戦いを開始する	
		〃	尼子晴久の妻（尼子国久の娘）、没す	
		十二月	小笠原長雄の兵、日和村で福屋隆兼の軍勢を破る	
天文二十三年	一五五四年	三月	益田軍、下瀬山城に対して降伏勧告を行う	
		〃	陶晴賢と益田藤兼、津和野城を包囲する	
		四月	陶軍と益田軍、八月まで津和野城に何度も攻撃を行うが落とせず	

		五月	益田軍、下瀬山城に対して再び降伏勧告を行う	毛利元就、陶晴賢と断交する
		六月	陶晴賢、益田藤兼を通じて大内義長と尼子晴久との和議を画策する	
		八月	この頃、益田藤兼の調停により大内義長と尼子晴久の和議が成立する	
		〃	吉見正頼、陶晴賢・益田藤兼との和議が成立する	
		九月	大内義長、益田氏に対して三隅氏には穏便に対応するよう伝える	
		十一月	尼子晴久、叔父の国久ら新宮党を滅ぼす。尼子勝久は小川重遠に助けられ脱出し難を逃れる	
		〃	大夫神社が創建されたという	
天文二十四年	一五五五年	二月	尼子晴久、日御碕神社・出雲大社・揖夜神社に社領を寄進する	
		〃	益田藤兼、毛利元就に味方した周布氏などに備え針藻城を修築する	
		〃	鰐淵寺、清水寺（安来市）の左座要求を停止するよう尼子氏に訴える	
		〃	この頃、鰐淵寺と清水寺（安来市）が尼子晴久の元で論争し清水寺の勝訴となる	
		〃	尼子晴久、揖夜神社に社領を寄進する	
		三月	尼子晴久・義久父子、神魂神社に神楽銭を寄進する	

和暦	西暦	月	出雲・石見・隠岐の出来事	周囲の動き
天文二十四年	一五五五年	五月	鰐淵寺、朝廷に働きかけ左座の主張を認めさせる	
		七月	尼子晴久、美保関で湯原春綱が山名水軍を破ったことを賞する	
		十月		毛利元就、厳島で陶晴賢を破り自害させる
弘治元年		十一月	尼子晴久・義久父子と本城常光、須佐神社の遷宮を行う（天文二十三年説あり）	
		〃	福屋隆兼、尼子晴久と大内義長を見限り毛利元就に味方する	
		〃	尼子晴久、平浜八幡宮の神宮寺の社領を安堵する	
		十二月	益田藤兼、下瀬山城を攻撃する	
		〃	森脇久家、岩屋寺に寺領を寄進する	
			▽この年、尼子晴久が神魂神社の造営を行う	
			▽この年、小早川隆景が興源寺を創建したという	
弘治二年	一五五六年	二月	尼子晴久、一畑薬師に寺領を寄進する	
		三月	尼子晴久、先例に従い雲樹寺の諸役を免除する	
		〃	吉川元春、石見への侵攻を開始したという	
		四月	小笠原長雄、武明八幡宮に社領を寄進する	
		〃	尼子晴久、昨年五月の決定を不服とした清水寺（安来市）が勅許を得ようと動き出すと、鰐淵寺と清水寺に上洛して決着するよう伝える	
		〃	冨長山八幡宮の宮司・岡益忠、長門で戦死する	

		五月	室町幕府、尼子晴久に鰐淵寺を左座として認めるよう命じる	
		〃	吉川元春、石見銀山通路で尼子軍を撃退する	
		六月	この頃、朝廷が清水寺（安来市）が左座だと認める	
		七月	毛利軍、石見新原（忍原）で尼子軍に大敗する（新原崩れ）	
		八月	毛利軍、矢筈城などに籠もる尼子軍を撤退させる	
		九月	福屋隆兼、武明八幡宮に社領を寄進する	
		〃	赤穴久清、赤穴八幡宮を造営する	
		〃	尼子晴久・義久父子、長浜神社の社領を安堵する	
		〃	山吹城を守っていた毛利軍の刺塚長信が尼子晴久に城を奪われ海蔵寺で自害する。晴久、この事を益田氏に伝え計略を巡らすよう求める	
		十月	神魂神社、遷宮を行う	
		〃	三好長慶の家臣・松永久秀、比叡山の西塔の鰐淵寺左座要求を朝廷に申し上げることを伝える	
		〃	尼子晴久、晋叟寺の寺領を安堵する	
		十一月	朝廷、前回の裁定を撤回して鰐淵寺を左座と認める	
弘治三年	一五五七年	三月	益田藤兼、吉川元春を通じて毛利元就に降伏する	
		四月		毛利元就、大内義長を自害させる
		五月	比叡山の東塔が清水寺（安来市）を左座にするよう朝廷に訴える。西塔がこれに反発する	
		七月	都野氏、毛利元就に従う（年代については異説あり）	

和暦	西暦	月	出雲・石見・隠岐の出来事	周囲の動き
弘治三年	一五五七年	七月	尼子晴久、秋上久国を神魂神社の別火職に任ずる	
		九月	月山富田城法席座次論争、後奈良天皇の崩御や毛利氏の石見侵攻などで未解決のままになったと思われる	後奈良天皇、没す
			▽この年、毛利元就が温泉津を制圧する	
			▽この年、尼子晴久が朝山八幡宮の上葺を行ったという	
永禄元年	一五五八年	二月	尼子軍の本城常光ら、温湯城の援護のため別当城に入り毛利軍と対峙したという	
		三月	毛利元就・隆元父子、益田兼貴に石見出陣に協力するよう伝える	
		六月	尼子晴久、杵築の町の法度を定める	
		〃	愛宕神社が創建されたという	
		七月	この頃までに尼子晴久が温泉津を奪回する	
		九月	尼子晴久、出雲安国寺の諸役を免じる	
永禄二年	一五五九年	一月	尼子晴久、波多野三郎次郎の長浜神社の神主職を安堵する	
		五月	毛利元就、温湯城を攻撃する	
		六月	毛利元就・隆元父子、物部神社に太刀を寄進する	
		七月	毛利元就、山吹城を攻めるが撃退され追撃を受ける。渡辺通が元就の身代わりとなって助かったという	
		〃	吉川経安の妻が没し浄光寺の境内に葬られたという	
		〃	尼子軍、松山城を攻めるが撃退される（年代には異説あり）	

		八月	温湯城主・小笠原長雄、毛利元就に降伏し甘南備寺に蟄居する
		〃	毛利元就・隆元父子、物部神社に社領を寄進する
		九月	毛利元就、吉川経安に福光氏の所領を与える
		十二月	この頃、室町幕府による尼子氏・毛利氏の和平調停が開始される
永禄三年	一五六〇年	二月	吉見正頼、冨長山八幡宮に太刀を奉納する
		五月	尼子晴久、神魂神社に神馬代を奉納する
		六月	鞍懸豊勝、日御碕神社に社領を寄進する
		九月	尼子氏の家臣・福山綱信、雲樹寺に寺領を寄進する
		十一月	室町幕府の使者、毛利氏と尼子氏の和睦のため安芸に行く
		十二月	尼子晴久・三沢為清・馬来久綱、横田八幡宮の遷宮を行う
		〃	尼子晴久・三沢為清らが岩屋寺の若宮の造営を行う
		〃	尼子晴久、没す
			▽この頃、福屋隆兼と小早川隆景が義兄弟になるという話が出る
			▽この年、小笠原長雄が広汲寺を移し寺号を長江寺に改めたという
			▽この年、口羽通良が西蓮寺を創建したという
永禄四年	一五六一年	二月	尼子義久、日御碕神社に社領を寄進する
		三月	西念寺が現在地に移転されたという
		六月	尼子氏の家臣・吉田久隆、雲樹寺に寺領を寄進する

和暦	西暦	月	出雲・石見・隠岐の出来事	周囲の動き
永禄四年	一五六一年	六月	尼子義久、先例に従い雲樹寺の諸役を免除する	
		九月	尼子義久、鰐淵寺と出雲安国寺の寺領を安堵する	
		十月	尼子義久、日御碕神社に宇龍浦を安堵する	
		〃	尼子氏の家臣・牛尾久清、坪内氏に対して島津屋の関所を通過する際の物資の搬出を馬三匹分とする許可を与える	
		〃	毛利軍、福屋隆兼の不穏な動きを警戒して不言城の守りを固める	
		十一月	福屋隆兼、尼子義久に味方し不言城を攻撃する。この戦いが石見国内で鉄砲が使用された最初の事例である	
		〃	尼子氏の家臣・森脇久家、晋叟寺の寺領を寄進する	
永禄五年	一五六二年	一月	この頃、尼子義久と毛利元就の間で和睦が成立する（雲芸和議）	
		〃	毛利元就、板井川要害で蜂起した三隅氏を鎮圧した益田藤兼に感謝の意を伝える	
		〃	吉川元春、余勢城を落としたという	
		〃	湯原春綱、尼子義久を見限り毛利元就と通じる	
		二月	毛利軍によって岩山城が落ち多胡辰敬が戦死したという	
		〃	毛利元就、松山城と本明城を落城させる。福屋隆兼、国外に逃亡する	
		〃	吉川経安、毛利元就から福光郷の一部や港を与えられる。この時に井田殿村城から不言城に居城を移したと思われる	

六月	毛利元就、尼子義久との和睦を一方的に破棄し軍事行動を再開する
〃	赤穴久清、毛利元就に降伏する
〃	この頃、赤穴久清の家臣・烏田勝定らが毛利元就に対して抵抗したようである（「雲陽軍実記」では永禄三年）
〃	本城常光、毛利元就に降伏する。元就、石見銀山を掌握する
〃	温泉英永、毛利軍の攻撃を受け温泉城を明け渡す
〃	毛利元就、都野氏などに温泉津在番を命じる
七月	毛利元就、赤穴に陣を構え出雲国内への侵攻を開始する（雲芸攻防戦）
八月	毛利元就、鰐淵寺の寺領を安堵する
〃	毛利元就、鳶ヶ巣城の鉄砲衆の戦功を賞する
九月	毛利元就、湯原春綱の帰属を認める
〃	尼子義久、日御碕神社に籠城に対する祈念の礼として社領を寄進する
十月	毛利元就・隆元父子、出雲大社に出雲が平定された暁には社領を寄進することを約束し祈祷を依頼する
十一月	本城常光が毛利元就によって謀殺されたため、尼子氏から寝返った出雲・伯耆の国衆が反発する。急遽、元就は赤穴まで撤退する
〃	熊谷広実、本城常光に代わり高櫓城主となる

和暦	西暦	月	出雲・石見・隠岐の出来事	周囲の動き
永禄五年	一五六二年	十一月	三沢為清、岩屋寺に寺領を寄進する	
		十二月	毛利元就、洗合城を築き月山富田城と白鹿城との連携を絶つ	
		〃	和多坊栄芸、毛利元就の依頼で尼子晴久を呪い殺したという（定説では晴久の死去は永禄三年）	
		〃	毛利元就・隆元父子、出雲大社に社領を寄進する	
		〃	三刀屋久扶、尼子軍を八畦峠付近で撃退したという	
		冬	尼子義久、加賀城を攻めたという	
			▽この年、毛利元就が鶴岡南八幡宮に門客神一対を奉納する	
			▽この年、吉川元春が安楽寺に弓を奉納したという	
			▽この年、毛利元就が出雲大社を勧請し出雲金刀比羅宮を創建したという	
永禄六年	一五六三年	一月	毛利元就、石見銀山を室町幕府と御所の料所に分割することを幕府に願い出る	
		〃	尼子軍、三刀屋城に迫るが毛利氏の計略で撤退したという	
		〃	毛利隆元、大友宗麟と戦うため日倉山城から九州に向かう	
		二月	毛利元就、出雲大社と佐太神社に社領を寄進する	
		三月	益田藤兼、毛利元就に正式に服属する	
		五月	尼子義久、日御碕神社に宇龍浦を改めて寄進し課税権も譲渡する	

		八月	雲樹寺の善瑞、塩冶興久の乱の際に尼子経久と大内義隆の和議に尽力したことを注進する	毛利隆元、没す
		〃	毛利元就、白鹿城攻撃を本格化する	
		九月	尼子義久、白鹿城救援のためカラカラ橋を経由して援軍を向かわせたという	
		〃	吉川元春、熊野城を攻める	
		〃	尼子義久、佐太神社の神主・朝山氏が熊野城に籠城したことで御家再興を認める	
		十月	毛利元就、白鹿城を落とす。この時、常福寺の住職・普門西堂が自害したという	
		十二月	片山平左衛門、長台寺城を攻撃する	
		〃	毛利軍、隠岐をほぼ制圧する	
		閏十二月	吉川元春、太平記の書写を始める	
			▽この年、毛利元就が温泉津に奉行を設置する	
永禄七年	一五六四年	二月	尼子義久、出雲大社の仮宮の関所を撤廃する	
		四月	毛利元就、月山富田城に迫る	
		〃	この頃、毛利軍が長台寺城を攻略する	
		六月	毛利元就、野村士悦に対し平浜八幡宮の社領の一部を替地とすることを承知する	
		十月	尼子義久、平浜八幡宮神宮寺の住職の地位を栄重に安堵する	
永禄八年	一五六五年	一月	毛利軍、熊野城・十神山城を落とす。月山富田城、孤立する	

和暦	西暦	月	出雲・石見・隠岐の出来事	周囲の動き
永禄八年	一五六五年	三月	毛利氏の温泉津奉行、兵糧輸送のため益田氏に対して一ヶ月につき二百石船二艘の非課税を認める	
		三～四月	毛利元就、月山富田城を攻撃するが中止し兵を退く	
		四月	毛利元就、出雲大社に連歌万句を奉納する	
		〃	三沢為清、大領神社に社領を寄進する	
		五月	元櫛山城主・湯野英永、旧領回復を願って出雲大社に常灯を寄進する	
		七月	小早川隆景、末次右衛門尉に「景」の一字を与える	
		八月	尼子義久、清水寺（安来市）に寺領を寄進する	
		〃	吉川元春、太平記の書写を終える	
		〃	毛利氏直轄の海上の関所として温泉津関の名があがっている	
		九月	山中鹿介と品川大膳、富田川の中州（川中島）で一騎討ちをしたという	
		〃	小笠原長雄、一畑寺に寺領を寄進する	
		〃	益田尹兼、没す	
		十一月	毛利元就、一畑寺の住職に寿栄を任命する	
		十二月	元櫛山城主・湯野英永、出雲大社の御師・坪内氏に祈祷を依頼する（年代については異説あり）	
永禄九年	一五六六年	二月	吉川元春と小早川隆景、毛利元就の病のため月山富田城の攻撃を急ぐと益田藤兼に伝える	
		〃	小早川隆景、武明八幡宮に社領を寄進する	

		〃	吉川元春と小早川隆景、長浜神社に社領を寄進する
		六月	日御碕神社、兵糧が欠乏する月山富田城に米を送る
		〃	月山富田城から次々と兵が脱走し毛利氏に降る
		七月	但馬・丹後の海賊ら、毛利氏に味方する因屋城を攻撃するが撃退される
		閏八月	毛利元就、八重垣神社の社領を安堵する
		十一月	尼子義久、毛利元就に降伏し月山富田城を開城する
		〃	毛利元就、満願寺で戦死者の供養を行う
		十二月	小笠原長雄、大就寺を創建したという（年代については異説あり）
			▽この年、尼子氏の残党・小川右衛門尉が全隆寺城に籠もったため毛利軍によって攻撃されたという
永禄十年	一五六七年	二月	毛利氏、神魂神社の雲芸攻防戦での協力に感謝し諸役を免じる
		〃	毛利元就、安芸に凱旋する途中で長福寺に立ち寄ったという
		八月	毛利氏、鶴岡南八幡宮に八幡大菩薩像三体と門客神獅面を奉納する
			▽この年、全隆寺が創建されたという
			▽この年、小笠原長実が鶴岡南八幡宮の社殿を造営したという
永禄十一年	一五六八年	四月	隠岐為清、玉若酢命神社の造営を行う
		〃	毛利元就が小浜村の厳島神社を移転したという

和暦	西暦	月	出雲・石見・隠岐の出来事	周囲の動き
永禄十一年	一五六八年	七月	口羽通良、宮尾山八幡宮を再建する	
		八月	吉見正頼、鷲原八幡宮を再建する	
永禄十二年	一五六九年	三月	吉見正頼、鷲原八幡宮に鰐口を奉納する	
		四月	米原綱寛、学頭諏訪神社を造営する	
		六月	尼子再興軍、島根半島に上陸し忠山城を占拠する（第一次尼子再興戦）※出雲上陸については七月説あり	
		〃	この頃、尼子再興軍が真山城を攻略する	
		七月	尼子再興軍、末次城を攻略する	
		〃	尼子再興軍、加賀城を攻略したという	
		八月	この頃、隠岐為清が尼子再興軍を裏切り毛利氏に通じるが再興軍によって自害させられたという。この戦いで美保神社が焼失したという	
		〃	大宅就光、賀茂神社に板絵著色神馬図を奉納する	
		九月	尼子勝久、日御碕神社に尼子氏一族が認めた社領を安堵する	
		〃	尼子勝久、宇龍浦の課税権を日御碕神社に寄進する	
		〃	尼子勝久、雲樹寺への手紙の中で毛利氏を非難する	
		十一月	尼子勝久、出雲大社の北島家から家督相続の祝儀を贈られたことに対して礼を行う	
		十二月	小早川隆景、口羽春良に出雲大社・佐太神社への参拝を勧める	

永禄十三年	一五七〇年	一月	益田藤兼、出雲出兵に際して吉見正頼との境界争いを防ぐため検使を派遣するよう吉川元春を通じて毛利氏に依頼する
		〃	毛利元就、温泉津奉行・児玉就久を通じて石見に小さな港を持つ領主に杵築の港を警固するよう命じる
		二月	毛利輝元、日御碕神社に禁制を出す
		〃	益田藤兼、息子・元祥に譲状を与える
		〃	毛利氏、三沢為清を通じ晋叟寺に対して月山富田城への兵糧提出を命じる
		〃	吉川元春の娘が亡くなり洞泉寺に葬られたという
		〃	毛利軍、阿用城などを落とす
		〃	毛利輝元、尼子再興軍を布部合戦で破る。再興軍は末次に撤退する。興福寺が兵火で焼失したという
		〃	毛利氏、鵜丸城の築城のため仁摩郡に課役をする
		〃	毛利軍の竹下忠兵衛尉、田儀で尼子再興軍と戦う
		〃	吉川元春、戸倉城を奪回する
		三月	尼子再興軍の牛尾弾正忠、同族で毛利軍の牛尾豊前守の城・高平城を攻撃するが落とせず。居城だった牛尾城を修築し入城したという
		四月	毛利軍、牛尾城を落とす。城主・牛尾弾正忠は城中の猛火に飛び込んで焼死したという
		〃	三隅隆繁と周布晴氏、毛利氏に小石見城で反旗を翻したという

和暦	西暦	月	出雲・石見・隠岐の出来事	周囲の動き
永禄十三年 元亀元年	一五七〇年	四月	この頃、尼子再興軍が戸倉城を奪う	
		〃	三休、没す	
		五月	末次城を守備していた大野高直が毛利氏に寝返る	
		〃	毛利輝元、一畑薬師に寺領を寄進する	
		〃	清水寺（安来市）の大宝坊と野村士悦らが、森山城主・秋上伊織介を毛利氏に寝返らせる	
		〃	毛利元就、温泉津から杵築まで兵糧を運ぶように命じる	
		〃	尼子再興軍に味方した但馬の海賊らが出雲・隠岐の海岸を七月まで荒らす	
		〃	吉川元春の次男・元氏、夕日ヶ丘を経由して小石見城を攻め落城させたという	
		六月	毛利輝元、平田城の普請を急がせる	
		〃	毛利輝元、前年に熊谷広実が尼子再興軍を須佐で防戦したことを賞する	
		〃	三沢為清、晋叟寺に寺領を寄進する	
		〃	毛利軍、周布城を落としたという	
		七月	この頃、尼子再興軍が末次城を攻撃するが撃退される	
		〃	山中鹿介、熊野城に兵糧を搬入しようとするが失敗する	
		八月	吉川元春ら、八重垣神社の社領での乱暴狼藉などを禁ずる	
		〃	毛利輝元、八重垣神社の社領を安堵する	
		〃	毛利軍、熊野城を落とす	

	〃	毛利軍、四ツ山城を落としたという	
	〃	この頃、毛利元就が末次城の普請を行わせている	
	〃	熊谷広実、没す	
	九月	毛利元就の体調悪化により毛利輝元・小早川隆景らが安芸に帰国。対再興軍の指揮を吉川元春・口羽通良・宍戸隆家が執る	
	〃	毛利軍、末次城などに陣を構え真山城と高瀬城を包囲する	
	〃	益田藤兼・吉川元氏らが尼子再興軍に呼応していた高城（針藻城とも）を落としたという	
	〃	この頃、尼子再興軍が十神山城を落とす	
	〃	吉川元春、八重垣神社の社領を安堵する	
	〃		本願寺顕如が挙兵し織田信長との戦いが始まる（石山合戦）
	十月	尼子再興軍、満願寺城を築城（もしくは修築）する	
	〃	児玉就英、尼子再興軍の兵糧船を加賀港で捕える	
	〃	児玉就英、尼子再興軍の兵糧船を森山城の周辺で攻撃する	
	〃	米原綱寛、平田城を攻撃するが撃退される	
	十一月	この頃、毛利軍が十神山城を奪回する	
	〃	古志重信、吉川元春に降伏する	
	〃	吉川元春、神西城から平田城に陣を移す	

和暦	西暦	月	出雲・石見・隠岐の出来事	周囲の動き
元亀元年	一五七〇年	十一月	尼子再興軍、真山城から高瀬城に兵糧を入れるが帰りに毛利軍の攻撃を受け船を奪われる	
		十二月	毛利軍、満願寺城を落とす	
		〃	吉川元春、長浜神社に米を寄進し祭事を実行させる	
			▽この年、龍雲寺が焼失するが益田氏によって再建されたという	
			▽この年、浄光寺が創建されたという	
元亀二年	一五七一年	一月	毛利軍、尼子再興軍の大船を破壊する	
		二月	吉川元春、湯原春綱に満願寺城の普請を命じる	
		〃	毛利輝元、湯原春綱に加賀城の普請を命じる	
		三月	吉川元春、日御碕神社の社領・黒田浦に出雲大社の漁網が入ることを禁止する	
		〃	毛利元就、日御碕神社に社領を寄進し病状回復を祈願する	
		〃	毛利軍、高瀬城を落とす	
		〃	この頃、高瀬城攻撃の兵火で西念寺（出雲市）と荘厳寺が焼失したという	
		〃	毛利元就と輝元の依頼に従って、織田信長が但馬と丹後で尼子再興軍に味方する賊船が出雲・伯耆を荒らすのを止めさせることを約す	
		四月	尼子再興軍、和久羅城を攻撃するが撃退される	
		六月	毛利軍、尼子再興軍に味方していた隠岐氏を屈服させる	

		〃	毛利元就、没す
		〃	都万久清、玉若酢命神社に社領を寄進する
		八月	毛利軍、真山城を落とし尼子再興軍を出雲から駆逐する
		〃	小笠原長旌、喜多八幡宮の内殿を再建する
		〃	毛利元秋、真山城の落城を祝して神魂神社に神馬を寄進する
		十月	毛利輝元、吉川元春に真山城普請のため家臣を派遣を依頼する
		十一月	益田藤兼、妙義寺の創健者・大義女の追善供養のため、寺領を寄進する
			▽この年、毛利輝元が長安寺を創建し毛利元就の木像を山吹城から移したという
			▽この年、毛利氏が出雲金刀比羅宮を現在地に移したという
			▽この頃、伯耆尾高城を脱出した山中鹿介が岩屋寺に隠れ山賊を集めると出雲国内の寺社や廻船を襲って金品を奪ったという
元亀三年	一五七二年	閏一月	毛利輝元、西楽寺に城普請以外の諸役を免除する
		〃	毛利輝元、出羽氏を継いでいた毛利元就の六男・元倶が亡くなったため元祐の実子・元勝が家督を継ぐことを承認する
		三月	三沢為清、覚融寺に寺領を寄進する
		〃	三沢為清、三澤神社の社殿を造営する
		六月	毛利元秋、七郎次郎に揖夜神社の別火職を安堵する
			▽この年、毛利軍に攻められ鶴ヶ城が落ちたという

和暦	西暦	月	出雲・石見・隠岐の出来事	周囲の動き
元亀四年	一五七三年	六月		尼子再興軍、但馬から因幡に侵攻する（第二次尼子再興戦）
		七月		足利義昭、織田信長によって京から追われる
天正元年		十月	吉川元春、雲樹寺に禁制を出す	
		十一月	口羽通良、賀茂神社に八注連神楽を奉納する	
			▽この頃、永禄年間に焼失した出雲安国寺が住職の立翁公本によって再建され二十二の塔頭が建立されたという	
天正二年	一五七四年	一月	毛利輝元、宇龍浦が日御碕神社の社領であることを認める	
		二月	口羽通良、宗林寺に釈迦涅槃図を寄進する	
		〃	益田兼豊、東伝寺に寺領を寄進する	
		四月	吉川経安、子の経家に所領を譲る	
		九月	熊谷元実、須佐神社の拝殿と供所の造営を行う	
		閏十一月	毛利輝元、日御碕神社検校・小野氏に対して、これより以前に大破した社殿の修築を約束する	
			▽この年、三沢為清が亀嵩城を築城したという（異説あり）	
			▽この年、西楽寺の住職・正円の元に顕如の使者が訪れ石山合戦への加勢を依頼したという	
天正三年	一五七五年	三月	天野隆重と野村士悦が平浜八幡宮に鐘を寄進する	

年号	西暦	月	事項	一般事項
		〃	秋上伊織介、万福寺（松江市）を創建したという	
		四月	毛利輝元、鰐淵寺本堂再興の費用を領内の領主に勧進させる	
		六～七月	薩摩の島津家久、京都からの帰路に出雲大社・石見銀山・温泉津・浜田などに立ち寄る	
		〃	吉見正頼、冨長山八幡宮に社領を寄進する	
		八月	小早川隆景、雲樹寺に禁制を出す	
		〃	吉川元春、日御碕神社に社領を寄進する	
天正四年	一五七六年	一月	益田元祥、勧請した住吉明神を妙義寺の鎮守とする	
		二月		足利義昭、毛利輝元を頼り備後鞆に下向。輝元は織田信長と決裂し全面戦争が始まる
		三月	毛利輝元、領内の領主に対し鰐淵寺本堂再興への協力の礼状を送る	
		五月	毛利輝元、鰐淵寺本堂再建の木材を因幡から持ってくるため吉川元春を通じて鳥取城主・山名豊国に命じる	
		六月	野村士悦、没す	
		七月	毛利輝元、日御碕神社に社領を寄進する	
		〃	毛利水軍、織田水軍を木津川口で破り、石山本願寺に兵糧を搬入する（第一次木津川口合戦）。この時、口羽通良が活躍したという。	

和暦	西暦	月	出雲・石見・隠岐の出来事	周囲の動き
天正四年	一五七六年	八月	吉見広頼、鷲原八幡宮に社領を寄進する	
天正五年	一五七七年	三月	三沢為虎・為清父子、岩屋寺の掟を定める	
		〃	口羽通良の三男・泉秀、西蓮寺の住職になったという	
		四月	吉川元春・元長父子、久利左馬助に森山城の在番を要請する	
		五月	宍道隆慶、没する（年代については異説あり）	
		閏七月	吉川元春、石見八幡宮を再建したという	
		十月	日御碕神社、仮遷宮を行ったという	豊臣秀吉、播磨姫路城を拠点として中国攻めを開始する
		十一月	毛利輝元、鰐淵寺の本堂を再建する	
			▽この年、毛利氏が城上神社を現在地に移したという	
天正六年	一五七八年	六月	周布元兼、播磨上月城攻めで戦死する	
		七月	三沢為虎、岩屋寺本堂の上葺を行う	尼子再興軍、播磨上月城で壊滅する。尼子勝久・山中鹿介・神西元通、没する
		八月	三沢氏の家臣・成田秀綱、晋叟寺に寺領を寄進する	
		十二月	吉川元春、物部神社の神主・金子氏に立原久綱を預り厳重に見張るよう依頼する	
			▽この年、三沢為清が横田八幡宮に弓を寄進する	

天正七年	一五七九年		▽この年、牛尾大蔵左衛門が弘安寺を現在地に移し菩提寺にしたという	
		二月	毛利輝元、先例の通り雲樹寺の諸役を免じる	
		〃	多賀山通定が没したという（通定ではなく多賀元龍の可能性あり）	
		九月	朝山日乗、没す	
		十月	吉見正頼、下瀬山城の強化を命じている（元亀元年説あり）	
		〃	吉川元春、物部神社の神主・金子氏に預けた立原久綱が体調を崩したため治療をした後、移送させると伝える（年代については異説あり）	
		十一月	吉川元春・元長父子、出雲大社に戦勝を祈願する	
		十二月	小笠原長旌・元枝、武明八幡宮を修造する	
		冬	毛利氏、出雲大社修造の名目で出雲国内に徳政令を出す	
			▽この年、三沢為清・為虎父子が湯野神社を造営する	
			▽この年、吉見正頼が信盛寺を創建したという	
			▽この年、毛利元秋・元康兄弟が十二所神社を再建したという	
			▽この頃、立原久綱が毛利家のもとから脱走したという	
天正八年	一五八〇年	三月	毛利輝元、出雲大社修造のため出雲国内に段銭を課す	
		閏三月		本願寺顕如と織田信長の和議が成立、石山合戦が終結する

和暦	西暦	月	出雲・石見・隠岐の出来事	周囲の動き
天正八年	一五八〇年	十一月	出雲大社の遷宮が行われる	
		〃	小笠原長旌・元枝、武明八幡宮に社領を寄進する	
天正九年	一五八一年	二月	吉川元春、神魂神社に参拝し太刀などを奉納する	
		三月	益田藤兼・元祥父子、妙義寺や長門の大寧寺の僧と共に妙義寺の掟を定める	吉川経家、鳥取城に入る
		七月	吉川元春、鳥取城救援のため浜田港や温泉津の船を因幡に送るように命じる	
		九月	染羽天石勝神社の社殿が焼失する	
		〃	毛利元康、真山城に入る（年代については異説有り）	
		十月	毛利元秋、一畑寺に寺領を寄進する	
		〃		鳥取城が開城し吉川経家が切腹する
		十一月	牛尾大蔵左衛門、海潮神社を再建する	
天正十年	一五八二年	四月	吉川元春・元長父子、安楽寺に寺領を寄進する	
		六月		本能寺の変が起こる。豊臣秀吉と毛利輝元、和議を結ぶ
		〃	明智光秀の二人の子が出雲に逃れ一畑寺で出家したという	明智光秀、山崎の戦いで豊臣秀吉に敗れる
		七月	毛利元康、佐太神社に社領を寄進する	

		〃	口羽道良、没す
		八月	毛利氏、満願寺に預けていた佐太神社の神官の所領や屋敷などを返還する
		〃	隠岐経清、玉若酢命神社の造営の奉加を募る
		十月	毛利輝元、益田元祥の家督相続を認める
		十一月	吉見広頼、下瀬山城の普請を家臣に命じる
		〃	益田元祥の息子・広兼、吉見広頼の娘と婚姻する（年代については異説あり）
			▽この年、長源寺が創建されたという
			▽この年、長野頼久が同泉寺を創建したという
			▽この頃、宍道政慶が霊雲寺を現在地に移転したという
天正十一年	一五八三年	一月	多賀山通定、狭長神社の社殿を造営する
		二月	神魂神社、全焼する
		三月	隠岐清家、甥の隠岐経清に討たれたという（天正十年説あり）
		七月	隠岐経清、従兄弟の才五郎に討たれたという。その後、隠岐は吉川氏の支配下となる
		八月	吉川元春、石見八幡宮を再建する
		九月	三沢為虎、大領神社を再建する
		〃	毛利輝元、吉川経家の子・経実の所領相続を認める
		十一月	毛利元秋、揖夜神社を造営する
		十二月	毛利輝元、神魂神社を再建する

和暦	西暦	月	出雲・石見・隠岐の出来事	周囲の動き
天正十一年	一五八三年	十二月	杉原景盛、毛利氏に追われ大林寺で自害したという（大林寺の寺伝による。吉川家文書では天正十二年八月）	
		〃	小笠原長旌、武明八幡宮に社領を寄進する	
			▽この年、益田藤兼・元祥父子が染羽天石勝神社の本殿を再建する	
			▽この年、益田元祥が居住地を七尾城から三宅御土居に移したという	
天正十二年	一五八四年	一月	益田藤兼・元祥父子、妙義寺に益田氏の位牌などを整え銀子と寺領を寄進する	
		三月	天野隆重、没す	
		五月	宗円寺が創建されたという	
		六月	毛利輝元、小野元政の日御碕神社の検校職相続を認める	滝川一益、小牧・長久手の戦いの最中に蟹江城を奪うが、徳川家康・織田信雄連合軍に奪回される
		八月	小笠原元枝、武明八幡宮に社領を寄進する	
		〃	和多坊栄芸、没す	
		〃	佐波連良、喜多八幡宮の本殿を再建する	
		九月	毛利輝元、一畑薬師本堂上葺の費用を秋鹿郡に催促するよう毛利元秋に命じる	

		十月	熊谷元実、須佐神社の再建を行う	
		十一月	益田元祥、妙義寺に父・藤兼が寄進した寺領を安堵する	
			▽この頃、石見銀山が毛利輝元と豊臣秀吉の共同管理になったという	
			▽この年、益田元祥が三宅御土居を修築したという	
天正十三年	一五八五年	三月	毛利氏、八重垣神社造営のため能義・大原・神門郡に棟別銭を課す	
		四月	毛利氏、出雲大社造営のため職人に法度を出す	
		五月	毛利元秋が没し宗松寺に葬られる。この年、元秋の息子も没す	
		六月	毛利輝元と口羽通平、宮尾山八幡宮の本殿を再建する	
		〃	四国の長宗我部元親攻めが始まり毛利軍が渡海。益田氏などが従軍する	
		七月	小笠原長旌が丸山城を築城したという	豊臣秀吉、関白に任ぜられる。秀吉、長宗我部元親を降伏させる
		閏八月	三沢為虎、毛利氏に起請文を提出し二心無きことを誓う	
		九月	吉川元春・元長父子、神魂神社に社領を寄進する	
		十一月	毛利元康、月山富田城主を自分にするよう毛利輝元に願い出る	
		十二月	毛利元康、月山富田城主となる	

和暦	西暦	月	出雲・石見・隠岐の出来事	周囲の動き
天正十三年	一五八五年		▽この年、大竜寺が大森村に移転されたという	
			▽この年、小早川隆景が朝山八幡宮の修造を行ったという	
天正十四年	一五八六年	三月	加賀城主・加賀正利が尼子の残党に殺されたという	
		四月	益田元祥、物部神社の神主・金子氏から造営のことを聞く（年代については異説あり）。	
		六月	吉見広頼、九州攻めに従軍し領内が手薄になることから下瀬山城の守りを固めるよう家臣に命じている	
		七月	三沢為虎、横田八幡宮の遷宮を行う	
		八月	益田藤兼・元祥父子、万福寺の修築を行う	
		九月		滝川一益、没す
		十一月	吉川元春、没す。この頃、牛尾大蔵左衛門が九州攻めの最中に豊前宇留津城攻めで戦死する。都野家頼も従軍する	
			▽この頃、吉川元春が物部神社の本殿を再建したと思われる	
			▽この年、益田藤兼・元祥父子が染羽天石勝神社の拝殿を再建する	
			▽この年、吉川元春が東光寺を再建したという	
天正十五年	一五八七年	四月	長野頼久、没す	
		四〜五月	細川幽斎、九州に向かう途中で佐太神社・出雲大社・石見銀山などに立ち寄る	
		五月		豊臣秀吉、島津義久を降伏させる

		九月	毛利輝元、法度を破る者がいるため出雲大社法度五ヶ条を出す
天正十六年	一五八八年	十二月	三刀屋久扶、徳川家康への内通の疑いで毛利輝元に追放されたという
			▽この年、天野元友の一族が西光院を創建したという
			▽この年、宍戸隆家が神西八幡宮を再建したという
			▽この年、横田八幡宮の末社・秋山社が建てられたという
天正十七年	一五八九年		▽この頃、三沢為虎が出雲を去り安芸に移る
			▽この年、馬来元貞が出雲から安芸に移るが一族は残る
			▽この年、小笠原長雄が甘南備寺に黄櫨匂威大鎧残闕を奉納したという
天正十八年	一五九〇年	十一月	出雲大社、豊臣秀長の病状回復の祈念のため祈祷の巻子を進呈する
天正十九年	一五九一年	三月	吉川広家、東出雲二郡・西伯耆三郡・隠岐一郡を与えられ月山富田城を居城とする
		八月	吉川広家、神魂神社に太刀などを奉納する
		十月	三刀屋久扶が没したという
		十一月	吉川広家、出雲安国寺に寺領を寄進する
		十二月	毛利輝元、朝鮮出兵のため出雲大社に公役を課す
		〃	この頃、小笠原長旌、神西に移封される
			▽この頃、毛利氏領内で大規模な領主の知行替が行われる
天正二十年	一五九二年	二月	吉川氏の家臣・二宮長正、巌倉寺に燈籠を寄進する

和暦	西暦	月	出雲・石見・隠岐の出来事	周囲の動き
天正二十年	一五九二年	三月	吉見元頼、朝鮮出兵のため肥前名護屋に向かう	
		〃	都野家頼、朝鮮に出陣する	
		九月	銀山六人衆・熱田秀信、清水寺（大田市）に絵馬を奉納する	
		十月	口羽通平、宮尾山八幡宮に燭台を奉納する	
		〃	口羽春良、没す	
文禄二年	一五九三年	二月	毛利氏の家臣・杉原広高、晋叟寺に寺領を寄進する	
		〃	周布元盛、朝鮮半島で戦死する	
		九月	加賀正長、朝鮮半島で戦死したという	
		十月	吉川広家、朝鮮から帰国し神魂神社に参拝する	
		〃	毛利輝元、阿井八幡宮を再建する	
文禄三年	一五九四年	三月	吉川広家、朝鮮再出兵に際し神魂神社に参拝する	
		〃	日御碕神社、遷宮を行ったという	
		七月	毛利輝元、岩屋寺の各坊の山境を定める	
		八月	佐世元嘉、日御碕神社の遷宮に用いる舞楽の旗の借用を安芸の厳島神社に依頼する	
		九月	佐世正勝、毛利輝元より佐世郷八百五十石を与えられる	
文禄四年	一五九五年	八月	佐世正勝、狩山八幡宮の拝殿を建立する	
		十月	吉川広家、朝鮮より帰国する	
			▽この年、浄土寺が現在地に移転されたという	
文禄五年	一五九六年	五月	吉川広家、美保神社の社殿を再建する	
		十二月	益田藤兼、没す	

慶長二年	一五九七年		▽この頃、宍道湖が氾濫し末次村の住民が亀田山に避難する	
			▽この年、西念寺（出雲市）が再建されたという	
		三月	古志重信、和田に改姓する	
		六月	吉川広家、豊臣秀吉が明の皇帝から送られた品物の一部を下賜される。その内、衣冠沓を出雲大社に奉納する	
		〃	小早川隆景、没す	
		〃	吉川広家、またも朝鮮に出兵する	
		十一月	毛利輝元、息子・秀就の祈念のため日御碕神社に社領を寄進する	
		十二月	都野家頼と冷泉元満、朝鮮半島の蔚山城の戦いで戦死する。李郎子、吉見軍の捕虜となり日本に連行される	
慶長三年	一五九八年	二月	都野家頼、普済寺に葬られる	
		六月	吉川広家、朝鮮半島で入手した円鏡を神魂神社に奉納する	
		七月	毛利氏、豊臣秀吉の病気平癒のため神魂神社に神馬などを奉納する	
		〃	佐世元嘉、大麻山神社に社領を寄進する	
		八月	この頃、三刀屋孝祐が毛利家を出奔したという	豊臣秀吉、没す
慶長四年	一五九九年	閏三月	佐世正勝、狩山八幡宮に三十六歌仙額と鰐口を奉納する	
		九月	毛利輝元、清水寺（大田市）の本堂を再建する	
		十二月	赤穴元寄、中川に改姓する	
慶長五年	一六〇〇年	九月	関ヶ原の戦い。毛利氏は西軍の総大将となるが、敗北する	
		十月	吉川広家、十二所神社を造営する	

和暦	西暦	月	出雲・石見・隠岐の出来事	周囲の動き
慶長五年	一六〇〇年	十一月	大久保長安、毛利輝元から石見銀山を接収する	
		〃	この頃、堀尾吉晴が月山富田城に入ったという	
			▽この年、毛利氏は出雲・石見・隠岐を取り上げられ長門・周防の二国だけが残される。吉川広家・益田元祥・吉見広行など一族・家臣も長門・周防に退去する	
慶長六年	一六〇一年	三月	坂崎出羽守、津和野城を整備する	
		四月	堀尾吉晴、揖夜神社に社領を寄進する	
		八月	大久保長安、石見銀山の奉行に任ぜられる	
		〃	堀尾氏、報恩寺に居屋敷と寺領を寄進する	
		十一月	坂崎出羽守が徳永城を落としたという	
慶長七年	一六〇二年	二月	堀尾忠氏、出雲大社と日御碕神社の境界争いを裁定する	
		〃	堀尾吉晴の妻・昌徳院が厳倉寺の厨子を建立した。この時、山中鹿介の供養塔も建てたという	
			▽この年、明顕寺が創建されたという	
慶長八年	一六〇三年	二月		徳川家康、征夷大将軍に任ぜられる
		八月	安原伝兵衛、徳川家康に石見銀山の銀を献上し辻ヶ花染丁字文道服と扇を賜る	
			▽この年、大久保長安が城上神社に社領を寄進したという	
慶長九年	一六〇四年	八月	堀尾忠氏、没す	
		十月	堀尾氏、出雲大社の社領を安堵する	

慶長十年	一六〇五年	四月		徳川秀忠、征夷大将軍に任ぜられる
		十一月	大久保長安、出雲大社造営に対し下知する	
			▽この年、大久保長安が大安寺を創建したという	
慶長十一年	一六〇六年		▽この年、日御碕神社が徳川秀忠に蓬莱の霊竹を献上し造営を願い出る	
慶長十二年	一六〇七年		▽この年、堀尾吉晴が松江城の築城に着手する	
慶長十三年	一六〇八年		▽この年、カラカラ橋が撤去され松江大橋が架かる	
慶長十四年	一六〇九年	三月	豊臣秀頼、出雲大社の遷宮を行い堀尾吉晴が奉行を務める	
		五月		京極高次、没す
慶長十五年	一六一〇年	七月	豊臣秀頼、出雲大社に平鈴を奉納する	
		八月	尼子義久、没す	
		十二月	尼子義久の妻・円光院が没したという	
慶長十六年	一六一一年	六月	堀尾吉晴、没す	
			▽この年、堀尾氏が月山富田城より松江城に居城を移す	
慶長十七年	一六一二年		▽この年、滝川一益の息子・一忠が松江に移住したという	
慶長十八年	一六一三年	四月	米原綱寛が没したという	
		〃	大久保長安、没す	
慶長十九年	一六一四年	十月	大坂冬の陣。堀尾忠晴、坂崎出羽守が出陣する	
慶長二十年	一六一五年	四月	大坂夏の陣。堀尾忠晴、坂崎出羽守が出陣する	
		五月	坂崎出羽守が徳川家康の孫・千姫を救出したという	豊臣氏が滅亡する
元和元年		十一月	堀尾忠晴、揖夜神社の社殿を再建する	

和暦	西暦	月	出雲・石見・隠岐の出来事	周囲の動き
元和二年	一六一六年	四月		徳川家康、没す
		春	この頃、徳川秀忠が出雲大社に鉄砲を奉納したという	
		九月	坂崎出羽守が自害し坂崎氏が断絶する	
元和三年	一六一七年	七月	亀井政矩、因幡鹿野から石見津和野に移封される	
元和五年	一六一九年	七月	古田重治、伊勢松坂から石見浜田に移封される	
元和六年	一六二〇年	一月	尾関正勝、没す	
寛永五年	一六二八年		▽この年、小野寺義道らが永明寺に坂崎出羽守の墓を建立する	
寛永十年	一六三三年	九月	堀尾忠晴、没す。堀尾氏は無嗣断絶する	
寛永十一年	一六三四年	閏七月	京極忠高、若狭小浜から出雲松江に移封される	
寛永十四年	一六三七年	六月	京極忠高が没し出雲と隠岐が収公される	
寛永十五年	一六三八年	二月	松平直政、信濃松本から出雲松江に移封される	
寛永十六年	一六三九年	二月	滝川一忠、没す	
正保二年	一六四五年	十一月	小野寺義道、没す	

〈参考文献〉

会見町誌編纂企画委員会『会見町誌続編』一九九五
赤来町史編纂委員会『赤来町史』一九七二
赤名伝承記録会『むかしの赤名』一九九二
秋山伸隆「大永・享禄年間の尼子氏と毛利氏」『尼子氏の総合的研究 その二』一九九二
朝川広男「中世の豪族 福屋氏を尋ねて」『郷土石見 第21～25号』石見郷土研究懇話会 一九九〇
浅野友輔「戦国期室町将軍足利義輝による和平調停と境目地域」『十六世紀史論叢 十六世紀史論叢刊行会』二〇一五
浅野友輔「戦国期の石見における地域秩序と大名・国衆」『戦国期政治史論集 西国編』岩田書院 二〇一七
朝山晧『末次城址考』一九二四
阿須波の流編纂委員会『阿須波の流』一九八一
阿部猛ほか『戦国人名事典』新人物往来社 一九九〇
池田誠一「戦国武将波根氏の出自と富永氏」『郷土石見 第１０５号』石見郷土研究懇話会 二〇一七
池橋達雄『荘原歴史物語』二〇〇四
石村勝郎『温泉津物語』一九九五
出雲塩冶誌編集委員会『出雲塩冶誌』二〇〇九
出雲北浜誌刊行委員会『出雲北浜誌』二〇一一
井上寛司「中世石見国大家荘・大家氏と都市国家」『温泉津町誌研究 第1号』一九九〇
井上寛司「中世温泉津地域における領主支配の歴史的展開過程」『温泉津町誌研究 第3号』一九九二
井上寛司「中世佐陀神社の構造と特質」『佐太神社の総合的研究』島根大学 一九九五
井上寛司「室町・戦国期の隠岐国守護代隠岐氏」『山陰史談 第20号』山陰歴史研究会 一九八四
井上寛司「中世の江津と都野氏」『山陰地域研究 第3号』島根大学山陰地域研究総合センター 一九八七
井上寛司『史料集 益田藤兼・元祥とその時代』一九九九
井上寛司「尼子氏の宗教政策」『尼子氏の総合的研究 その二』一九九二
井上寛司「石見小笠原氏と石見銀山」『平成26年度 石見銀山遺跡関連講座記録集』二〇一五
伊原青々園『出雲国人物誌』伊原博士顕彰会事務局 一九五七
今岡典和「戦国期の守護権力 ―出雲尼子氏を素材として」『史林 第66巻 第4号』史学研究会 一九九二
岩崎健「旧津和野町の歴史と中世の山城」『郷土石見 第１０１号』石見郷土研究懇話会 二〇一六
岩崎健「毛利氏の侵攻に備える益田氏の築城」『郷土石見 第71号』石見郷土研究懇話会 二〇〇六
石見銀山歴史文献調査団『石見銀山歴史文献調査報告書3』二〇〇七

岩美町誌執筆編集委員会『新編 岩美町誌 上巻』二〇〇六
石見町誌編纂委員会『石見町誌 上巻』一九七二
石見町誌編纂委員会『石見町誌 下巻』一九七二
上杉和央『石見銀山域の歴史と景観』京都府立大学文学部歴史学科 二〇一四
内田兼四郎『松江大橋物語』一九七四
永海一正『黒木村誌』一九九二
大迫昭『島津家久』勧学教育社 二〇〇八
大田市教育委員会『中世大田・石見銀山関係史料集』大田市 二〇一九
大田市役所『おおだ』一九六一
大山・日野川・中海学テキストブック編集委員会『大山・日野川・中海学 大山・日野川・中海学協会』二〇〇九
岡崎雄二郎「島根県下における出土貿易陶磁研究の動向」『松江考古 第8号』松江考古学談話会 一九九二
岡部忠夫『萩藩諸家系譜』琵琶書房 一九八三
岡村吉彦「織田信長の山陰出陣計画と秀吉の動向」『鳥取地域史研究 第18号』鳥取地域史研究会 二〇一六
沖本常吉『津和野町史 第一巻』一九七〇
沖本常吉『津和野町史 第二巻』一九七六
沖本常吉『日原町史 上巻』一九六四
奥井正之『郷土誌朝山村』二〇〇五
奥原福市『八束郡誌 本編』一九七三
五十殿脩三「石見小笠原氏についての一考察」『湖陵町誌研究1』湖陵町教育委員会 一九九二
加賀康之『山陰の戦国史跡を歩く 鳥取編』ハーベスト出版 二〇一八
柿木村誌編纂委員会『柿木村誌 第1巻』一九八六
景山輔久『花栗村とその周辺』二〇〇二
鹿児島県維新史料編纂所『鹿児島県史料 旧記雑録後編3』一九八三
家臣人名事典編纂委員会『三百藩家臣人名事典 第6巻』新人物往来社 一九八九
月山尼子ロマンの里づくり委員会『史跡・名勝ひろせガイドブック[2]』月山尼子ロマンの里づくり委員会 一九九〇
勝田勝年『鹿島町史料』一九七六
角矢永嗣「石見の銀鉱山の一翼を担った久喜・大林銀山遺跡の調査」『月刊考古学ジャーナル 2015年5月号』ニュー・サイエンス社 二〇一五
角矢永嗣「久喜・大林銀山遺跡の歴史」『平成27年度石見銀山遺跡関連講座記録集』二〇一六
金城町誌編纂委員会『金城町誌 第2巻』一九九六
金子義明「尼子氏再興戦の協力者について」『平成25年度 石見銀山遺跡関連講座記録集』二〇一一
亀尾八洲雄『安養寺侍 三刀谷監物孝祐』二〇〇七
亀高村誌編纂委員会『亀嵩村誌』一九六七
加茂町史編纂委員会『加茂町史 本編』一九七五

加茂町誌編纂会『加茂町誌』一九八四
川岡勉「中世後期の守護支配と石見国衆」『石見の中世領主の盛衰と東アジア海域世界』二〇一八
川岡勉「中世出雲における守護支配と国人一揆」『尼子氏の総合的研究　その一』一九九二
川岡勉「戦国期の室町幕府と尼子氏」『尼子氏の特質と興亡史に関わる比較研究』島根県古代文化センター二〇一三
河本英明『いなば・ほうきの墓碑めぐり』中小企業育成協会鳥取本部　一九九〇
川本町誌編さん委員会『川本町誌 歴史編』一九七七
川本町歴史研究会『川本町文化財シリーズ4』川本町歴史研究会　一九九七
川本町歴史研究会『川本町文化財シリーズ5』川本町歴史研究会　二〇〇一
岸田裕之「戦国時代の神戸川沿い」『尼子氏の総合的研究　その二』一九九二
記念誌編集委員会『戦国武将三澤氏物語』要害山三沢城跡保存会　二〇〇五
木下和司「備後国衆・杉原盛重の立場」『芸備地方史研究281』芸備地方史研究会　二〇一二
木部の歴史を守る会『木部誌』一九九三
旧参謀本部　編纂『小牧・九州・小田原の役』徳間書店　一九六五
國田俊雄「史実と伝承　亀井氏系譜についての一考察」『伯耆文化研究　第10号』伯耆文化研究会　二〇〇八
くにびき24旗の会「尼子氏と尼子十旗」『季刊山陰2017年36号』島根日日新聞社　二〇一七
國見慶英『城下郷町脇町古今』二〇〇三
倉垣康一「戦国初期の石見国の政治秩序について」『芸備地方史研究254』芸備地方史研究会　二〇〇七
倉恒康一「戦国期因幡武田氏の権力形成過程と家臣団構造」『鳥取地域史研究　第13号』鳥取地域史研究二〇一一
倉恒康一「徳島福屋氏旧蔵の尼子氏関連文書について」『古代文化研究　第26号』島根県古代文化センター二〇一八
倉恒康一「戦国期の石見国浜田と領主権力」『石見の中世領主の盛衰と東アジア海域世界』島根県古代文化センター　二〇一八
黒沢長尚『雲陽誌』歴史図書社　一九七六
江津市誌編纂委員会『江津市誌　上巻』一九八二
江津市誌編纂委員会『江津市誌　下巻』一九八二
小坂博之『山名豊国』一九七三
五味克夫『玉里文庫本　家久君上京日記』鹿児島県史料拾遺刊行会　一九六六
湖陵町誌編纂委員会『湖陵町誌』二〇〇〇
西郷町誌編纂委員会『西郷町誌　上巻』一九七五
西郷町誌編纂委員会『西郷町誌　下巻』一九七六
斎藤至「豪商滝川家の謎」『大社の史話　第71号』大

社史話会　一九八八
佐伯徳哉「戦国期石見小笠原権力と地域社会構造」『古代文化研究　第1号』　島根県古代文化センター　一九九三
佐伯徳哉『出雲の中世』　吉川弘文館　二〇一七
佐伯徳哉『中世出雲と国家的支配』　法藏館　二〇一四
佐々木謙『伯耆米子城』　立花書院　二〇〇〇
佐田町教育委員会『佐田町史』　一九七六
沢本良秋『山陰　温泉津』　温泉津町観光協会　一九八二
山陰中央新報社『島根県歴史人物事典』　山陰中央新報社　一九九七
新修気高町誌編纂委員会『新修　気高町誌』　二〇〇六
鹿野町誌編集委員会『鹿野町誌　上巻』　一九九二
七田眞『江津人物伝』　江津市文化財研究会　一九七三
渋谷申博『諸国神社　一宮・二宮・三宮』　山川出版社　二〇一五
島根県『新修島根県史　通史篇1』　一九六八
島根県教育委員会『石見銀山遺跡テーマ別調査研究報告書1』　二〇一一
島根県教育委員会『島根県近世社寺建築緊急調査報告書』　一九八〇
島根県教育委員会・大田市教育委員会『石見銀山遺跡石造物調査報告書3』　二〇〇三
島根県教育委員会・大田市教育委員会『石見銀山遺跡石造物調査報告書6』　二〇〇六
島根県神社庁『神国島根』島根県神社庁　一九八一
島根県大百科事典編集委員会『島根県大百科事典　上巻』　山陰中央新報社　一九八二
島根県中近世城館研究会『石見の中世城館』　島根県中近世城館研究会　二〇一八
島根県能義郡伯太町教育委員会『安田要害山登山のしおり』　一九六七
島根県の歴史散歩編集委員会『島根県の歴史散歩』　山川出版社　二〇〇八
島根町誌編纂委員会『島根町誌　資料編』　一九八一
島根町誌編纂委員会『島根町誌　本編』　一九八七
白神尚彦『島根の寺院　第1巻』　有賀書房　一九八八
白神尚彦『島根の寺院　第2巻』　有賀書房　一九九一
白神尚彦『島根の寺院　第3巻』　有賀書房　一九九六
宍道町『宍道町史　史料編』　一九九九
宍道町『宍道町史　通史編　上巻』　二〇〇一
宍道町誌編纂委員会『宍道町誌』　一九六三
新修北條町誌編纂委員会『新修　北條町誌』　二〇〇五
神道大系編纂会『神道大系　神社編36』　神道大系編纂会　一九八三
新日本海新聞社鳥取県大百科事典編集委員会『鳥取県大百科事典』　新日本海新聞社　一九八四
新編倉吉市史編集委員会『新編　倉吉市史　第2巻』　一九九五

鈴政信市『美都町史』一九六八
関金町誌編纂委員会『関金町誌 第三集』一九八二
妹尾豊三郎『出雲富田城史』山中鹿介幸盛公顕彰会 一九七八
妹尾豊三郎『新雲陽軍実記』ハーベスト出版 一九九七
妹尾豊三郎『尼子盛衰人物記』広瀬町観光協会 一九八五
全日本仏教会寺院名鑑刊行会『全国寺院名鑑4』全日本仏教会寺院名鑑刊行会 一九七〇
大社町史編集委員会『大社町史 史料編（古代・中世）上巻』一九九七
大社町史編集委員会『大社町史 通史編 中巻』二〇〇八
大社町史編集委員会『大社町史 年表』二〇〇八
大東町誌編纂委員会『新大東町誌』二〇〇四
大東町誌編纂委員会『大東町誌』一九七一
大和村誌編纂委員会『大和村誌 下巻』一九八一
高橋一郎「尼子経久の母真木氏への疑問（一）」『山陰史談 第12号』山陰歴史研究会 一九七七
高橋一郎「尼子経久の母真木氏への疑問（二）」『山陰史談 第13号』山陰歴史研究会 一九七七
高橋正弘『因伯の戦国城郭 通史編』一九八六
高屋茂男『出雲の山城』ハーベスト出版 二〇一三
高屋茂男『石見の山城』ハーベスト出版 二〇一七
高屋茂男「石見銀山と山城」『平成27年度 石見銀山遺跡関連講座記録集』二〇一六
高屋茂男『隠岐の山城・続出雲の山城』ハーベスト出版 二〇二四
高柳光寿ほか編『新訂寛政重修諸家譜』続群書類従完成会 一九六七
武上紀江『堀尾家に寄せて』二〇一五
武田茂敬『蟹江城合戦記』一九七五
玉湯町『玉湯町史 上巻』一九六一
玉湯町『玉湯町史 下巻1』一九八二
田邑二枝『海士町史』一九七四
智頭町誌編纂委員会『智頭町誌 上巻』二〇〇〇
智頭町誌編纂委員会『智頭町誌 下巻』二〇〇〇
聴聲会『大田市人物伝』聴聲会 二〇〇九
都野津町『都野津町誌』一九九一
都万村『都万村誌』一九九〇
寺井毅『尼子氏の城郭と合戦』戎光祥出版 二〇一八
東京大学史料編纂所『大日本古文書 家わけ第八 毛利家文書之二』東京大学出版会 一九九七
鳥取県『鳥取藩史1』一九六九
鳥取県総務部総務課県史編纂室『織田ｖｓ毛利（鳥取県史ブックレット第1巻）』二〇〇七
鳥取県文化観光局文化振興課『鳥取県文化観光事典』鳥取県観光連盟 二〇〇二
鳥取県立公文書館県史編纂室『新鳥取県史 資料編 古代中世2 古記録編』二〇一七

鳥取県立公文書館県史編纂室『新鳥取県史 資料編 古代中世Ⅰ 古文書編 下巻』二〇一五
鳥取県立公文書館県史編纂室『尼子氏と戦国時代の鳥取（鳥取県史ブックレット第4巻）』二〇一〇
鳥取県立米子図書館『郷土史跡めぐり 西伯耆編』今井書店 一九八〇
鳥取市『新修 鳥取市史 第1巻』一九八三
鳥取市あおや郷土館『戦国の知将 亀井茲矩』鳥取市西部地域文化活用実行委員会 二〇一二
頓原町誌編纂委員会『頓原町誌 歴史』二〇〇四
長尾英明「佐毘売神社から語る石見銀山発見前史（上）」『郷土石見 第97号』石見郷土研究懇話会 二〇一五
長尾英明「佐毘売神社から語る石見銀山発見前史（下）」『郷土石見 第98号』石見郷土研究懇話会 二〇一五
永田滋史『出雲市の寺々 上』一九九三
永田滋史『出雲市の寺々 下』一九九三
中司健一「中世後期石見国人の動向と室町幕府・大名」『石見の中世領主の盛衰と東アジア海域世界』島根県古代文化センター 二〇一八
中司健一「特集 芸備の人物（口羽通良）」『芸備地方史研究300』芸備地方史研究会 二〇一六
中村唯史「石見のくき銀山」『平成22年度 石見銀山遺跡関連講座記録集』二〇一一
錦織勤『街道の日本史37』吉川弘文館 二〇〇五
錦織勤『古代中世の因伯の交通（鳥取県史ブックレット第12巻）』二〇一三
錦織勤「中世山陰海運の構造」『鳥取地域史研究 第6号』鳥取地域史研究会 二〇〇四
西島太郎『京極忠高の出雲国・松江』二〇一〇
西島太郎「室町幕府と石見益田氏」『石見の中世領主の盛衰と東アジア海域世界』二〇一八
西島太郎「京極氏領国における出雲国と尼子氏」『尼子氏の特質と興亡史に関わる比較研究』島根県古代文化センター 二〇一三
西田友広「中世前期の石見国と益田氏」『石見の中世領主の盛衰と東アジア海域世界』島根県古代文化センター 二〇一八
仁多町誌編纂委員会『仁多町誌』一九九六
新田完三『別冊歴史読本35 戦国大名諸家譜』新人物往来社 一九九七
仁摩町誌編纂委員会『仁摩町誌』一九七二
伯太町教育委員会『伯太町誌 下巻』二〇〇一
羽須美村教育委員会『羽須美の文化財』一九九二
羽須美村誌編集委員会『羽須美村誌 上巻』一九八八
羽須美村誌編集委員会『羽須美村誌 下巻』一九八八
長谷川博史「出雲国三沢氏の権力編成とその基盤」『山陰史談 第26号』山陰歴史研究会 一九九三
長谷川博史『出雲古志氏の歴史とその性格』出雲市古志公民館 一九九九
長谷川博史『戦国大名尼子氏の研究』吉川弘文館 二

〇〇〇
長谷川博史『中世水運と松江』二〇一三
長谷川博史「十六世紀の日本列島と出雲尼子氏」『尼子氏の特質と興亡史に関わる比較研究』島根県古代文化センター　二〇一三
長谷川博史「尼子氏と石見銀山」『平成25年度　石見銀山遺跡関連講座記録集』二〇一一
浜田市郷土資料館『港浜田の歴史』浜田市郷土資料館　一九九九
浜田市誌編纂委員会『浜田市誌　上巻』一九七三
浜田町史編纂係『浜田町史』一九三五
濱村臺次郎『新訂　神西村史』神西公民館　一九八八
原慶三「中世日御崎社に関する基礎的考察」『山陰史談第24号』山陰歴史研究会　一九九〇
原慶三「尼子氏の石見国進出をめぐって」『山陰史談第29号』山陰歴史研究会　二〇〇〇
原慶三「応仁・文明の乱と尼子氏」『松江市歴史叢書4』二〇一一
稗原郷土史編集委員会『稗原郷土史』一九八五
東出雲人物ガイドブック編集委員会『語りつぎたい東出雲のすごい人』二〇〇五
東出雲町誌編さん委員会『東出雲町誌』一九七八
東郷土誌編集委員会『ひがし郷土誌』一九八五
斐川町史編纂委員会『斐川町史』一九七二
樋口英行『宍道町ふるさと文庫19』宍道町蒐古館　二〇〇四
日高伊三「大宅　高橋氏と尼子氏」『郷土石見　第52号』石見郷土研究懇話会　一九九九
日高伊三「口羽下野守通良公墓碑」『郷土石見　第74号』石見郷土研究懇話会　二〇〇七
日高伊三「羽須美の神社棟札」『郷土石見　第82号』石見郷土研究懇話会　二〇〇九
日高伊三「口羽通良の石山合戦」『郷土石見　第96号』石見郷土研究懇話会　二〇一四
平瀬直樹「大内氏の妙見信仰と興隆寺二月会」『山口県文書館研究紀要　第17号』山口県文書館　一九九〇
平田市誌編さん委員会『平田市誌』一九九四
平田市大事典編集委員会『平田市大事典』二〇〇〇
平田正典『江の川流域写真集シリーズ1』一九八八
広瀬町観光協会『月山富田城尼子物語』広瀬町観光協会　一九九六
広瀬町教育委員会『出雲尼子史料集　上巻』二〇〇三
広瀬町教育委員会『出雲尼子史料集　下巻』二〇〇三
広瀬町史編纂委員会『広瀬町史　上巻』一九六八
広瀬町史編纂委員会『広瀬町史　下巻』一九六九
広田八穂『西石見の豪族と山城』一九八五
福田栄次郎「石見国益田氏の研究」『戦国大名論集6』吉川弘文館　一九八四
藤岡大拙『山中鹿介』ハーベスト出版　二〇一七
藤岡大拙『島根県の合戦』いき出版　二〇一八

藤岡大拙『萬年山清安寺の歴史』一九九一
藤岡大拙ほか『日本城郭大系14』新人物往来社　一九八〇
藤原昊「石見銀山の領有をめざす毛利・尼子の戦い」『郷土石見　第47号』石見郷土研究懇話会　一九九八
細川幽斎 著／長崎健他 校注・訳「九州道の記」『新編日本古典文学全集48』小学館　一九九四
本多博之「中近世移行期西日本海地域の流通と海辺領主」『石見の中世領主の盛衰と東アジア海域世界』二〇一八
本多博之「西国の流通経済」『日本中世の西国社会2』清文堂出版　二〇一一
本多博之「毛利元就の温泉津支配と輝元の継承」『日本歴史　2010年4月号』吉川弘文館　二〇一〇
益田市教育委員会『益田の歴史　中世編』二〇〇九
益田市教育委員会『中世益田・益田氏関係史料集』二〇一六
益田市教育委員会『中世益田ものがたり』二〇一七
益田市誌編纂委員会『益田市誌　上巻』一九七五
松浦道仁「因屋城をめぐって」『隠岐の文化財　第2号』一九八五
松浦義則「戦国大名の領主層掌握について」『戦国大名論集6』吉川弘文館　一九八四
松江市史編集委員会『松江市史　史料編4　中世Ⅱ』二〇一四
松江市史編集委員会『松江市史　通史編2　中世』二〇一六
松江歴史館『松江藩主松平直政の生涯』松江歴史館　二〇一六
松尾寿『島根県の歴史』山川出版社　二〇一〇
松島弘『津和野町史　第四巻』二〇〇五
松本興『安来の歴史　第9巻』安来タイムス社　一九七五
瑞穂町誌編集委員会『瑞穂町誌　第1集』一九六四
三隅町誌編纂委員会『三隅町誌』一九七一
道重哲男『街道の日本史38』吉川弘文館　二〇〇五
光成準治『吉川広家（シリーズ・織豊大名の研究4）』戎光祥出版　二〇一六
光成準治『中・近世移行期大名領国の研究』校倉書房　二〇〇七
三刀屋城跡調査委員会『三刀屋氏とその城跡』三刀屋城跡調査委員会　一九八五
三刀屋町誌編纂委員会『三刀屋町誌』一九八二
美保関町誌編さん委員会『美保関町誌　上巻』一九八六
宮脇治正『久手は真秀ろば』二〇〇〇
村尾秀信「島後における中近世城館跡（周吉郡編）」『隠岐の文化財　第24号』二〇〇七
村尾秀信「島後における中近世城館跡（隠地郡編）」『隠岐の文化財　第25号』二〇〇八
室井康成『首塚・胴塚・千人塚』洋泉社　二〇一五

目次謙一「中世石見国周布氏の所領とその性格」『石見の中世領主の盛衰と東アジア海域世界 二〇一八
目次謙一「石見銀山と銀の生産・流通」『日本中世の西国社会2』清文堂出版 二〇一一
森岡浩『戦国大名家辞典』東京堂出版 二〇一三
森本繁『歴史紀行 毛利元就』新人物往来社 一九八五
森山公民館『もりやま 創刊号』一九八六
森脇太一『邑智郡誌』一九三七
安来市誌編纂委員会『安来市誌 上巻』一九九九
安来市誌編纂委員会『安来市誌 下巻』一九九九
矢冨巌夫「石陽講座Ⅷ 第23回」『七尾城主益田氏① 中世の益田』雪舟の郷記念館 2016
矢富熊一郎『石見鎌手郷土史 島根郷土史会』一九六六
矢野健太郎「尼子氏の銀山支配」『平成25年度 石見銀山遺跡関連講座記録集』二〇一一
山口県『山口県史 通史編 中世』二〇一二
山口県文書館『萩藩閥閲録 第一巻』山口県文書館 一九六七
山口県文書館『萩藩閥閲録 第二巻』山口県文書館 一九六八
山口県文書館『萩藩閥閲録 第三巻』山口県文書館 一九七〇
山崎誠「出雲多賀氏について」『山陰史談 第30号』山陰歴史研究会 二〇〇二
山下昌也『家康の家臣団』学習研究社 二〇一一
山西作二「国府尾城落城周辺記（資料）」『隠岐の文化財 第2号』一九八五
山根俊久『石見の郷土史話 下巻』石見郷土研究懇話会 一九七八
山根正明「出雲における毛利氏の山城について」『山陰史談 第22号』山陰歴史研究会 一九八七
温泉津町誌編纂委員会『温泉津町誌 上巻』一九九四
温泉津町誌編纂委員会『温泉津町誌 下巻』一九九五
温泉津町誌編纂委員会『温泉津町誌 別巻』一九九六
横田町誌編纂委員会『横田町誌』一九六八
横山正克『亀井茲矩 復刻』立花書院 二〇〇八
吉川正「もう一つの石見銀山」『郷土石見 第85号』石見郷土研究懇話会 二〇一〇
吉川正「もうひとつの石見銀山」『平成22年度 石見銀山遺跡関連講座記録集』二〇一一
吉川正「多胡辰敬伝承を考える」『郷土石見 第113号』石見郷土研究懇話会 二〇二〇
吉田純「杵築で主君義久と別離した家臣団」『大社の史話 第68号』大社史話会 一九八七
吉田侑「国府尾城物語」『隠岐の文化財 第18号』二〇〇一
吉田侑「東山神社と古文書」『隠岐の文化財 第19号』二〇〇二
米子市史編纂協議会『新修 米子市史 第1巻』二〇〇三

米原正義『山中鹿介のすべて』新人物往来社　一九八九
米原正義『出雲尼子一族』新人物往来社　一九八一
米原正義『大内義隆』戎光祥出版　二〇一四
米原正義『中国をめぐる戦国武将たち』日本放送出版協会　一九九七
歴史群像編集部『戦国時代人物事典』学習研究社　二〇〇九
若桜町『若桜町誌』一九八二
若林久「飛鳥井少将の罪」『隠岐の文化財　第３号』隠岐の島町教育委員会　一九八六
脇町史編集委員会『脇町史　上巻』一九九九
和田秀作「陶氏のクーデターと石見国人周布氏の動向」『山口県地方史研究　第70号』山口県地方史学会　一九九三
渡辺世祐『毛利元就卿伝』マツノ書店　一九八四
『ビジュアル戦国王68号』ハーパーコリンズ・ジャパン　二〇一七
『ビジュアル戦国王74号』ハーパーコリンズ・ジャパン　二〇一七
『広島県の地名（日本歴史地名大系35）』平凡社　一九八二
『阿波学会研究紀要、郷土研究発表紀要第19号』
『旧島根県史編纂資料　近世筆写編16』
『旧島根県史編纂資料　近世筆写編２５４』
『古志町誌』一九九〇
『出雲国　浮浪山鰐淵寺』浮浪山鰐淵寺　一九九七
『出雲国意宇郡寺院明細帳１』
『出雲国意宇郡寺院明細帳３』
『出雲国意宇郡神社明細帳』
『出雲国神門郡寺院明細帳１』
『出雲国神門郡寺院明細帳２』
『出雲国神門郡寺院明細帳４』
『出雲国仁多郡寺院明細帳１』
『出雲国仁多郡寺院明細帳２』
『出雲国島根郡寺院明細帳１』
『出雲国島根郡寺院明細帳２』
『出雲国能義郡寺院明細帳２』
『出雲国能義郡寺院明細帳３』
『石見国鹿足郡寺院明細帳』
『石見国鹿足郡神社明細帳１』
『石見国那賀郡神社明細帳３』
『石見国美濃郡寺院明細帳１』
『石見国美濃郡寺院明細帳２』
『石見国邑智郡神社明細帳２』
『石見国邇摩郡寺院明細帳１』
『石見国邇摩郡寺院明細帳２』
『石見国邇摩郡神社明細帳』
『竹矢郷土誌　続』一九九〇
『鳥取県の地名（日本歴史地名大系32）』平凡社　一九九二

『島根県　世界遺産へのあゆみ』
『島根県の地名（日本歴史地名大系33）』　平凡社　一九九五
『島根県歴史大年表』　郷土出版社　二〇〇一
『伯耆国・大山　歴史読本』　ＫＡＤＯＫＡＷＡ　二〇一八
『歴史群像シリーズ9　毛利元就』　学習研究社　一九八八
『濵田』　一九五〇

●図録
石井伸宏　『Ｔｈｅ山名』　鳥取市歴史博物館　二〇一二
『石見銀山展』　島根県立古代出雲歴史博物館　二〇一七
『松江創世記　堀尾氏三代の国づくり』　松江歴史館　二〇一一
目次謙一　『石見の戦国武将』　島根県立石見美術館　二〇一七

●Ｗｅｂサイト
飯南町の歴史と文化
石見銀山ウオーキングミュージアム
石見銀山資料館
石見銀山世界遺産センター
海蔵寺
邑南町観光協会
蟹江町観光協会
高野山真言宗　金亀山　満願寺
国土交通省　中国地方整備局　港湾空港部
国土地理院
寿智山玉亀院長福寺
島根県観光連盟　公式サイト
島根県　公式サイト
島根県神社庁
島根県立古代出雲歴史博物館
須佐神社　公式サイト
東京大学史料編纂所
鶴林山長源寺
津和野町観光協会ホームページ
津和野町　公式サイト
とりネット／鳥取県公式サイト
なつかしの石見の国
浜田港振興会
益田市　公式サイト
松江市　公式サイト
美保神社　公式ウェブサイト
日田森林公園
安来観光協会

●Ｗｅｂ上のＰＤＦ
井上寛司　『中世の港町・浜田』　浜田市教育委員会　二〇〇一
岡崎雄二郎　「満願寺城跡の発掘調査について」『松江城

研究2号』 二〇一三
川岡勉「尼子氏による出雲国成敗権の掌握」『松江市史研究5号』 松江市教育委員会 二〇一二
島根県教育委員会『石見銀山遺跡とその文化的景観』 二〇〇七
島根県教育委員会『島根県中近世城館跡分布調査報告書 第1集』 一九九七
島根県教育委員会『島根県中近世城館跡分布調査報告書 第2集』 一九九八
島根県総務部総務課『島根県宗教法人名簿』 二〇一八
白峰旬『関ヶ原の戦いについての高橋陽介氏の新説を検証する ―高橋陽介氏の著書『一次史料にみる関ヶ原の戦い』を拝読して―』 二〇一六
須藤定久「砂と砂浜の地域誌（24）出雲平野と宍道湖・斐伊川の砂」『地質ニュース622号』 産業技術総合研究所地質調査総合センター 二〇一〇
大東町教育委員会『丸子山城跡・福富城跡・佐世城跡』 一九八八
中井均「堀尾氏の出雲支配における支城について（1）―三刀屋尾崎城―」『松江城研究1号』 二〇一二
中井均「堀尾氏の出雲支配における支城について（2）―赤名瀬戸山城―」『松江城研究2号』 二〇一三
中井均「堀尾氏の出雲支配における支城について（3）―亀嵩城と三沢城―」『松江市史研究7号』 二〇一六
長谷川博史『戦国期大名毛利氏の地域支配に関する研究』 広島大学大学院文学研究科 二〇〇三
長谷川博史『中世山陰地域を中心とする棟札の研究』 二〇一五
村井祐樹「東京大学史料編纂所所蔵 中務大輔家久公御上京日記」『東京大学史料編纂所研究紀要第16号』 東京大学史料編纂所 二〇〇六
山根正明「尼子氏復興戦における佐陀江と満願寺城」『松江城研究2号』 松江市教育委員会 二〇一三
『竹矢公民館だより 2018年5月号』 二〇一八

●国立国会図書館デジタルコレクション
岡本仙助『石山軍記』 偉業館 一八九五
香川正矩『陰徳太平記』 犬山仙之助 一九一一
景山粛『伯耆志 巻四』 因伯叢書発行所 一九一六
景山粛『伯耆志 巻二』 因伯叢書発行所 一九一六
河本隆政（静楽軒）著、井原大之助編『雲陽軍実記』 松陽新報社 一九一一
城市常太郎『石見軍記』 一九一九
白築祐久『掛合村誌』 掛合村 一九二六
山口幸五郎（美道）『広瀬史』 布野資山堂 一八九九

※個人や市町村の出版、郷土誌は出版社を省略
※市町村の教育委員会や資料館の方、地元の方の話、現地の案内版、碑、講演会のレジュメ、パンフレット、小冊子は記載を省略

【尼子再興軍】あまごさいこうぐん

永禄九（一五六六）年に月山富田城の開城で大名としては滅亡した尼子氏だったが、旧臣の山中鹿介幸盛や立原久綱らは京都東福寺の僧だった尼子一族の遺児・勝久を還俗させて当主とし尼子氏の再興を企てた。

永禄十二（一五六九）年、豊後の大友宗麟を中心とした毛利氏包囲網に加わり出雲に上陸。出雲・伯耆・因幡を席巻した。しかし元亀二（一五七一）年、毛利輝元に敗れて但馬に撤退している（第一次尼子再興戦）。その後、但馬から因幡に侵攻し西を目指す第二次尼子再興戦を始めるが、これも毛利軍に阻まれ失敗に終わった。

天正五（一五七七）年からは織田信長麾下の豊臣秀吉に属して播磨で戦うが、天正六（一五七八）年守備についた上月城で毛利の大軍に包囲され、勝久は切腹し鹿介ものちに殺害され消滅する（第三次尼子再興戦）。

【石見小笠原氏】いわみおがさわらし

弘安年間（一二七八～八八年）、清和源氏の後裔で阿波守護だった小笠原氏の一族・長親が阿波から海岸警護のため石見に移り住み、やがて河本郷（現在の邑智郡川本町のほぼ全域）を与えられたと伝わる。戦国時代になると石見を巡って争った大内氏・尼子氏の間で揺れ、状況に応じて属する大名を変えている。

大内氏が滅亡し毛利元就が石見に侵攻してくると尼子晴久と手を結び対抗するが、永禄二（一五五九）年に居城の温湯城を攻められ降伏し甘南備寺に蟄居した。やがて戦功が認められ弥山土居に移る。天正十三（一五八五）年に丸山城を築城し居城としたが、天正二十（一五九二）年に出雲神西に移封させられた。関ヶ原の戦い後、毛利家を去り浪人となるが元和年間（一六一五～二四）に帰参している。

〈石見小笠原氏系図〉

十二代 長隆――十三代 長徳――十四代 長雄――十五代 長旌

【大久保長安】おおくぼ　ちょうあん
天文十四（一五四五）～慶長十八（一六一三）年

石見守。武田氏に仕えていたが、天正十（一五八二）年に武田氏が滅亡すると徳川家康に仕える。家康が関東に移封されると領内の検地や整備で力を発揮した。慶長六（一六〇一）年、石見銀山奉行に任ぜられる。没後、罪があったとして遺体を掘り起こされ晒し首にされた。

【小野寺義道】おのでら　よしみち
永禄九（一五六六）～正保二（一六四五）年

出羽横手城主。慶長五（一六〇〇）年の関ヶ原の戦いでは当初東軍だったが、同じ東軍の出羽山形城主・最上義光と不和だったため西軍に寝返り義光と戦う。戦後改易され、石見津和野の坂崎出羽守に預けられた。厚遇してくれた出羽守に恩義を感じた義道は、寛永五（一六二八）年の出羽守墓碑の建立に尽力している。直盛没後は新たに津和野藩主になった亀井氏に預けられた。二代藩主・茲政は小野寺氏再興に力を貸し、幕府に義道は義光への不信感から西軍に寝返っただけで家康に対して異心は無かったと訴えるが認められず、子孫は亀井氏に仕えている。

【亀井茲矩】かめい　これのり
弘治三（一五五七）～慶長十七（一六一二）年

父は尼子氏の家臣・湯永綱で母は多胡辰敬の娘。亀井氏の娘（山中鹿介の養女）を娶り亀井家を継ぐ。舅の鹿介に従い尼子再興のために各地を転戦した。天正六（一五七八）年に鹿介が毛利氏によって殺されると意志を継いで豊臣秀吉に従い毛利氏と戦う。

天正十（一五八二）年の本能寺の変後、両者の和睦で出雲奪回の夢は失われたが、前年に鳥取城攻めでの功を認められ因幡鹿野一万四千石の大名になっている。慶長五（一六〇〇）年の関ヶ原の戦いでは当初西軍として行動していたが、本戦で寝返り東軍として戦い加増された。息子・政矩は石見津和野に移封され、亀井家は明治維新まで津和野を治めている。

【亀井秀綱】かめい　ひでつな

生没年不詳

尼子経久・晴久・義久の三代に仕えた重臣。毛利家の家督相続で元就と弟の元綱が争った際、元綱派に加担したという。元就に月山富田城が包囲されると投降したとも伯耆弓ヶ浜で戦死したとも伝わるが定かではない。

秀綱が活動した期間が長すぎるため、実際に亀井家の当主として活動していたのは享禄年間（一五二八～三二年）までで、その後は安綱・国綱と続き、永禄年間（一五五八～七〇年）頃の当主は久清という人物だったという説もある。

【木下重堅】きのした　しげかた

?～慶長五（一六〇〇）年

豊臣秀吉の家臣。元は荒木村重の奉行人で荒木平太夫重堅と名乗っていた（村重の甥という説もある）。秀吉の中国攻めに従軍している最中、村重が謀叛を起こすが加担せず若桜鬼ヶ城攻めや鳥取城攻めなどで活躍。のちに若桜鬼ヶ城主となり秀吉から木下の姓を与えられ木下備中守重堅と名乗った。関ヶ原の戦いで西軍に付いたが敗北したため摂津の天王寺に逃れ助命を嘆願する。しかし徳川家康に許されず自害した。

【草刈氏】くさかりし

藤原秀郷の末裔だと伝わる。暦応元（一三三八）年、北朝に味方したことから貞継が智頭郡を与えられ淀山城を中心として勢力を広げていった。その後、美作を与えられ天文二（一五三三）年、衡継は美作に矢筈城を築いて本拠地を移す。

永禄六（一五六三）年、衡継の息子・景継は毛利元就に味方して尼子義久が因幡・但馬から兵糧を送ろうとした際に妨害している。天正六（一五七八）年頃、景継が織田信長に内通したため討ち果たされ弟の重継が後を継いだ。天正十二（一五八四）年、毛利輝元と豊臣秀吉の講和条件のため重継は因幡と美作を手放して毛利領内に去っている。

【古曳吉種】　こびき　よしたね

?～文禄元（一五九二）年

大内義隆の家臣・三吉広隆（備後比叡尾山城主か?）の子と伝わる。天文二十年に陶晴賢の謀叛が起こると吉種は伯耆実久村《さねひさ》（米子市榎原）に落ち延び古曳家を継いだ。その後毛利氏に従い、吉川広家が西伯耆を与えられると広家を補佐し米子城の築城に携わったが、文禄元（一五九二）年の朝鮮出兵で戦死する。息子は武士を辞め帰農している。

【坂崎出羽守】　さかざき　でわのかみ

?～元和二（一六一六）年

名は直盛。宇喜多直家の甥で、直家・秀家に仕える。慶長四（一五九九）年に宇喜多家中で騒動が起き、宇喜多家を出る。慶長五（一六〇〇）年の関ヶ原の戦いで徳川家康に従い石見津和野を与えられた。元和二（一六一六）年、徳川家康の孫・千姫を奪おうとして家臣が家を守るため自害させている（最期には諸説有り）。

【里見忠義】　さとみ　ただよし

文禄三（一五九四）～元和八（一六二二）年

安房館山・常陸鹿島を合わせ十二万石の大名。妻は江戸幕府の重臣・大久保忠隣の孫。慶長十九（一六一四）年、忠隣の失脚に連座して安房館山を取り上げられる。その後、すぐに倉吉三万石への移封を命じられた。元和三（一六一七）年、領地を没収され下田中村（倉吉市下田中町）に移住、その後堀村（倉吉市関金町堀）に移される。

【杉原盛重】　すぎはら　もりしげ

?～天正九（一五八一）年

備後神辺城主・山名理興の家臣。理興が亡くなると跡を継ぐ。その後、毛利元就の家臣となり、尾高城の行松正盛が亡くなると未亡人と結婚し行松氏の家督を継いで尾高城主となった。月山富田城攻めに伴う伯耆侵攻、尼子再興軍との戦いなどで活躍した。織田信長の家臣・豊臣秀吉が中国攻めを開始し、天正七（一五七九）年に備前などを支配していた宇喜多直家が裏切ると、山陰方面を指揮していた吉川元春が山陽方面にも出陣するようになったため因幡・伯耆での戦いを任されている。

【武田高信】　たけだ　たかのぶ

?〜元亀四（一五七三）年?

因幡山名氏の家臣で武田山城守の子。鵜尾城主だった山城守は若狭武田氏の後裔と伝わり鳥取城の定番も兼ねている。高信の代になると永禄六（一五六三）年に山名氏から独立し毛利元就に通じて布施天神山城を攻略。因幡の有力勢力となった。しかし天正元（一五七三）年、山名豊国に協力する尼子再興軍が因幡へ侵攻してくると大敗し没落する。

【多胡辰敬】　たこ　ときたか

明応六（一四九七）?〜永禄五（一五六二）年

尼子経久・晴久に仕え奉行を務める。余勢城主だったが、毛利元就が石見から出雲に侵攻しようとすると雲石国境の防衛のため岩山城に入った。永禄五（一五六二）年に毛利軍の攻撃を受けて戦死した。『多胡辰敬家訓』を残したことで知られる。その娘が湯永綱に嫁いで亀井茲矩を産んでいる。その縁で多胡氏は亀井氏の重臣として仕えた。

【立原久綱】　たちはら　ひさつな

享禄四（一五三一）〜慶長十八（一六一三）年

尼子氏の家臣。山中鹿介らと共に尼子再興軍に加わり毛利軍を相手に戦う。しかし天正六（一五七八）年の上月城の戦いで尼子勝久が自害し鹿介も捕縛された後に殺され再興の望みが絶たれた。久綱も捕まるが脱出し、戦乱で亡くなった将士の菩提を弔うため各地を放浪した。晩年は娘婿の福屋隆兼を頼って阿波に移り住んでいる。

【鳥取藩主・池田家】　とっとりはんしゅ・いけだけ

織田信長の乳母の子・池田恒興が祖である。恒興は信長・秀吉に仕えたが天正十二（一五八四）

年の長久手の戦いで戦死。長男の之助も戦死し之助の遺児・由之も幼かったため、次男の輝政が跡を継いで徳川家康の娘・督姫と婚姻する。慶長五（一六〇〇）年の関ヶ原の戦い後、輝政は播磨五二万石の大名となった。元和三（一六一七）年、輝政の孫・光政が因幡に移封されるが、寛永九（一六三二）年に備前岡山の大名だった従兄弟・光仲と国替えになる。それより明治維新まで光仲の系統の池田家が因幡・伯耆を治めた。

〔池田氏系図〕

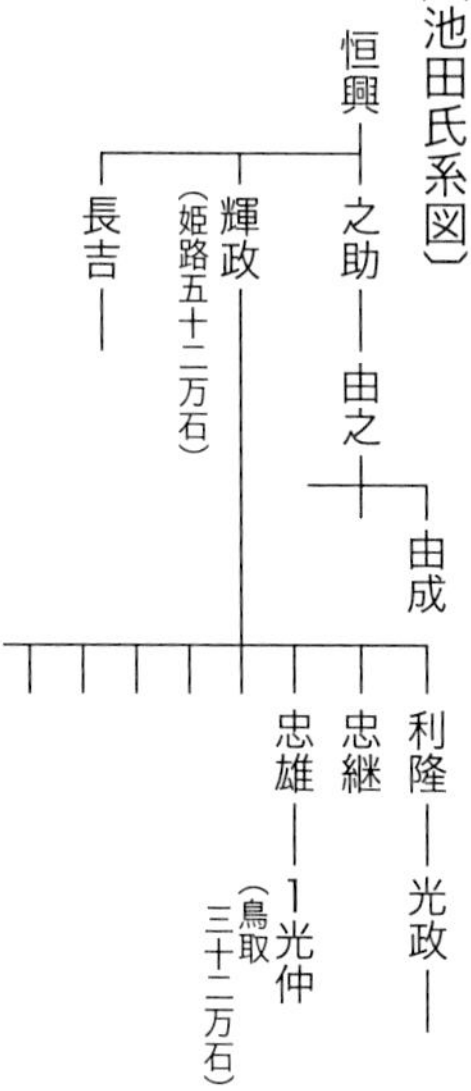

【中村一忠】 なかむら　かずただ

天正十八（一五九〇）～慶長十四（一六〇九）年

豊臣秀吉に仕え数々の戦功を上げた駿河駿府城主・中村一氏の子。慶長五（一六〇〇）年の関ヶ原の戦い直前に東軍についていた一氏が亡くなったため、僅か十一歳で家督を継いで叔父の一栄など家臣の補佐を受け関ヶ原の戦いに挑む。戦後、伯耆一国を与えられ米子城に入った。慶長八（一六〇三）年、重臣・横田内膳を手討ちにしたことから一族や遺臣らと戦う米子騒動を起こしている。慶長十四（一六〇九）年に死去し無嗣断絶となった。

【南条国清】 なんじょう　くにきよ

明応六（一四九七）～天正三（一五七五）年

伯耆羽衣石城主。尼子経久が侵攻してくると従うが、天文十一（一五四二）年の大内義隆の月山富田城攻めに参加したため伯耆を退去している。永禄五（一五六二）年、毛利元就が伯耆に侵攻してくると羽衣石城主に復帰した。この頃に「宗《そう》勝《しょう》」と号している。その後は毛利氏に従い尼子再興軍や大友宗麟と戦った。

【野村士悦】　のむら　しえつ

?～天正四（一五七六）年

毛利氏の家臣。石見の出身だという。第一次尼子再興戦では月山富田城に籠もり城代・天野隆重の指揮の下で再興軍から城を守りきっている。元亀元（一五七〇）年には横田山城主・秋上伊織介の寝返り工作に尽力し、翌年には高瀬城主・米原綱寛を降すことに成功した。その他にも和久羅城や末次城の守備などで活躍している。天正元（一五七三）年には因幡に侵攻した再興軍に備えるため鹿野城を守備した。

【本城常光】　ほんじょう　つねみつ

?～永禄五（一五六二）年

高橋元光の嫡子という説もあるが定かではない。尼子氏に属していたが天文十一（一五四二）年の大内義隆による月山富田城攻めでは義隆に従う。しかし翌年に義隆が敗走すると再び尼子氏に属した。永禄元（一五五八）年、毛利軍と戦って石見銀山を管理する山吹城を落とし守備に付く。その後、何度も毛利軍を撃退したが、永禄五（一五六二）年に元就が出雲国内での加増を条件に降伏するよう伝えてきたため応じる。これにより元就は石見を平定するが、常光を信用せず同年に一族もろとも粛清した。それが出雲と西伯耆の領主の信頼を失い尼子氏に帰順する者が続出している。

【益田氏】　ますだし

建久三（一一九二）年、石見国衙在庁官人・御神本氏の流れを汲む益田兼高が益田庄（益田市の一部と浜田市の一部）に入ったのが始まりという。庶家の三隅氏・周布氏・福屋氏などを石見の各地に配し勢力を広げたが、やがて諸氏は独自の動きを見せるようになった（益田氏が惣領家だったかについては疑問視する説もある）。

領地が長門と境に位置するため大内氏との関係

が深く、応仁の乱などで大内氏に従い各地を転戦し長門国内にも領地を与えられている。天文二十（一五五一）年、大内氏の実権を陶晴賢が握ると、当主・藤兼は晴賢に属し、反陶派で以前から不仲であった石見三本松城（津和野城）の吉見氏を攻めた。しかし弘治元（一五五五）年に晴賢が毛利元就に敗れると弘治三（一五五七）年に吉川元春の勧めで元就に降伏。

藤兼の跡を継いだ元祥も元春に属して伯耆や備中などで戦い、毛利氏に重用されている。慶長五（一六〇〇）年の関ヶ原の戦い後、元祥は徳川家康から所領安堵を提示されたが、それを断って毛利氏に従い長門に退去した。

〔益田氏系図〕

兼堯——貞兼——宗兼——尹兼——藤兼——元祥

【松平直政】まつだいら　なおまさ

慶長六（一六〇一）～寛文六（一六六六）年

結城秀康の三男。徳川家康の孫にあたる。大坂の陣では兄・忠直に従い参加する。その後、越前大野や信濃松本などに移封された後、寛永十五（一六三八）年に出雲・隠岐の大名となり松江城に入った。その後、明治維新まで松平家が二ヶ国を治めている。

【松田誠保】まつだ　まさやす

生没年不詳

出雲十神山城だった松田備前守の一族の末裔で母は尼子晴久の姉妹である。永禄五（一五六二）年に毛利元就が出雲に侵攻してくると一旦は降伏するが、元就が本城常光を謀殺すると再び尼子義久に味方し白鹿城を守る。白鹿落城後は月山富田城に逃れ、永禄九（一五六六）年に富田城が開城すると毛利氏に降伏する。永禄十二（一五六九）年の第一次尼子再興戦後では尼子再興軍に味方した。戦後は降伏し吉川元春に仕えていたようである。

【三沢氏】みざわし

承久の乱の戦功で信濃の飯島為光が出雲国三沢郷（奥出雲町の一部と雲南市の一部）を与えられ、乾元元（一三〇二）年に後裔の為長（為仲）が下向し三沢氏を名乗ったのが始まりだと伝わる。奥出雲特産のたたら製鉄の経済力と出雲と周囲の国に領地を持つ出雲国内の最大勢力の一つだった。

戦国時代は尼子氏と度々争うが降伏。しかし雲芸攻防戦では毛利元就に従う。天正十七（一五八九）年、毛利輝元によって当主・為虎が安芸に移転させられた。江戸時代は長府藩の家老になっている。

【山崎家盛】やまざき いえもり

永禄十（一五六七）～慶長十九（一六一四）年

六角義治・織田信長・豊臣秀吉に仕えた山崎片家の子。家盛も信長・秀吉に仕え、片家没後は摂津三田城主となり朝鮮出兵に参加する。関ヶ原の戦いでは西軍に属すが義兄・池田輝政の妻・督姫（徳川家康の娘）が西軍の人質になるのを助けたことから、罪を許され若桜鬼ヶ城に移封された。

【山田重直】やまだ しげなお

大永五（一五二五）～天正二十（一五九二）年

伯耆堤城主。出雲守。高直の子。高直は天文年間（一五三二～五五年）に尼子晴久の東伯耆侵攻で城を追われ逃亡先で病死したという。重直は但馬守護の山名氏を頼っていたが、永禄三（一五六〇）年に武田高信の仲介で毛利元就に属し堤城に返り咲いた。

その後、元亀二（一五七一）年に尼子再興軍が籠もる岩倉城や荒神山城を落とすなど活躍した。毛利氏から送り込まれ南条氏の重臣となり両氏を結ぶ役割を果たしていたが、南条元続が織田信長に寝返ると堤城を攻撃され因幡に逃れている。その後は吉川元春や元長の下で伯耆を転戦した。元続と毛利氏の和睦が成立し堤城に戻れなくなると、小鷹城に移っている。子孫は吉川氏の家臣になっている。

【山名氏】やまなし

清和源氏の義範が上野の山名郷に移り山名氏を名乗ったことが始まりである。南北朝時代、山名時氏が山陰に領地を与えられ勢力を伸ばし、一時は十一ヶ国を領した。しかし明徳二（一三九一）年、室町幕府に対して反乱を起こし没落。その後、山名宗全が中興し応仁の乱では西軍の大将となっ

〔山名氏系図〕

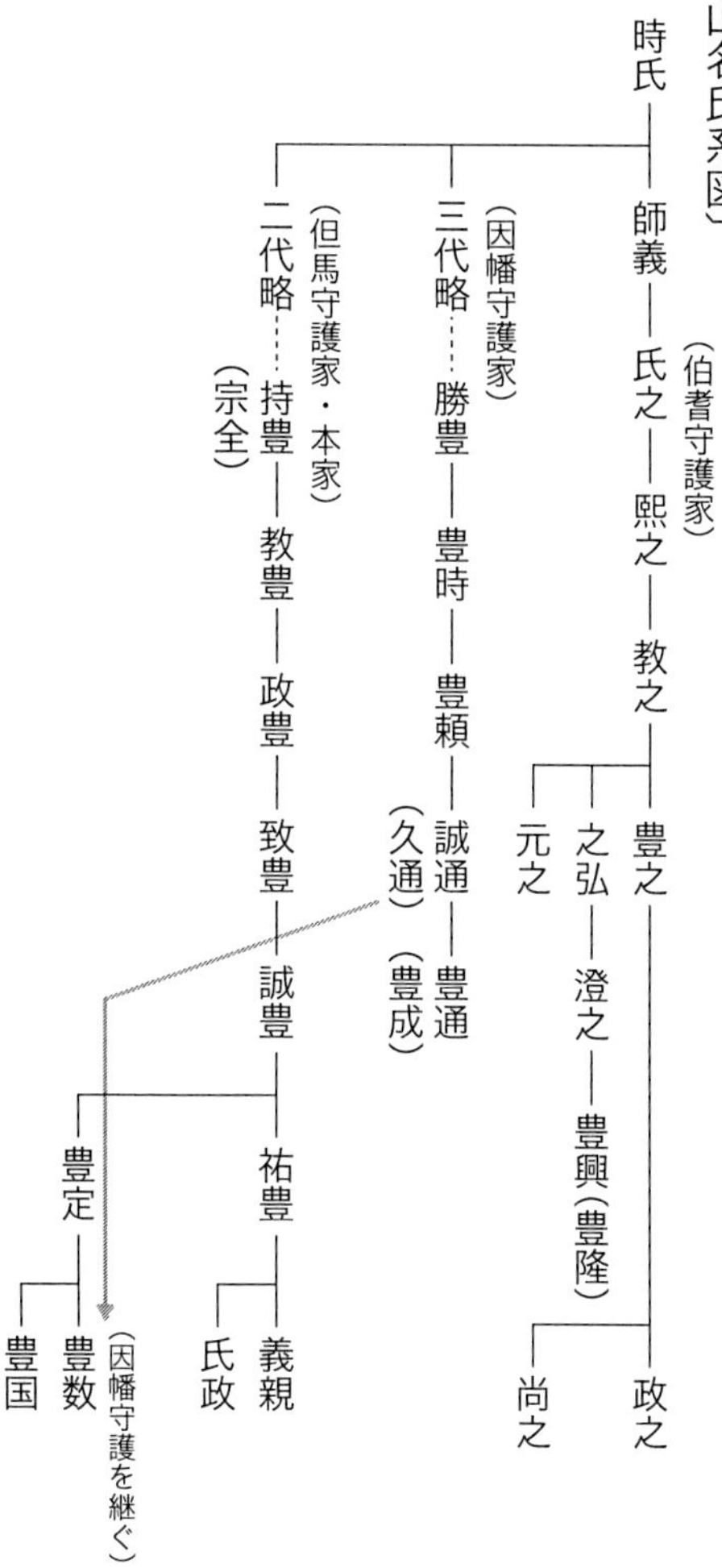

ている。戦国時代は但馬・因幡・伯耆などの守護だったが、伯耆守護は内紛の末に尼子経久の侵攻を許し没落する。本拠地の但馬も天正八（一五八〇）年に豊臣秀吉に攻められ滅亡。他の領地も戦国大名に奪われている。因幡だけは山名豊国が領主として存続し、江戸時代は交代寄合になっている。

【横田内膳】よこた　ないぜん

天文二十三（一五五四）～慶長八（一六〇三）年

名は村詮。阿波の大名・三好氏の一族。妻は米子城主・中村一忠の伯母。筆頭家老として米子藩の経営に辣腕を振るうが、栄達を妬まれ反対派の讒言を信じた一忠によって慶長八（一六〇三）年に暗殺された。村詮を死を知った一族や遺臣らは、米子城の一角に籠もって抗戦。一忠が隣国・出雲の堀尾氏の力も借りてようやく鎮圧した（米子騒動）。

【吉岡将監】よしおか　しょうげん

?～慶長十一（一六〇六）年?

名は定勝。吉岡氏は播磨赤松氏の一族だという。吉岡庄（鳥取市吉岡温泉町）を拠点としたことから吉岡姓を名乗る。当初は因幡守護・山名氏に仕えていたが、天正元（一五七三）年に毛利氏が因幡に侵攻してくると従うようになった。

天正九（一五八一）年に羽柴秀吉の鳥取城攻めが行われた際、毛利軍の拠点の一つ・防己尾城を守備。秀吉を苦戦させたが鳥取落城を知ると城を退去した。子孫は岩国の吉川氏に仕えたという。

【米原綱寛】よねはら　つなひろ

?～慶長十八（一六一三）年?

高瀬城主。先祖は近江守護だった六角氏の一族・治綱だと伝わり、近江米原《まいばら》郷（滋賀県米原市）を領していたことから米原《よねはら》氏を名乗る。そして経緯は不明だが尼子氏に仕えた。綱寛は綱広の子で尼子晴久に仕えていたが、雲芸攻防戦が始まると毛利元就に降伏する。しかし第一次尼子再興戦で再興軍に味方したため高瀬城を落とされた。その後、真山城に逃げたのち京都で出家し後裔は亀井家に仕えている。

【冷泉元満】 れいぜい　もとみつ

天文十（一五四一年）?～慶長二（一五九七）年

大内義隆の重臣・冷泉隆豊の子。大内氏の滅亡後、毛利氏の家臣となり第一次尼子再興戦など中国地方の合戦の他、四国・九州など各地で水軍を率いて戦った。天正十九（一五九一）年、仁多郡内に領地を与えられ亀嵩城に入る。慶長二（一五九七）年、蔚山城の戦いで戦死し跡を元珍が継いでいる。

あとがき

私は鳥取県民だが県西部に住んでおり鳥取市より松江市や出雲市の方が距離・文化・言葉ともに近い。母が出雲地方の出身で親戚が多く、先祖が本書に掲載した加賀城のある松江市島根町加賀から来た可能性があるため親近感を抱いている。

それ故、出雲地方は土地勘もあり気軽に行けた。しかし石見地方は土地勘がない上に島根県が横に長いため時間がかかった。そして隠岐諸島もあることから移動だけで大変な思いをした。しかしその労力に見合ったガイドブックができたと自負している。

右記の通り、島根県東部は鳥取県西部と密接な関係にあることから鳥取編も参考にしていただきたい。今年、令和元（二〇一九）年は尼子再興軍が永禄十二（一五六九）年島根半島に上陸してから四五〇年の節目である。本書と鳥取編の二冊を参考に再興軍や毛利軍の足跡を巡るのも一興である。

鳥取編のあとがきにも書いたが山城では様々な困難に遭遇する。島根県で一番の困難は安来市の勝山城で熊を目撃したことだろう。年始で寒かったため熊が活動しているとは予想していなかった。幸い上部の道を通り過ぎただけで遭遇した訳ではなかったが、恐怖のため少しの間体が動かなくなりそれから急いで逃げた。熊と遭遇した際の対処方法が書籍などに記載されているが、大抵の方が即座に行動を取れることはないため、複数人で行動するなど熊除けの対策をしておいた方がいいだろう。特に近年は山陰で熊の出没が急増していることから県や市町村の公式サイトに掲載されている目撃情報も確認しておいた方がよい。

脅かすようなことを書いてしまったが、山城を含めた史跡に行くと文字と写真だけでは分からないようなことがたくさん待っているため、準備が出来たら本書を片手に現地に出かけてほしい。

今回の出版に際して次の方々に感謝の意を表します。企画を通して下さり奔走して下さったハーベスト出版の山本勝氏、県内の教育委員会や資料館の方、県内の図書館、特に島根県立図書館の郷土資料室の職員の方、現地で史跡までの案内や伝承を教えて下さった県内の地元の方、インターネットを通じて情報提供や助言を下さった皆様、心より御礼申し上げます。

〈著者紹介〉

加賀康之（かが　やすゆき）

　昭和四十九（一九七四）年生まれ。鳥取県在住。戦国時代のライター兼会社員。主に山陰地方と四国地方の戦国時代を調べている。鳥取地域史研究会会員、四国中世史研究会会員、土佐史談会会員。

　著書に『大坂の陣・なるほど人物事典』『「戦国合戦」意外・驚きエピソード』『戦国武将の意外な関係』『もっと知りたい！長宗我部元親』（いずれもＰＨＰ研究所）『山陰の戦国史跡を歩く　鳥取編』（ハーベスト出版）がある。雑誌への寄稿も行っている。

山陰《さんいん》の戦国《せんごく》史跡《しせき》を歩《ある》く【島根編《しまねへん》】

二〇一九年十月一日　初版発行
二〇二四年十一月十日　第二版発行

著　者　加賀康之《かがやすゆき》
発　行　ハーベスト出版
〒六九〇-〇一三三
島根県松江市東長江町九〇二-五九
ＴＥＬ　〇八五二-三六-九〇五九
ＦＡＸ　〇八五二-三六-五八八九
URL:https://www.tprint.co.jp/harvest/
印　刷
製　本　株式会社谷口印刷

Printed in Shimane Japan
ISBN978-4-86456-318-5 C0021